CDA数字化人才系列丛书

Power BI
电商数据分析与商业智能

（第2版）

零一　聂健华　著

電子工業出版社
Publishing House of Electronics Industry
北京•BEIJING

内容简介

本书以搭建电商数据分析系统为业务背景，介绍了Power BI的实际应用，涉及数据采集、市场分析、客户分析、货品分析、流量分析和舆情分析6个应用场景，读者可从数据采集场景入门，了解Power BI的应用。学习完本书，读者将拥有基本的电商数据业务思维、Power BI Desktop的操作技巧，并具备搭建电商数据分析BI系统的能力。

本书适合零基础入门者、Power BI爱好者、数据分析爱好者、电商数据分析从业人员、电商运营从业人员阅读。

图书在版编目（CIP）数据

Power BI电商数据分析与商业智能 / 零一，聂健华著. —2版. —北京：电子工业出版社，2021.11
（CDA数字化人才系列丛书）
ISBN 978-7-121-42250-8

Ⅰ. ①P… Ⅱ. ①零… ②聂… Ⅲ. ①电子商务—数据处理 Ⅳ. ①F713.36②TP274

中国版本图书馆CIP数据核字（2021）第217213号

责任编辑：张慧敏
印　　刷：三河市君旺印务有限公司
装　　订：三河市君旺印务有限公司
出版发行：电子工业出版社
　　　　　北京市海淀区万寿路173信箱　邮编：100036
开　　本：787×980　1/16　印张：13.5　字数：260千字
版　　次：2018年9月第1版
　　　　　2021年11月第2版
印　　次：2021年11月第1次印刷
定　　价：79.00元

凡所购买电子工业出版社图书有缺损问题，请向购买书店调换。若书店售缺，请与本社发行部联系，联系及邮购电话：（010）88254888，88258888。

质量投诉请发邮件至zlts@phei.com.cn，盗版侵权举报请发邮件至dbqq@phei.com.cn。

本书咨询联系方式：（010）51260888-819，faq@phei.com.cn。

前言

本书参考了《淘宝、天猫电商数据分析与挖掘实战（第 2 版）》和《Excel BI 之道：从零开始学 Power 工具应用》的写作思路，主要通过电商业务场景讲解 Power BI 的应用，包括 Power BI Desktop 的操作方法和电商的业务逻辑。学习完本书，读者将拥有基本的电商数据业务思维、Power BI Desktop 的操作技巧，并具备搭建电商数据分析 BI 系统的能力。

工具 + 应用场景才是王道

本书分为 11 章，第 1 章是 Power BI Desktop 的简介和版本的选择；第 2 章介绍 Power BI Desktop 的获取及安装方法、操作界面及界面设置；第 3 章介绍如何搭建电商 BI 系统的框架，包括数据框架、业务框架、维度和指标体系；第 4 章介绍常用的数据分析方法；第 5 章介绍网络数据采集方法；第 6 章非常重要，讲解市场分析涉及的许多基础知识，不管读者是否对市场分析感兴趣，都应该阅读本章；第 7 章基于交易数据介绍客户分析的应用场景；第 8 章介绍货品分析的应用场景；第 9 章介绍流量分析的应用场景；第 10 章介绍舆情分析的应用场景；第 11 章介绍如何将数据发布到 Web 和移动端。

第 2 版与第 1 版的区别

新增

第 2 版新增了第 5 章“应用场景：数据采集”，介绍 Power BI Desktop 在数据采集方面的应用。第 10 章“应用场景：舆情分析”中的 API 接口使用了笔者自己开发的接口，用户可以直接调用，但如果应用在真实的场景中，还需要订购商业的 API 接口。

补充

本书围绕 Power BI Desktop 应用展开讲解，读者在 Windows 系统中安装好 Power BI

Desktop 即可。Power BI Desktop 提供免费的个人版。另外，Power BI Desktop 的官方更新频率在其发布以来都是每月更新一次，因此在读者学习的过程中部分功能细节可能会存在一些差异。

对于 Power Query 比较陌生的读者，推荐结合《Excel BI 之道：从零开始学 Power 工具应用》进行学习。

本书使用的数据是电商平台的真实数据，电商平台的大部分数据字段名称中都没有单位，为了保持字段名称的真实性，本书没有对字段名称进行修改。并且，本书使用的图标是软件生成的，没有坐标单位，本书没有对其进行修改。

最后，感谢高飞老师、赵文超老师和宗萌老师的帮助！

因笔者水平有限，不足之处望读者不吝指正，谢谢！

作者

目录

第1章

Power BI Desktop简介

1.1 什么是 Power BI Desktop

Power BI 是微软公司发布的一款商业智能软件，包含桌面版（Power BI Desktop）、网页版和移动版。Power BI 的主要功能由 Power BI Desktop 承载，开发人员用桌面版将数据和报表发布到网页或手机 App 上。使用网页版可以对报表进行在线编辑，用户外出时只要知道账号和密码，连接网络就可以编辑报表，轻松应对各种突发情况。使用移动版需要安装 Power BI 的 App（安卓系统和苹果系统均支持），可以在 App 上查看设计好的报表。在桌面版上可以针对移动版重新设计报表样式。

桌面版作为开发者的主要终端，搭载了数据获取、分析、展现和发布的功能，如图 1-1 所示。

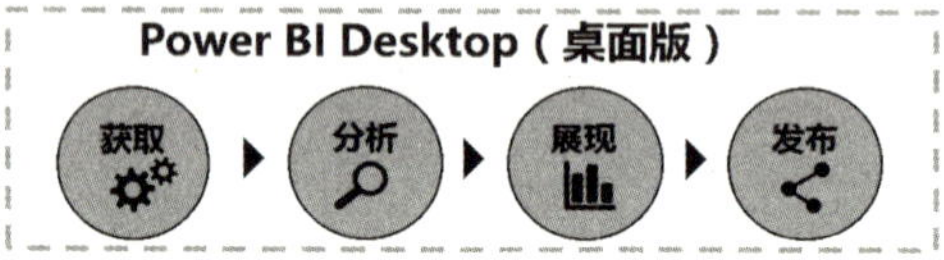

图 1-1

值得一提的是，Power BI Desktop 的界面和 Excel 的界面类似，基本上用户只要会使用 Excel，就能轻松操作 Power BI Desktop。Power BI Desktop 界面如图 1-2 所示。

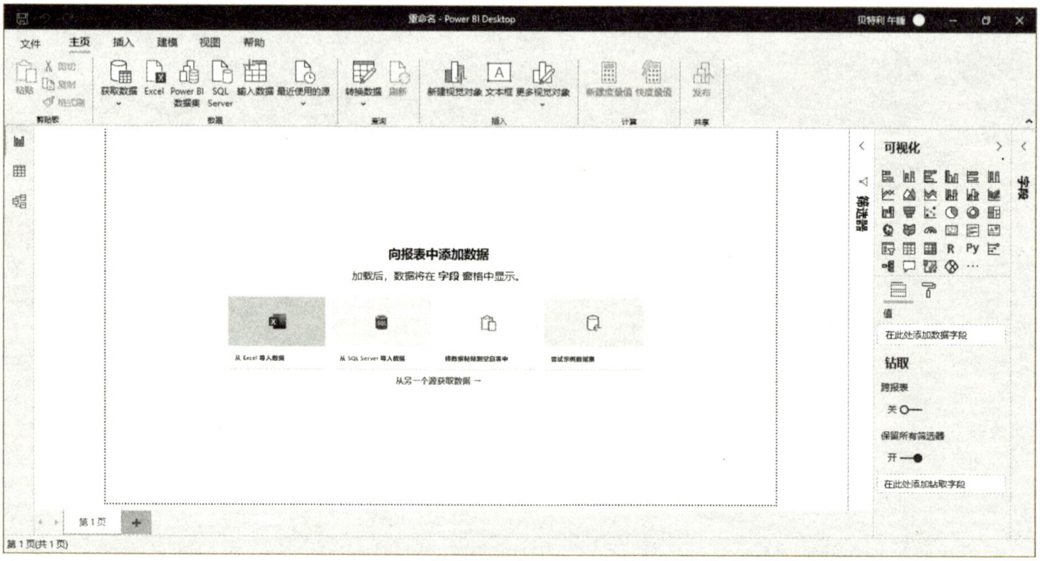

图 1-2

在数据获取方面，Power BI Desktop 支持各种数据库的连接和数据文件的导入，甚至还支持网络数据的获取，如图 1-3 所示。

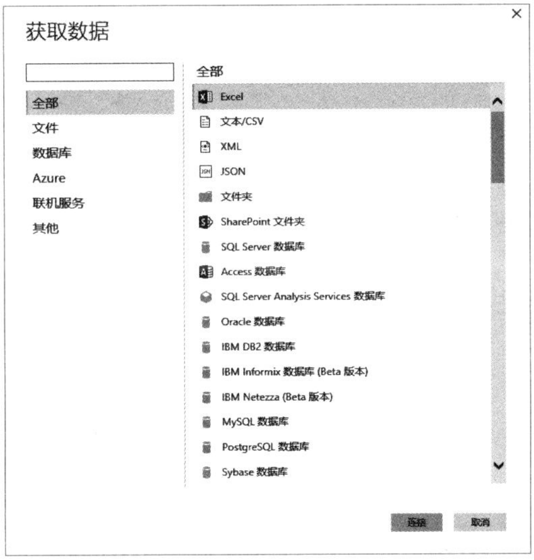

图 1-3

在数据分析方面，Power BI Desktop 借助其搭载的 Power Query（如图 1-4 所示）和 Power Pivot 能够实现灵活分析。

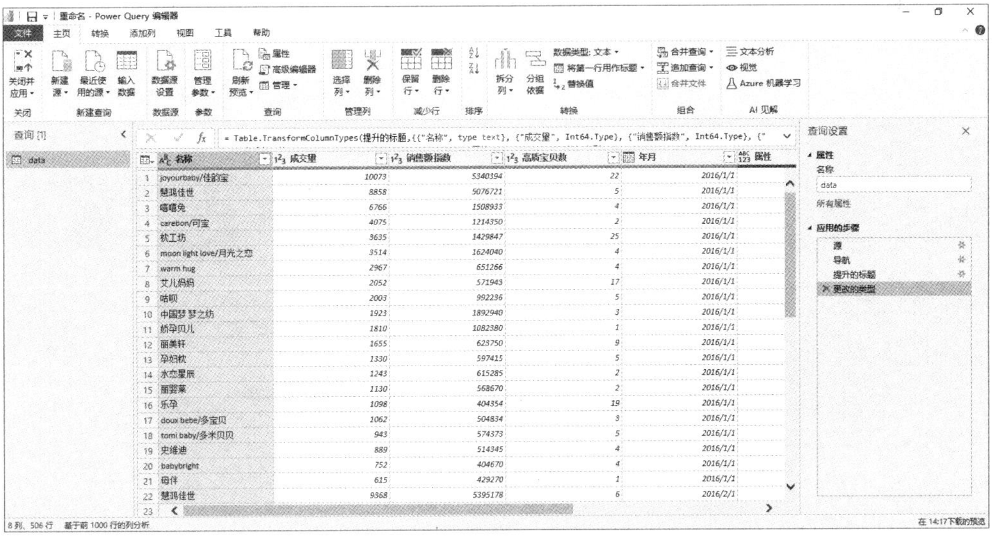

图 1-4

在数据展现方面（Power BI Desktop 最为耀眼的功能），除自带视觉对象（图表）外，Power BI Desktop 还提供上百个（目前）第三方视觉对象，如图 1-5 和图 1-6 所示。

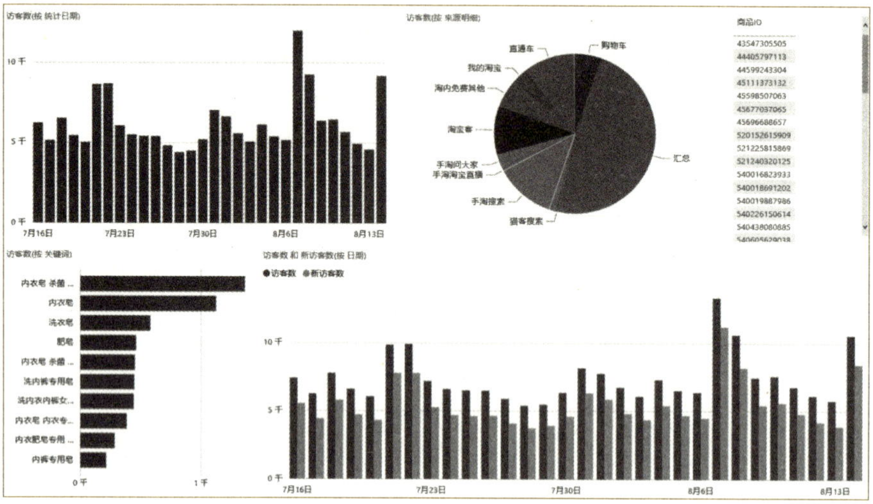

图 1-5

图 1-6

在数据发布方面，Power BI Desktop 既支持发布到 Web（如图 1-7 所示），又支持发布到移动端（如图 1-8 所示）。

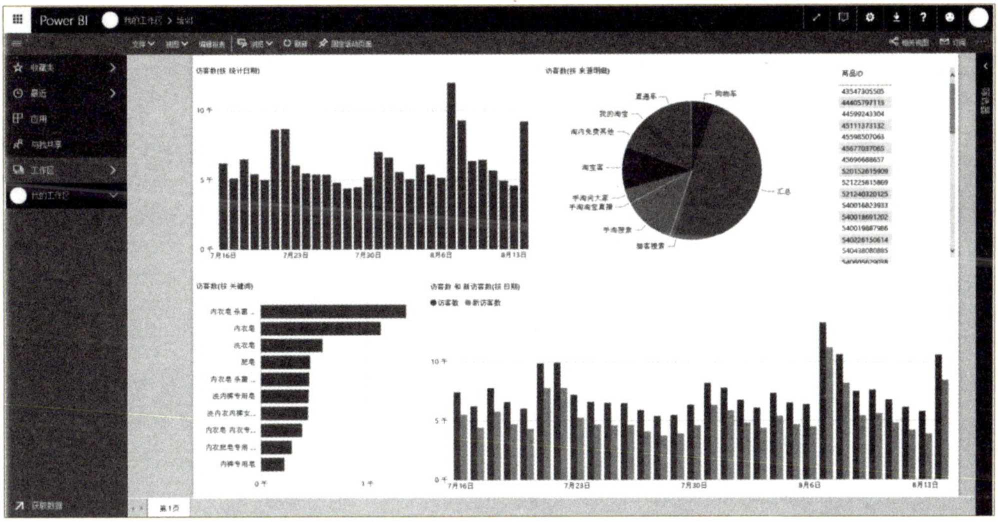

图 1-7

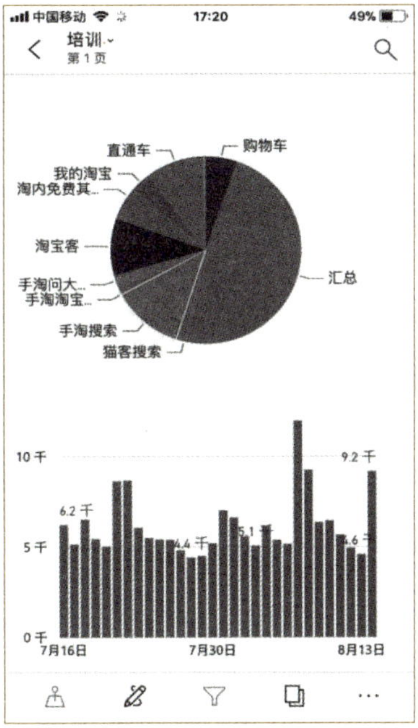

图 1-8

Power BI Desktop 是一套用于商业分析的桌面工具，可用于企业的数据洞察，能够连接数百个数据源，快速处理数据并提供即时分析，生成美观的报表并进行发布，供企业在 Web 和移动设备上使用。每个人都可以创建个性化的仪表板，获取针对其业务的全方位独特洞察，在企业内实现扩展、内置管理和安全性管理的功能。

Power BI 的应用可大大提高用户的工作效率，接触过 Power BI Desktop 的用户认为他们再也回不去 Excel 时代了，因为 Power BI Desktop 的性能和在数据展现方面的功能太过于诱人，“秒杀”了 Excel BI。

1.2 如何选择版本

Power BI Desktop 提供免费的个人版本和付费的专业版本（共享版本），如图 1-9 所示。不考虑即时性和安全性，完全可以使用个人版本，学生、教师、小型企业、小型电商团队等都适合使用个人版本。大企业和大规模的电商团队对数据的即时性要求较高，对每个 BU（部门）都有数据安全需求，更适合订购专业版本，费用是每位用户 9.99 美元 / 月。

个人版本的主要功能描述如下。

- 连接数百个数据源。
- 使用可视化工具清理和准备数据。
- 进行自定义可视化分析并生成出色的报表。
- 发布到 Power BI 服务。
- 嵌入公共网站。

专业版本的主要功能描述如下。

- 构建可全方位实时查看业务的仪表板。
- 自动保持数据最新状态，包括本地源。
- 针对共享数据进行协作。
- 审核和管理数据的访问和使用方式。
- 通过应用将内容打包并分发给用户。

美元 ($)
作者
Power BI Desktop
免费
免费下载 >
连接数百个数据源
使用可视化工具清理和准备数据
使用自定义可视化分析和生成出色的报表
发布到 Power BI 服务
嵌入公共网站
了解详细信息 >
共享和协作
Power BI Pro
$9.99
每用户
每月
免费试用 >
构建可全方位实时查看业务的仪表板
自动保持数据最新状态，包括本地源
针对共享数据进行协作
审核和管理数据的访问和使用方式
通过应用将内容打包并分发给用户
了解详细信息 >
缩放大型部署
Power BI Premium
容量定价
每节点
每月
计划你的成本 >
获取分配、缩放和控制的专用容量
分发和嵌入内容，而无须购买每用户许可证
使用 Power BI 报表服务器在本地发布报表
针对 Pro 用户提供更多容量并降低限制
Power BI 报表服务器和使用 Power BI Premium 嵌入分析的许可信息。
了解详细信息 >

图1-9

第2章

Power BI基础入门

2.1 Power BI Desktop 的获取及安装方法

Power BI Desktop 可在官方网站下载，下载程序时尽量选择与 Office 一致的版本，从而避免在后续操作过程中出现读取不到 Excel 文件的问题。比如，如果选择 Power BI Desktop 64 位的版本，则 Office 也需要安装 64 位的版本。

获取及安装 Power BI Desktop 的操作步骤如下。

（1）访问 Power BI Desktop 官方网站，单击“下载”按钮，如图 2-1 所示。

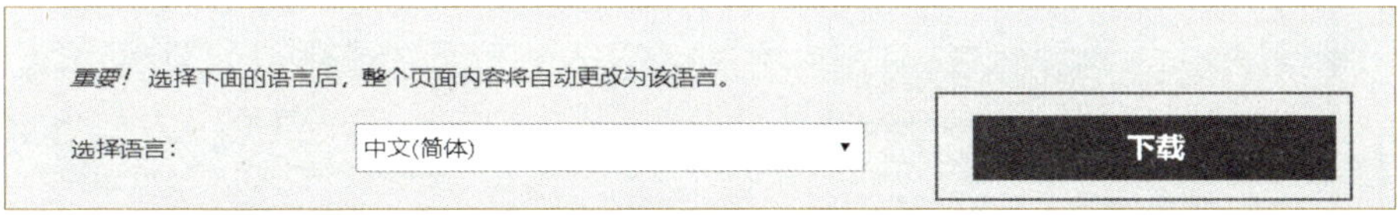

图 2-1

（2）选择需要下载的安装包进行下载，如图 2-2 所示。

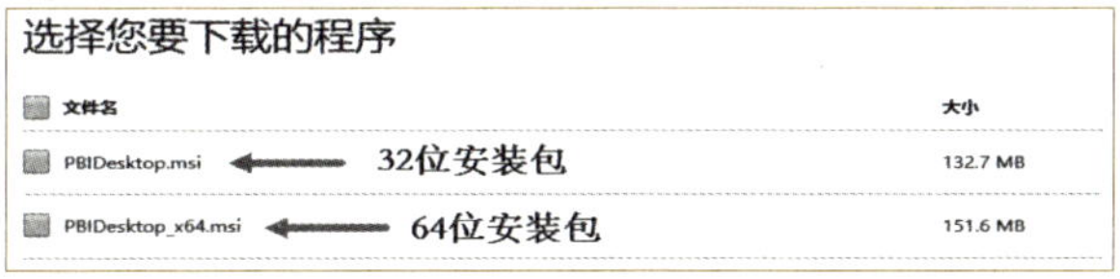

图 2-2

（3）下载完毕后，双击安装包进行安装，无须设置，按默认设置安装即可，如图 2-3 所示。

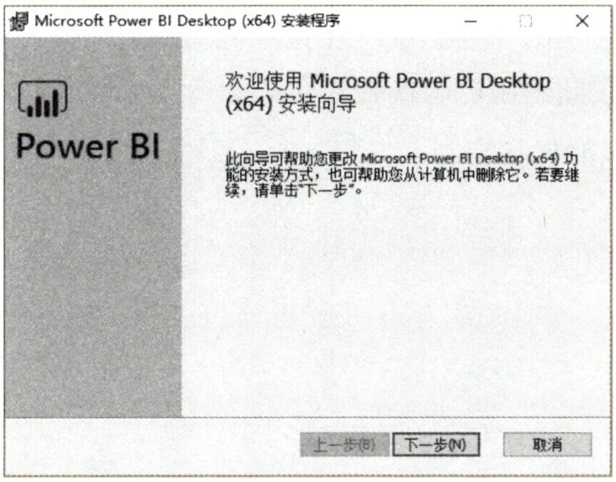

图 2-3

2.2 Power BI Desktop 操作界面

运行 Power BI Desktop 后，进入主界面。主界面由功能区、可视化和字段区、工作区 / 报表区、视图切换区、报表页切换五大模块组成，如图 2-4 所示。

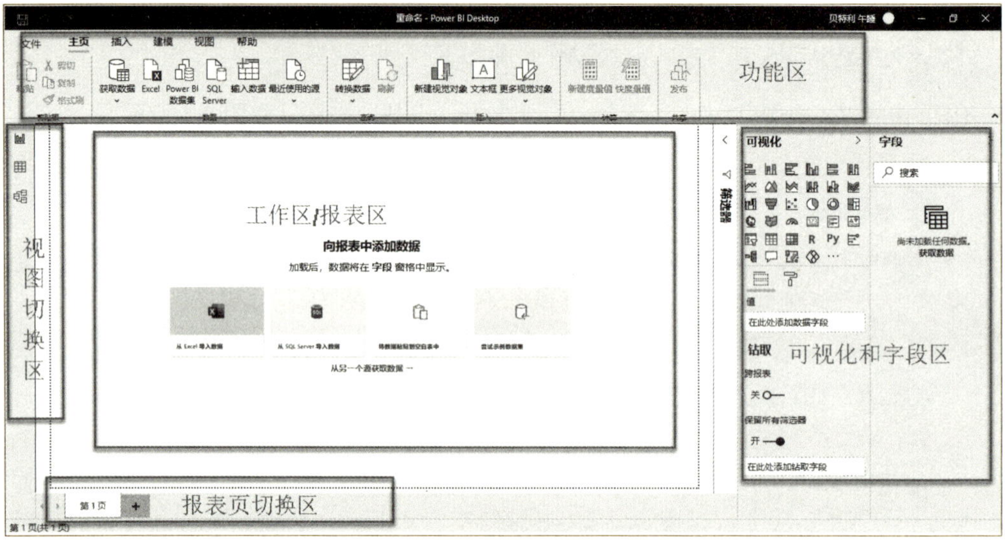

图 2-4

- 功能区：功能按钮集中的区域，大部分软件功能都可以在这里找到。
- 可视化和字段区：字段的设置和选用，以及可视化对象（图表）的引用和设置都在此区域操作。
- 工作区 / 报表区：设计报表的主要区域，可视化对象、文本、形状等都在此区域设置。
- 视图切换区：报表视图、数据视图和关系视图的切换按钮都在此区域。
- 报表页切换区：在此区域可切换报表页码。

如图 2-5 所示是视图的切换按钮。

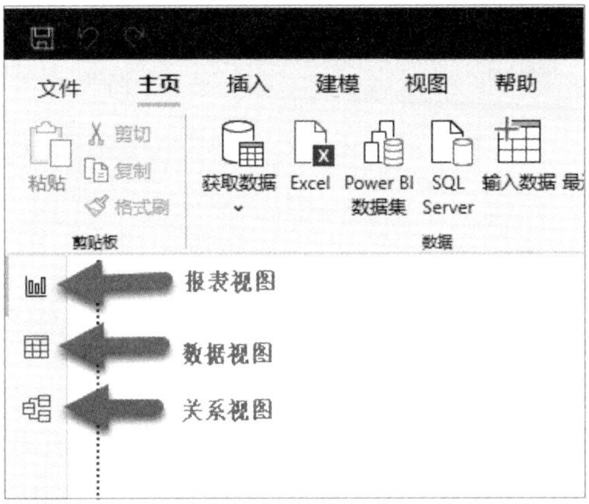

图 2-5

如图 2-6 所示为报表视图，报表设计在此视图中进行操作，可在右侧的可视化和字段区中对图表进行编辑。

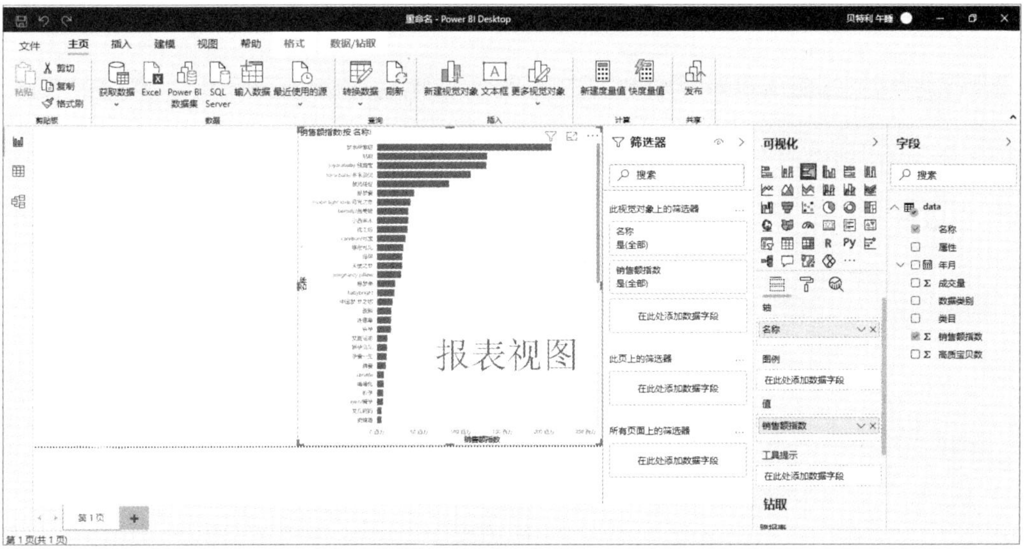

图 2-6

如图 2-7 所示为数据视图，查看和检查数据都在此视图中进行。

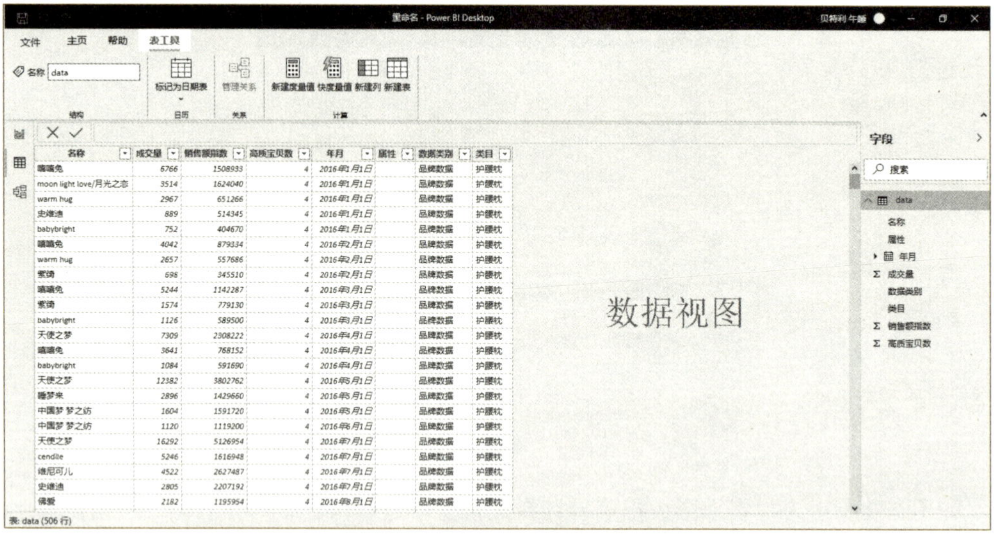

图 2-7

如图 2-8 所示为关系视图，多张表间的关系设置在此视图中进行操作。

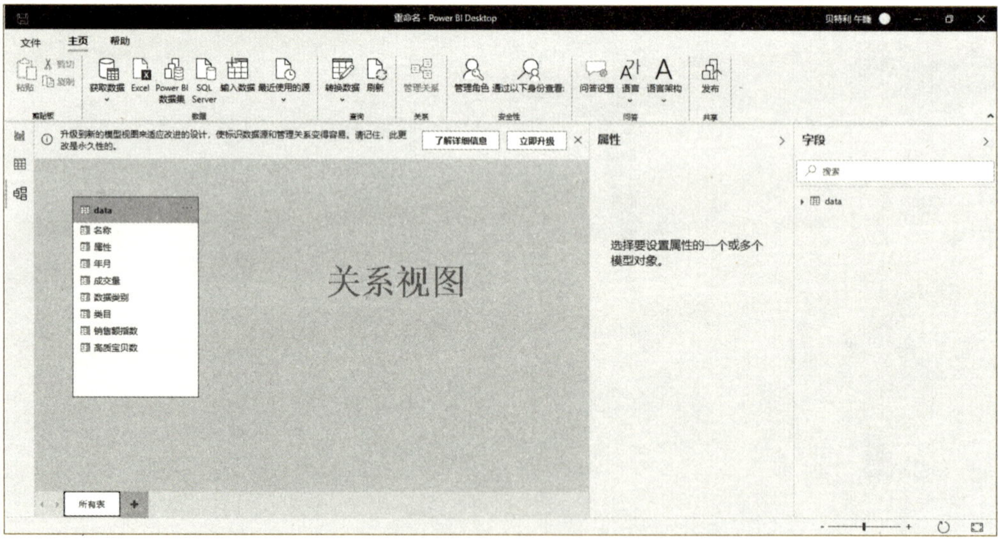

图 2-8

如图 2-9 所示是 Power Query 编辑器，在“主页”选项卡中单击“转换数据”按钮就会弹出 Power Query 编辑器界面。

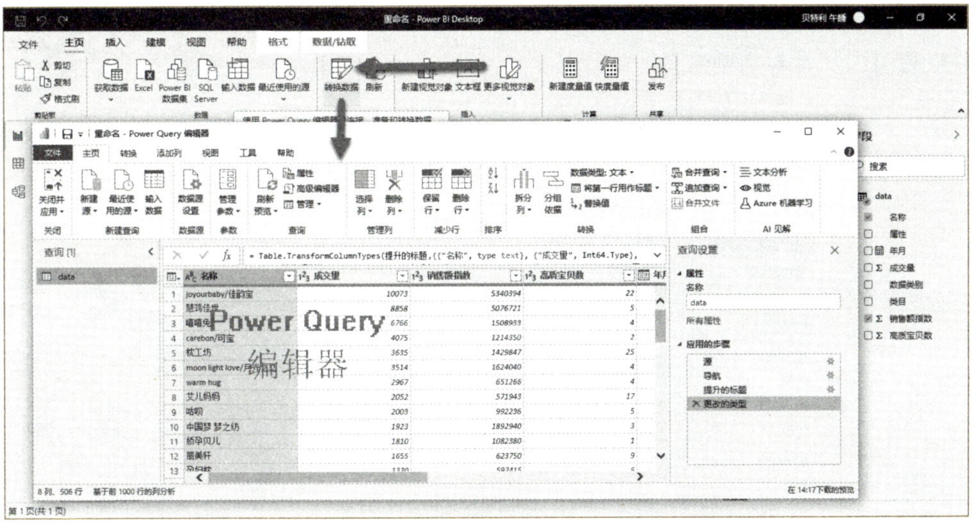

图 2-9

2.3 Power BI Desktop 界面设置

在 Power BI Desktop 界面中单击左上角的“文件”选项卡，在弹出的菜单中选择“选项和设置”→“选项”命令，如图 2-10 所示。

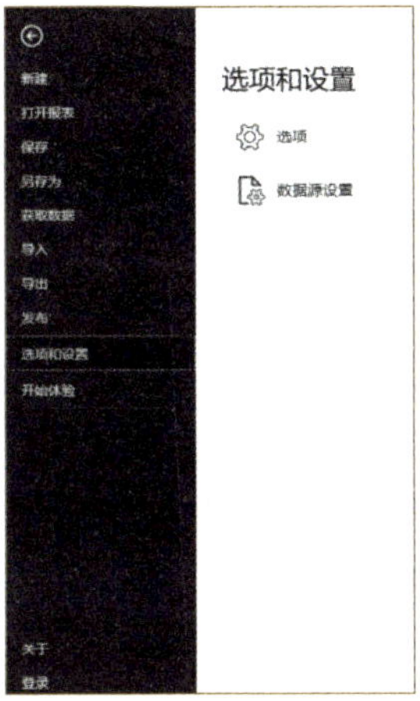

图 2-10

图 2-11 是弹出的“选项”对话框。在该对话框中设置的对象是全局文件或当前文件，部分设置可以只针对当前文件。

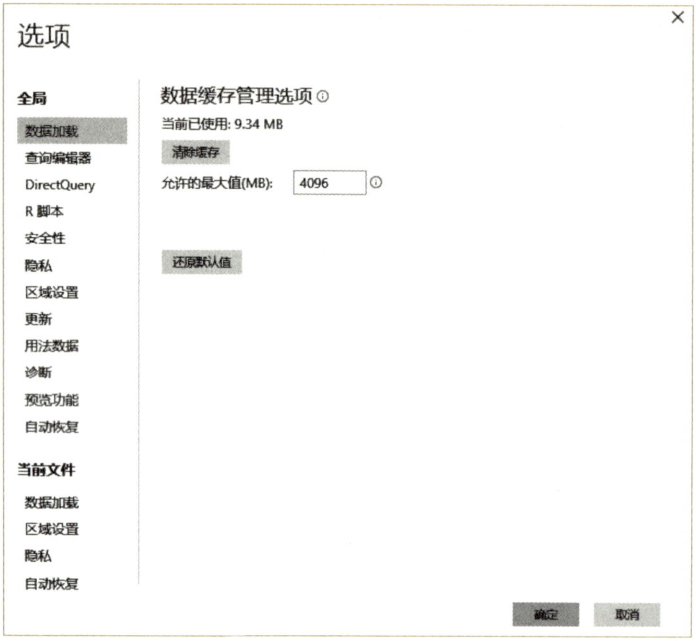

图 2-11

可以设置的详细选项如下。

- 数据加载：用于设置缓存大小和清除缓存，数据加载在内存中。
- 查询编辑器：即 Power Query 编辑器，设置查询编辑器的布局、进行数据预览和数据源的参数化。
- DirectQuery：DirectQuery 模式应用于 SQL Server 数据库中存储的数据，使用此选项可设置在此模式下 DAX 表达式不受限制。
- R 脚本：设置 R 的路径、IDE 及存储位置。Power BI Desktop 支持调用本地安装的 R 程序，可以在 Power BI Desktop 中编辑 R 脚本。
- 安全性：设置数据库查询时是否需要批准、Web 访问的安全警告、ArcGIS 地图[1]和 ADFS 身份验证[2]。

---

1 ArcGIS 地图是一个可提供地图对象的服务器。

2 ADFS（Active Directory Federation Services），即活动目录联合服务，能够用于一次会话过程中多个 Web 应用的用户认证。

- 隐私：设置隐私级别，影响对文件的合并，在 Power BI Desktop 中遇到 Firewall（防火墙）警告时可以在此处设置忽略隐私级别，以跳过防火墙的拦截。
- 区域设置：设置软件使用的当前语言或英语。
- 更新：设置是否提供更新通知。
- 用法数据：设置是否将软件的使用情况反馈给微软公司。
- 诊断：设置是否启用跟踪功能。跟踪功能将跟踪当前打开的所有文件，关闭最后一个文件后会自动关闭该功能。
- 预览功能：设置与主题、视觉对象相关的功能。
- 自动恢复：设置自动备份的时间间隔和备份路径。

第3章

搭建电商BI系统的框架

3.1 数据框架

图 3-1 是数据分析的架构，包括数据采集层、数据存储层、数据处理和分析层、应用层。应用层大多是由 BI 报表承载的，我们熟知的数据产品也是 BI 报表的一种展现形式。

（1）数据采集层：确定要采集的数据字段、采集的周期、采集的规范等细节。

（2）数据存储层：对于结构化的数据，存储在结构化的数据库中，如 MySQL、MS SQL 等。而诸如图片、音频等非结构化的数据，要存储在非结构化的数据库中，如 MongoDB、NoSQL、Hadoop 等。

（3）数据处理和分析层：大多数分析师都活跃在这一层，数据处理和分析是分析师的主要工作内容。

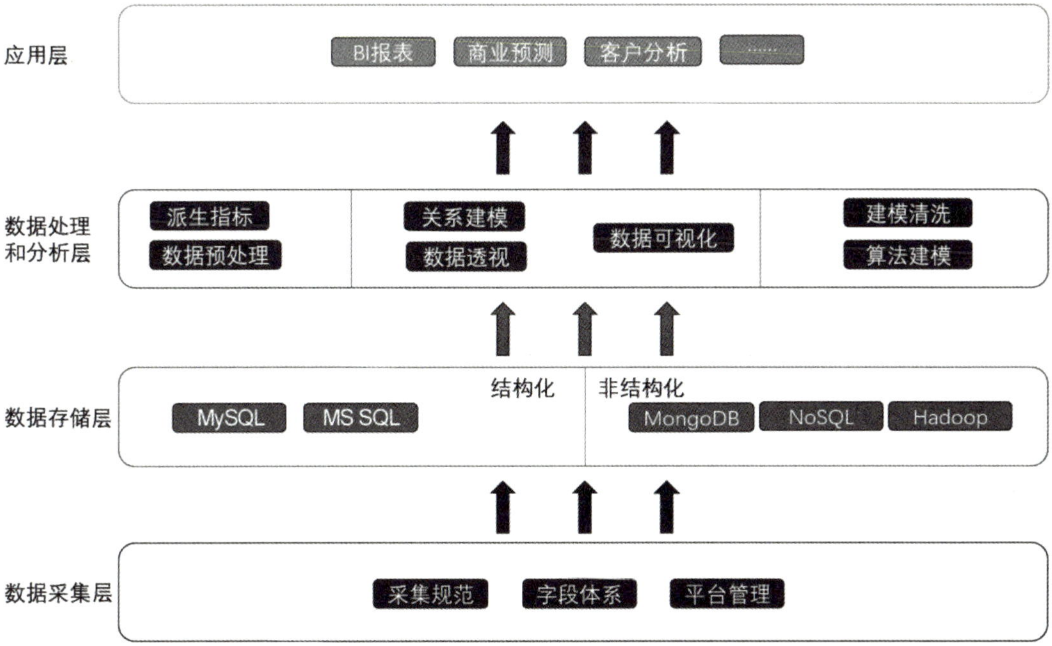

图 3-1

- 数据清洗（数据预处理）：区别于建模前的数据清洗，将数据处理成结构化的数据，为分析做准备，并且要充分理解指标，必要时还需要计算出新的（派生）指标。

- 数据可视化：包含描述性统计分析[1]和数据理解，通过对字段的变换透视、可视化来理解数据。如果是多张有关联的表格，则需要建立关系模型，全方位地分析数据。
- 算法建模：算法建模不同于关系建模，算法模型来自于应用数学[2]，基于数学方法，将显示问题抽象成数学问题并予以解答。在建模前需要对数据进行变换，让数据符合算法预设的结构和类型。

（4）应用层：业务人员基于IT（互联网技术）、DT（数据技术）部门设计好的数据产品进行实务操作应用，如BI分析、商业预测和客户分析等。

3.2 业务框架

电商是一个将互联网技术与零售业结合的行业，传统的零售业并没有那么多的数据，但是随着互联网技术的发展和普及，现在已经可以非常轻松地采集数据。因此，这几年数据分析在电商行业中越来越受到重视。阿里巴巴集团在2015年提出了大数据赋能商家的战略，通过其广告BI、生意参谋等数据工具为商家提供决策数据支撑。

电商店铺的运营数据分析分为3个模块，即运维数据、行业数据和竞争对手数据，每个模块之间都需要相互参考，如图3-2所示。

- 运维数据，即内部数据，是在运营店铺过程中产生的各种数据，如访客数、转化率、销售额等。
- 行业数据，即整个行业大盘的数据，在分析的时候需要将自己的数据与行业数据进行对比。
- 竞争对手数据，即同行对手的相关数据，和行业数据一样，需要将自己的数据与竞争对手的数据进行对比。

1 描述性统计分析是用来概括、表述事物整体状况及事物间关联、类属关系的统计方法。通过统计可以简洁地用几个统计值来表示一组数据的集中性和离散性（波动性大小）。

2 应用数学培养人们掌握数学科学的基本理论与基本方法，使人们具备运用数学知识、使用计算机解决实际问题的能力，接受科学研究的初步训练，能在科技、教育和经济部门从事研究、教学工作或在生产经营及管理部门从事实际应用、开发研究和管理工作。

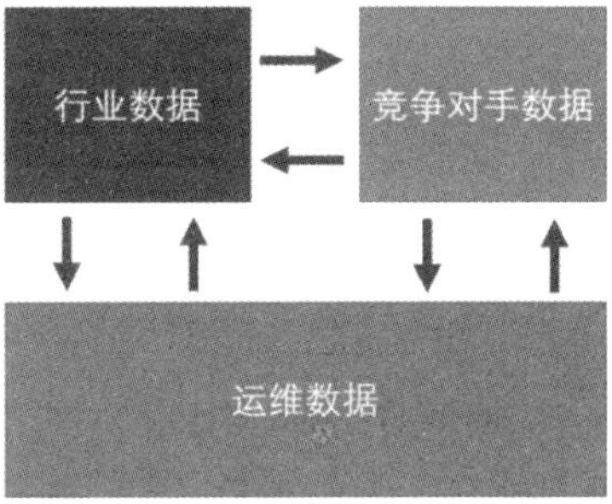

图 3-2

图 3-3 是电商零售企业的内部数据架构，即图 3-2 中的运维数据模块，整个架构分为 5 层。

第一层：从流量开始产生数据，用户在浏览过程中的各种行为产生了电商数据。流量数据是所有电商数据的源头，没有流量就不用谈数据分析了。

第二层：记录用户点击之后的交易行为，如用户下单产生交易数据、商家发货产生库存数据。

第三层：基于前两层数据的分类、归整，从流量数据和交易数据中清洗出用户数据和商品数据，从库存（仓库）数据中清洗出售后数据。

第四层和第五层：基于前三层数据的分类、归整，整理出财务数据和店铺数据。

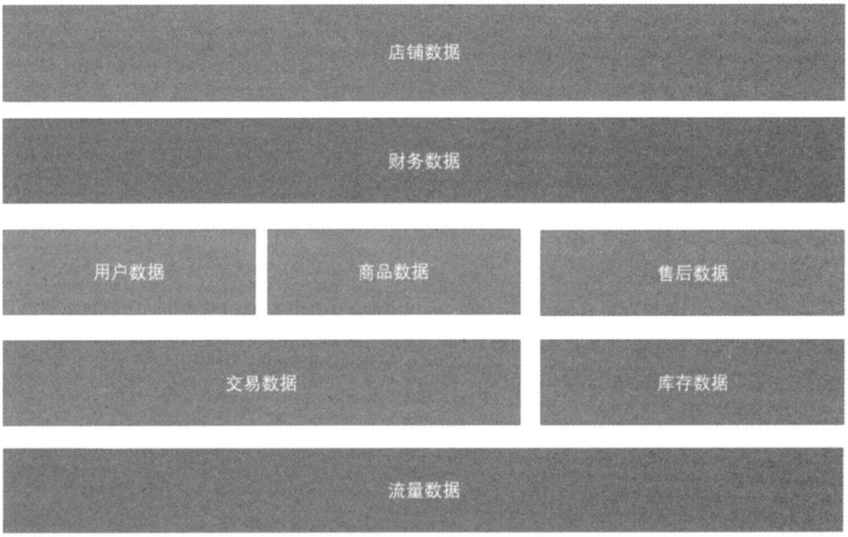

图 3-3

图 3-4 是电商数据报表的权限架构图，不同的部门或岗位关心的数据指标不同，而老板或总监需要了解各个部门的 KPI 指标，还要横向了解各个环节，哪个环节出现了问题，就下钻到纵向。

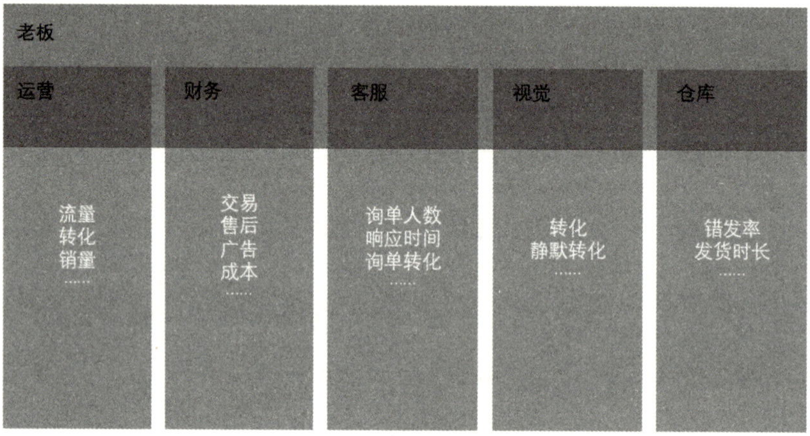

图 3-4

3.3 维度和指标体系

数据分析其实就是维度和指标的切换，了解维度和指标体系有助于我们理解分析的思路。电商的维度和指标体系分类如图 3-5 所示。

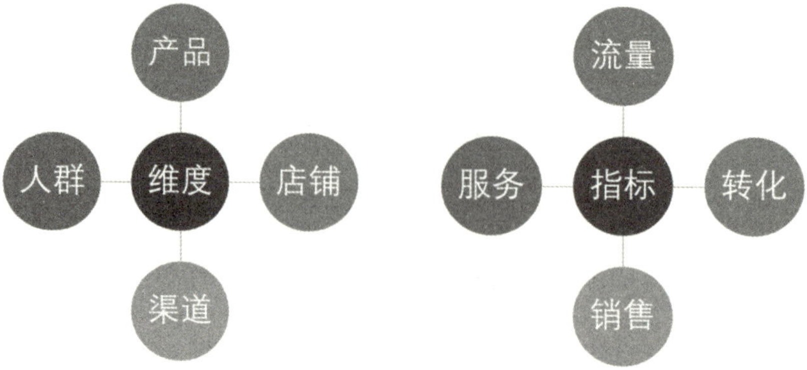

图 3-5

维度和指标交叉可以得到16个分析粒度，如表3-1所示。

表 3-1

属性	流　量	转　化	销　售	服　务
店　铺	店铺流量	店铺转化	店铺销售	店铺服务
产　品	产品流量	产品转化	产品销售	产品服务
渠　道	渠道流量	渠道转化	渠道销售	渠道服务
人　群	人群流量	人群转化	人群销售	人群服务

对店铺的流量、转化、销售和服务进行分析，可以掌握店铺的运营细节，挖掘销量增长点。

对产品的流量、转化、销售和服务进行分析，可以洞察每件产品的表现，有助于调整产品的市场战略。

对渠道的流量、转化、销售和服务进行分析，可以洞察渠道的效果，有助于优化渠道策略。

对人群的流量、转化、销售和服务进行分析，可以洞察不同人群对店铺的喜好情况，有助于调整广告营销策略。

第4章

数据分析方法论

在进行数据分析时，可借助固定的分析方法快速、有效地分析数据，从数据中获取信息。本章主要讲解数据分析相关的方法，这些方法是由资深数据分析师总结提炼而成的，包括对比法、拆分法、排序法、分组法、交叉法、降维法、增维法、指标法和图形法。根据业务场景选择一种或一种以上的分析方法可以让分析工作更加高效。表 4-1 是数据分析方法及其使用场景。

表 4-1

分析方法	使用场景
对比法	发现问题
拆分法	寻找问题的原因
排序法	找到分析的重点
分组法	洞察事物特征
交叉法	通过交叉的方式对两个及两个以上的维度进行比较
降维法	解决复杂问题
增维法	解决信息量过少的问题
指标法	基本方法，支持多字段
图形法	基本方法，对分析字段有数量限制

4.1 对比法

对比法是最基本的分析方法，也是数据分析的“先锋”。数据分析师在进行数据分析时首先使用对比法，可以快速发现问题。在进行商业数据分析时有三个必备的维度，分别是过去的自己、同期的对手和同期的行业。通过这三个维度的对比可以了解数据的含义，否则数据就是一座“孤岛”。

对比法分为横向对比和纵向对比。

横向对比是跨维度进行对比，用于分析不同事物的差异，比如在分析企业销售业绩时，将不同行业的企业销售数据进行对比，这样可以了解某家企业在整个市场中的情况。例如，中国的 500 强企业排行榜就是对不同行业的企业进行排序。

纵向对比是在同一个维度进行对比，用于不同阶段的对比，比如以时间为维度，将当天的销售业绩和前一天的销售业绩、上个月同一天的销售业绩进行对比，可以知道当天的销售情况。

例：小李是网店运营人员，刚接手一家新网店，想要确定该网店的主营品类，已知该网店经营A、B、C、D四个品类，其销售额如表4-2所示。

将表4-2的数据转换成柱形图，如图4-1所示，通过对比A、B、C、D四个品类的“天花板”，要做大市场规模可以选择“天花板”高的品类，要便于生存则选择“天花板”低的品类。

表4-2

品类	A品类	B品类	C品类	D品类
销售额	1,580万元	780万元	605万元	1,685万元

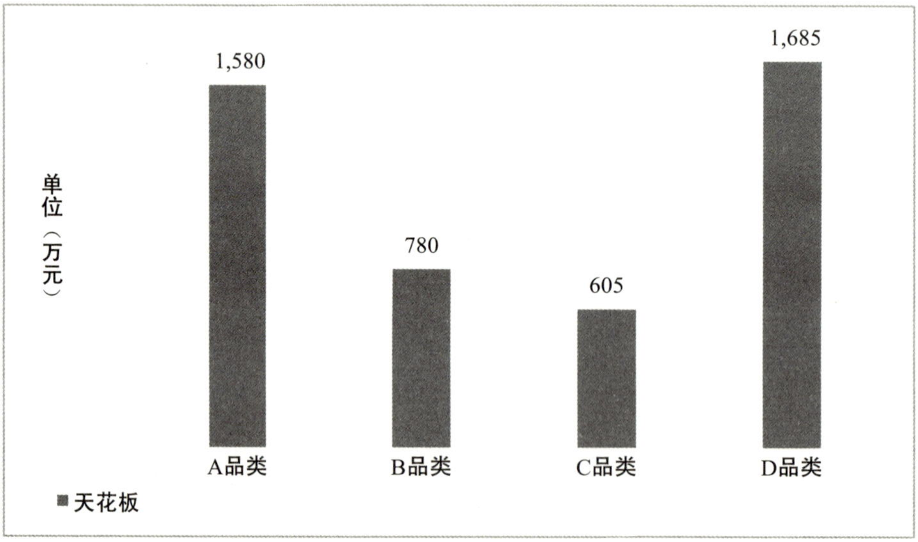

图4-1

4.2 拆分法

拆分法是常用的分析方法之一，在许多领域被应用，杜邦分析法就是拆分法的经典应用。拆分法将某个问题拆分成若干个子问题，通过研究若干个子问题，找到问题的症结并解决它。比如，在研究销售业绩下降的问题时，可以将销售业绩下降的问题拆分成转化率、客单价和访客数这三个指标，通过分析这三个指标来解决销售业绩下降的问题。

例：某网店的销售额大幅下降，运营人员欲找出销售额下降的原因，网店数据如表 4-3 所示。

表 4-3

日　期	访客数（单位：人）	转化率	客单价（单位：元）	销售额（单位：元）
本周一	1,000	3.5%	100	3,500
前一天	2,000	3.4%	100	6,800
上周一	2,500	3.5%	100	8,750

销售额下降的问题可以拆分成三个指标，分别是转化率、客单价和访客数，如图 4-2 所示。通过表 4-3 并结合对比法，发现主要是访客数的减少引起了销售额的大幅下降。再进一步拆分访客数，访客数分为付费访客数和免费访客数，对访客数变化的原因进行进一步剖析，直到找到问题的根源。

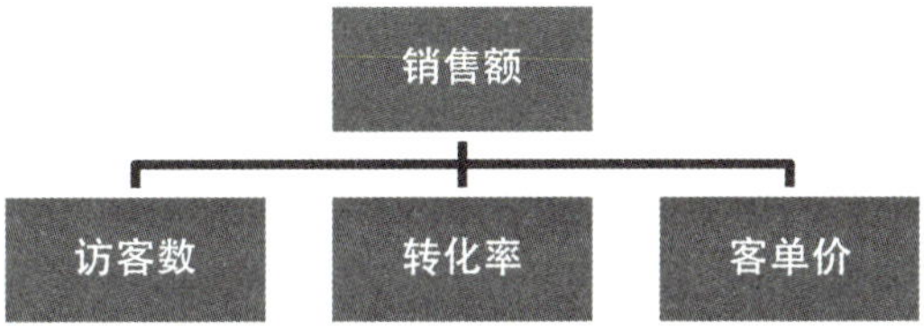

图 4-2

拆分法可以分为完全拆分法和重点拆分法。

完全拆分法也被称为等额拆分法，将父问题 100% 地进行拆解，拆解出来的子问题的和或集合（算法）可 100% 解释父问题。例如，销售额 = 访客数 × 转化率 × 客单价，等式两边的数值完全相等。

重点拆分法也被称为非等额拆分法，只拆分出问题的重点，子问题只解释父问题的 80% 左右。例如，经营好网店 = 点击率 + 转化率 + 退款率。确实，经营好一家网店只要将点击率、转化率和退款率这三个指标保持好就够了，但做网店运营不能完全关注这三个指标。有时面对一些复杂的问题，可以采用重点拆分法，抓重要环节。

4.3 排序法

排序法基于某一个度量值的大小，将观测值按递增或递减的顺序排列，每次排列只能基于某一个度量值。排序法是从对比法中衍生出的一种常用方法，百度搜索风云榜、淘宝网店排行榜等业内知名榜单都是采用排序法的。通过查看排序后的榜单，用户可以快速获取目标价值信息。

例：某运营人员收集了数个品类的数据，如表 4-4 所示，使用排序法列出品类榜单。

表 4-4

品　类	交易指数 [1]	在线产品数（单位：件）
T 恤	20,178	55,135,570
连衣裙	43,551	21,868,084
裤子	22,664	41,053,642
衬衫	19,592	11,556,930

排序法只能基于某一个度量值进行排序，表 4-4 中有两个度量值，因此可以列出两个表单。

表 4-5 是基于交易指数列出的榜单，排名越靠前，代表该品类的市场规模越大。

表 4-5

排　名	品　类	交易指数	在线产品数（单位：件）
1	连衣裙	43,551	21,868,084
2	裤子	22,664	41,053,642
3	T 恤	20,178	55,135,570
4	衬衫	19,592	11,556,930

表 4-6 是基于在线产品数列出的榜单，排名越靠前，代表该品类的市场竞争越激烈。

表 4-6

排　名	品　类	交易指数	在线产品数（单位：件）
1	T 恤	20,178	55,135,570
2	裤子	22,664	41,053,642
3	连衣裙	43,551	21,868,084
4	衬衫	19,592	11,556,930

1　交易指数：根据产品交易过程中的核心指标，如订单数、买家数、支付件数、支付金额等，进行综合计算得出的数值。数值越大说明交易的热度越大，不等同于交易金额。

4.4 分组法

分组法来源于统计学中的统计分组法，是非常重要的分析方法，用于发现事物的特征。可以按类型、结构、时间段等维度进行分组，观察分组后维度的数据特征，从特征中洞察信息。

例：基于表 4-7 的信息，分析裤子和职业套装的差异。

表 4-7

父类目	子类目	销售额（单位：元）
裤子	休闲裤	747,991,311
裤子	打底裤	89,942,330
裤子	西装裤 / 正装裤	4,952,899
裤子	棉裤 / 羽绒裤	1,800,685
职业套装	休闲套装	216,517,887
职业套装	职业女裙套装	24,072,258
职业套装	医护制服	1,649,589
职业套装 / 学生校服 / 工作制服	其他套装	5,952,780

基于题目可知需要对父类目进行统计分组，分组统计后的行业数据如表 4-8 所示。

表 4-8

父类目	销售额（单位：元）
裤子	844,687,225
职业套装	248,192,514

通过分组结果可知，裤子的市场份额远大于职业套装的市场份额。

4.5 交叉法

交叉法是对比法和拆分法的结合，将有一定关联的两个或两个以上的维度和度量值排列在统计表内进行对比分析，在小于或等于三维的情况下可以灵活使用图表进行展示。当维度大于三维时选用统计表展示，此时称之为多维分析法。比如，在研究市场定价时，经常将产品特征和定价作为维度，将销售额作为度量值进行分析。

例：表 4-9 是不同性别的消费者在不同品类商品上的消费金额数据，利用交叉法分析不同性别的消费者的消费差异。

表 4-9

性　别	品　类	消费金额（单位：元）
男	零食	68
男	耳机	180
女	零食	155
女	耳机	42

将表 4-9 转换成二维交叉表，如表 4-10 所示，可以直观地观察男性消费者和女性消费者在消费偏好上的差异，男性更愿意在耳机上消费，女性则更愿意在零食上消费。

表 4-10

属　性	零食（单位：元）	耳机（单位：元）
男	68	180
女	155	42

4.6 降维法

当数据集字段较多或分析干扰因素太多时，可以找到并分析核心指标来提高分析精度，或者通过主成分分析、因子分析等统计学方法将高维转换成低维。比如，在分析网店数据时，根据业务问题的核心提取 2~4 个主要指标进行分析。

例：根据表 4-11 所示的字段评估网店的综合情况。

表 4-11

转化率	销售额	客单价	访客数	动销率	连带率	好评率	纠纷率	上新率

对指标进行分类，把对店铺的评估分成产品运营能力、网店获客能力和网店服务能力的评估。

反映网店产品运营能力的指标如表 4-12 所示。

表 4-12

动销率	连带率	上新率

反映网店获客能力的指标如图 4-13 所示。

表 4-13

转化率	销售额	客单价	访客数

反映网店服务能力的指标如表 4-14 所示。

表 4-14

好评率	纠纷率

基于每个能力维度下的指标，可以综合评估每个能力的分数。

可以使用数据归一化[1]方法或熵值法[2]计算分数，达到综合评估的目的。

4.7 增维法

增维法是在数据集字段过少或信息量不足时，为了便于分析人员操作，通过计算衍生出更加直观的指标。比如，在分析关键词时，用搜索人气除商品数量，得到一个新的指标，将该指标定义为关键词的竞争指数。

例：如表 4-15 所示，计算关键词的竞争度，基于业务经验，竞争度 = 搜索人气 × 点击率 × 支付转化率 ÷ 在线商品数，得到的指标为正指标，数值越大越好。

表 4-15

关键词	搜索人气	点击率	在线商品数（单位：件）	支付转化率	竞争度
永生花	32,914	152.95%	165,118	6.92%	0.021
永生花花瓣耳环	11,736	132.03%	3,199	3.99%	0.193
永生花礼盒	10,274	162.75%	55,774	8.55%	0.026
永生花 DIY 材料包	9,245	222.64%	4,198	3.71%	0.182
永生花玻璃罩	7,977	138.58%	23,718	6.89%	0.032

1 数据归一化是将数据映射到 [0,1] 区间。

2 熵值法的核心思想是用信息的无序度来衡量信息的效用值。信息的无序度越低（越不稳定），该信息的效用值越大。换句话说，越稳定的信息越无用。

4.8 指标法

指标法是分析的基本方法之一，通过汇总值、平均值、标准差等一系列的统计指标研究分析数据。指标法适合分析多维的数据。

例：表 4-16 是在淘宝网搜索某关键词按人气排名前 5 的商品数据，使用指标法描述这个数据。

表 4-16

排名	售价（单位：元）	销售额（单位：元）	评价人数	DSR_ 物流分	DSR_ 描述分	DSR_ 服务分
1	680	115,600	151	4.61	4.74	4.76
2	3,680	629,280	16	4.98	4.98	4.98
3	2,180	372,780	902	4.95	4.95	4.96
4	2,180	374,960	2363	4.92	4.93	4.94
5	2,199	380,427	958	4.95	4.97	4.95

使用指标法描述数据后的结果如表 4-17 所示。

表 4-17

	售价（单位：元）	销售额（单位:元）	评价人数	DSR_ 物流分	DSR_ 描述分	DSR_ 服务分
计数	5	5	5	5	5	5
缺失值	0	0	0	0	0	0
平均值	2,184	374,609	878	4.88	4.91	4.92
汇总值	10,919	1,873,047	4,390	24.41	24.57	24.59
标准差	949	162,469	835	0.14	0.09	0.08

4.9 图形法

图形法是数据分析的基本方法之一，通过柱形图、折线图、散点图等一系列统计图形可以直观地分析数据。图形法适合分析低维的数据。

例：表 4-18 是在淘宝网搜索某关键词按人气排名前 220 名的商品数据，使用图形法分析这些商品售价的分布。

表 4-18

排 名	售价（单位：元）	销售额（单位：元）	评价人数	DSR_ 物流分	DSR_ 描述分	DSR_ 服务分
1	680	11,5600	151	4.61	4.74	4.76
2	3,680	629,280	16	4.98	4.98	4.98
3	2,180	372,780	902	4.95	4.95	4.96
……	……	……	……	……	……	……
220	150	547,800	33,206	4.75	4.63	4.74

图 4-3 是基于售价分组后绘制的直方图，可以直观地观察到各个价格区间商品的数量，商品售价分布主要集中在 [118,588]、[1058,1528]（单位：元）两个区间。

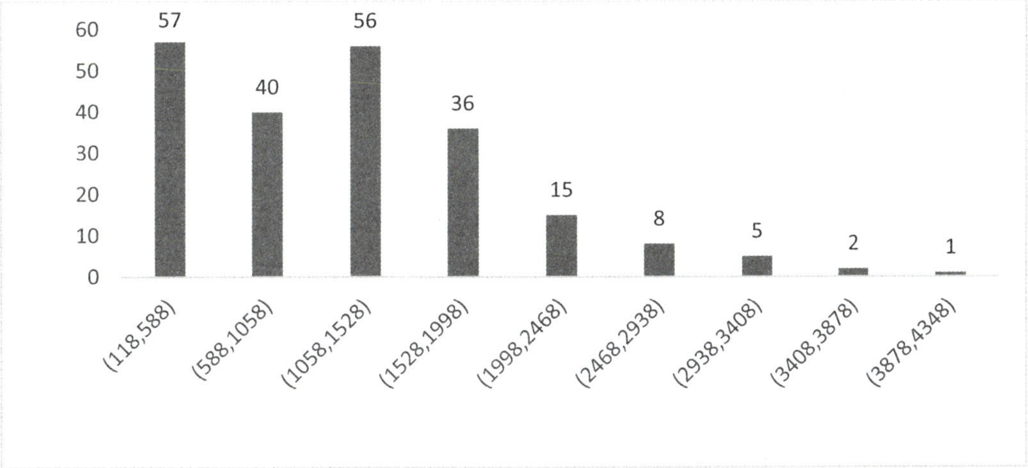

图 4-3

图形法有画图空间、图形和图注三个要素。画图空间是图形的容器，图形呈现在画图空间中，如二维空间、三维空间。图形是要表达的信息的可视化结果，如线形、柱形。图注是帮助读者理解图形的标注。图注包括图标题、坐标轴、坐标轴标题、数据标签、图例，如图 4-4 所示。

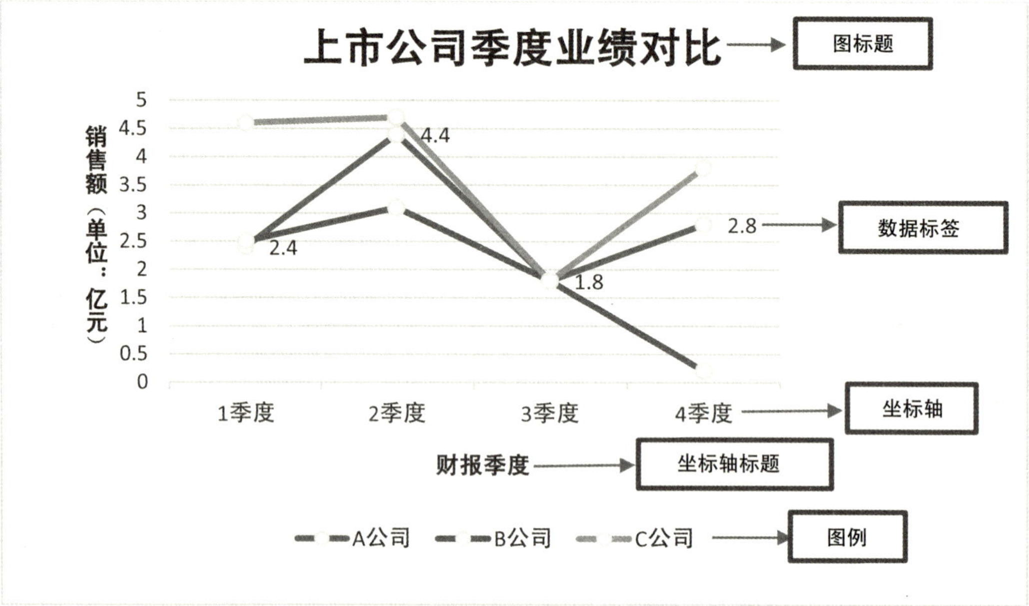
上市公司季度业绩对比
图标题
5
4.5
4
3.5
3
2.5
2
1.5
1
0.5
0
销售额（单位：亿元）
4.4
2.4
2.8
数据标签
1.8
1季度
2季度
3季度
4季度
坐标轴
财报季度
坐标轴标题
A公司
B公司
C公司
图例

图 4-4

第5章

应用场景：数据采集

数据采集又被称为数据爬虫，是数据分析的基础环节。只有在获取数据后，才能进行数据分析。数据采集前需要明确数据的来源及采集方法。本章介绍的方法是基于 Power BI 的 M 函数，可以获取数字数据或文本数据。

5.1 静态数据采集

静态数据是指采集的目标数据在网页源码中，而且是一次性加载在网页中的。

例：采集某电商平台商品页面数据。

在亚马逊网站，搜索“连衣裙”，如图 5-1 所示。

图 5-1

打开 Power BI，单击“主页”选项卡中的“获取数据”下拉按钮，在打开的下拉列表中选择“Web”选项，如图 5-2 所示。

图 5-2

弹出“从 Web”对话框，将网页链接复制到 URL 文本框，然后单击“确定”按钮，如图 5-3 所示。

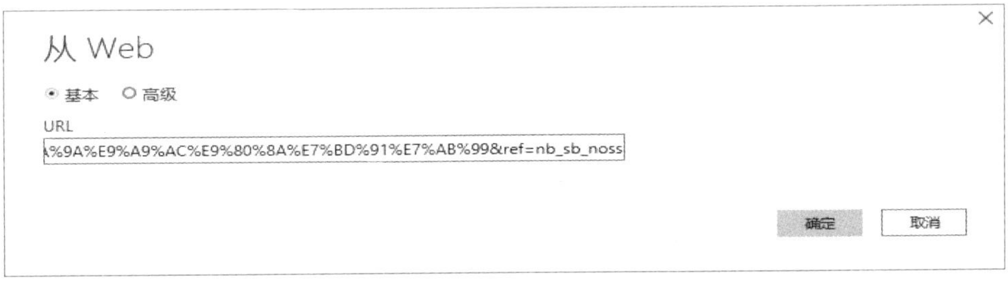

图 5-3

单击“Web 视图”选项卡，再单击“使用示例添加表”按钮，如图 5-4 所示。

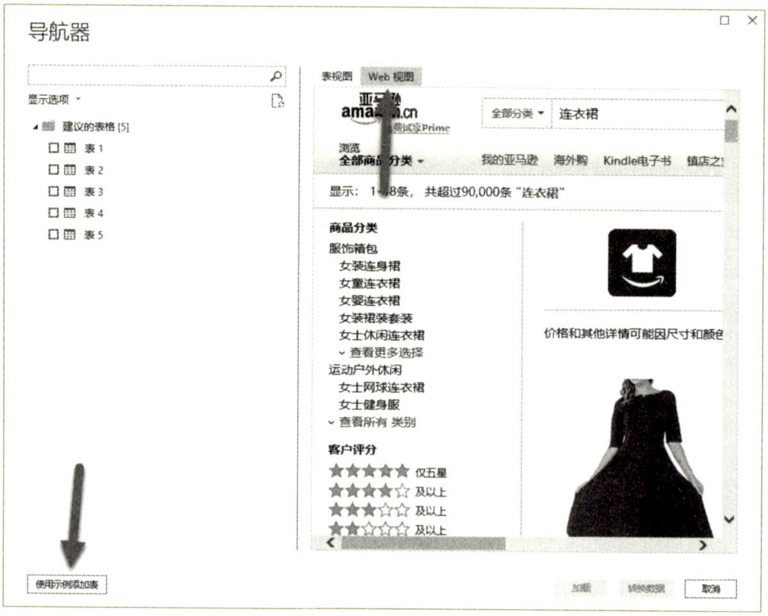

图 5-4

打开“使用示例添加表”对话框，在“列 1”的第 1 行，输入价格“268.79”，选择弹出的第一个参数，如图 5-5 所示。

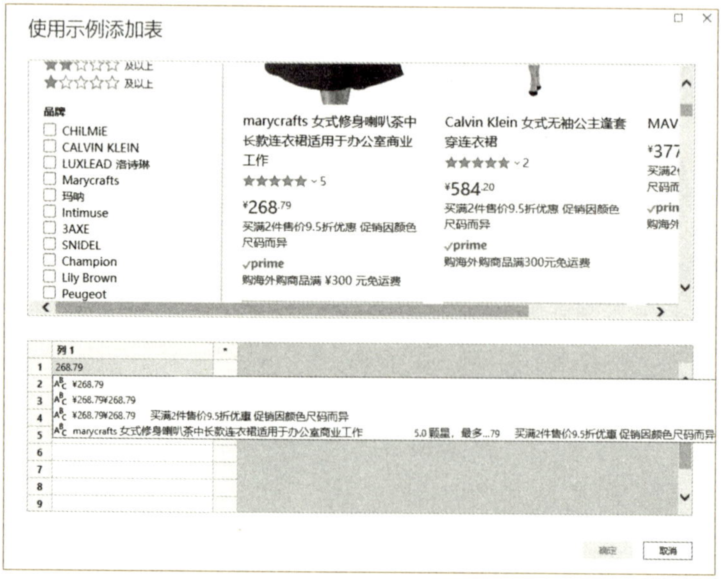

图 5-5

按 Enter 键后，效果如图 5-6 所示。

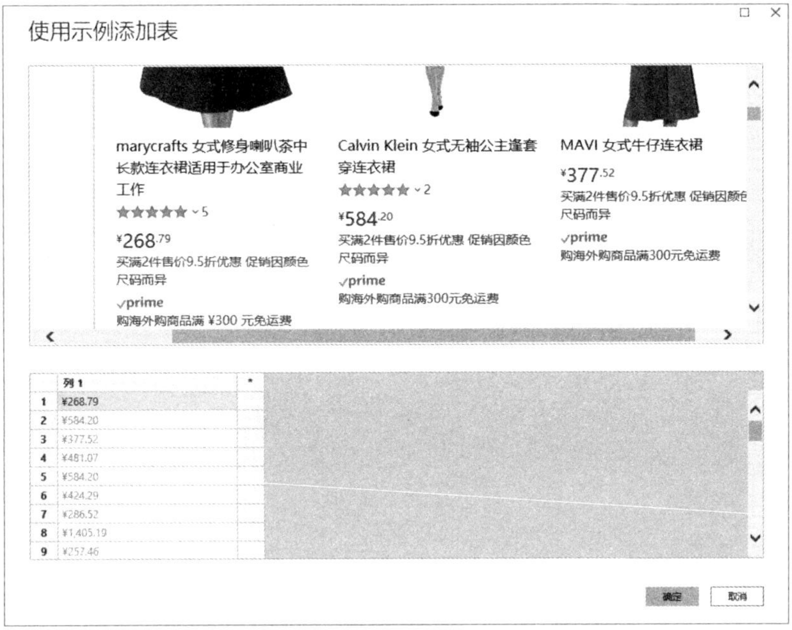

图 5-6

获取商品的其他数据也使用同样的操作，结果如图 5-7 所示。

图 5-7

商品数据在“表视图”选项卡的“自定义表 [1]”的“表 7”中，如图 5-8 所示。

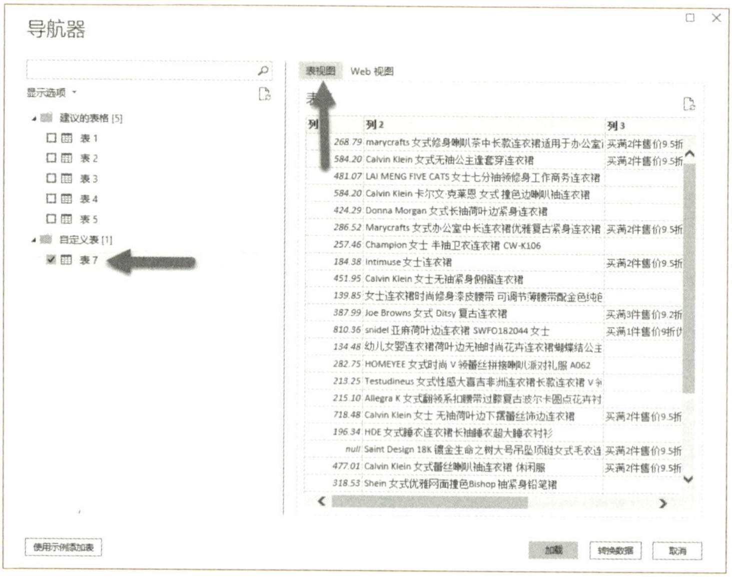

图 5-8

例：采集休斯敦火箭队球员最新赛季的数据，球员比赛数据如图 5-9 所示。

球员	出场	首发	时间	投篮	命中	出手	三分	命中	出手	罚球	命中	出手	篮板	前场	后场	助攻	抢断	盖帽	失误	犯规	得分 ▾
詹姆斯-哈登	78	78	36.8	44.2%	10.8	24.5	36.8%	4.8	13.2	87.9%	9.7	11.0	6.6	0.8	5.8	7.5	2.0	0.7	5.0	3.1	36.1
克林特-卡佩拉	67	67	33.6	64.8%	7.1	10.9		0.0	0.0	63.6%	2.5	3.9	12.7	4.4	8.2	1.4	0.7	1.5	1.4	2.5	16.6
埃里克-戈登	68	53	31.7	40.9%	5.6	13.8	36.0%	3.2	8.8	78.3%	1.8	2.2	2.2	0.3	1.9	1.9	0.6	0.4	1.3	2.1	16.2
克里斯-保罗	58	58	32.0	41.9%	5.2	12.4	35.8%	2.2	6.1	86.2%	3.0	3.5	4.6	0.6	4.0	8.2	1.9	0.3	2.6	2.5	15.6
卡梅罗-安东尼	10	2	29.4	40.5%	4.9	12.1	32.8%	2.1	6.4	68.2%	1.5	2.2	5.4	0.9	4.5	0.5	0.4	0.7	0.8	3.2	13.4
肯尼思-法里德	25	13	24.3	58.7%	5.2	8.9	35.0%	0.3	0.8	65.1%	2.2	3.3	8.2	3.3	5.0	0.7	0.6	0.8	1.1	3.0	12.9
丹纽尔-豪斯	39	13	25.1	46.8%	3.0	6.5	41.6%	1.9	4.6	78.9%	1.4	1.8	3.6	0.6	2.9	1.0	0.5	0.3	0.9	2.1	9.4
杰拉德-格林	73	0	20.2	40.0%	3.2	7.9	35.4%	2.1	6.0	83.8%	0.8	0.9	2.5	0.4	2.1	0.5	0.5	0.4	0.8	1.7	9.2
奥斯汀-里弗斯	47	13	28.6	41.3%	3.3	8.0	32.1%	1.5	4.7	51.0%	0.5	1.0	1.9	0.3	1.6	2.3	0.6	0.3	0.7	2.9	8.7
詹姆斯-恩尼斯	40	25	23.7	49.3%	2.6	5.3	36.7%	1.1	3.0	72.4%	1.1	1.5	2.9	0.9	2.0	0.7	1.0	0.4	0.6	2.8	7.4
PJ-塔克	82	82	34.2	39.6%	2.5	6.4	37.7%	1.8	4.7	69.5%	0.5	0.7	5.8	1.5	4.4	1.2	1.6	0.5	0.8	3.1	7.3
伊曼-香珀特	20	1	19.2	34.7%	1.7	4.9	29.6%	1.1	3.6	50.0%	0.1	0.2	2.7	0.4	2.3	1.1	0.6	0.2	0.6	1.8	4.6
詹姆斯-纳纳利	2	0	19.0	23.1%	1.5	6.5	25.0%	1.5	6.0		0.0	0.0	0.5	0.0	0.5	1.0	0.0	0.0	0.0	3.0	4.5
迈克尔-卡特-威廉姆斯	16	1	9.1	41.0%	1.6	3.8	36.8%	0.4	1.2	46.2%	0.8	1.6	0.8	0.2	0.6	1.3	0.6	0.4	0.8	1.7	4.3
内内-希拉里奥	42	2	13.0	51.7%	1.4	2.8	0.0%	0.0	0.1	66.0%	0.7	1.1	2.9	0.8	2.1	0.6	0.4	0.4	0.3	2.1	3.6
布兰登-奈特	12	0	9.9	23.4%	0.9	3.9	15.6%	0.4	2.7	81.8%	0.8	0.9	0.8	0.1	0.7	0.8	0.2	0.0	0.4	1.2	3.0
加里-克拉克	51	2	12.5	33.1%	1.0	3.0	29.7%	0.8	2.7	100.0%	0.1	0.1	2.3	0.5	1.8	0.4	0.4	0.5	0.1	0.9	2.9
周琦	1	0	1.0	100.0%	1.0	1.0		0.0	0.0		0.0	0.0	0.0	0.0	0.0	0.0	0.0	0.0	0.0	0.0	2.0
以赛亚-哈尔滕施泰因	28	0	8.0	48.8%	0.7	1.5	33.3%	0.1	0.2	78.6%	0.4	0.5	1.7	0.8	0.9	0.5	0.3	0.4	0.5	2.0	1.9
马基斯-克里斯	16	0	6.4	32.4%	0.7	2.1	6.7%	0.1	0.9	85.7%	0.4	0.4	1.8	0.4	1.3	0.4	0.1	0.3	0.8	1.1	1.8
文森特-爱德华兹	2	0	8.0	25.0%	0.5	2.0	25.0%	0.5	2.0		0.0	0.0	1.0	0.5	0.5	0.0	0.0	0.0	0.0	0.0	1.5
泰伦斯-琼斯	2	0	2.5	25.0%	0.5	2.0	0.0%	0.0	1.0	0.0%	0.0	0.5	2.0	0.0	2.0	0.0	0.0	0.0	0.5	0.5	1.0
Chris Chiozza	7	0	4.6	25.0%	0.3	1.1	40.0%	0.3	0.7		0.0	0.0	0.6	0.1	0.4	0.6	0.1	0.1	0.1	0.3	0.9

图 5-9

在 Power BI 的“主页”选项卡中，单击“获取数据”下拉按钮，在打开的下拉列表中选择“Web”选项获取网站的数据。

弹出“从 Web”对话框，在 URL 文本框中输入网址，然后单击“确定”按钮，如图 5-10 所示。

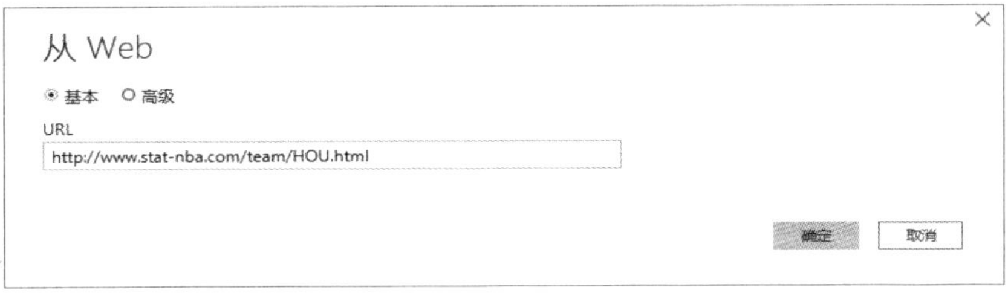

图 5-10

在打开的“导航器”对话框中通过“表视图”选项卡可以看到“表 1”是目标数据。勾选“导航器”对话框左侧列表中的“表 1”，如图 5-11 所示，再单击“转换数据”按钮进入 Power Query 编辑器。

图 5-11

进入 Power Query 编辑器后，发现有一列空列，在该列名上右击，在弹出的快捷菜单中选择“删除”选项，如图 5-12 所示，将空列删除。

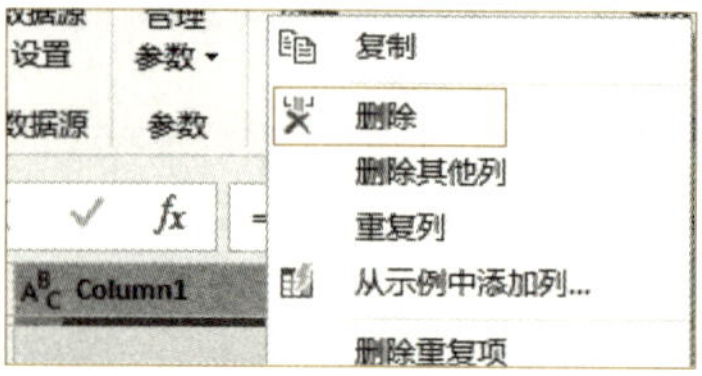

图 5-12

在“主页”选项卡中单击“将第一行用作标题”按钮，如图 5-13 所示。

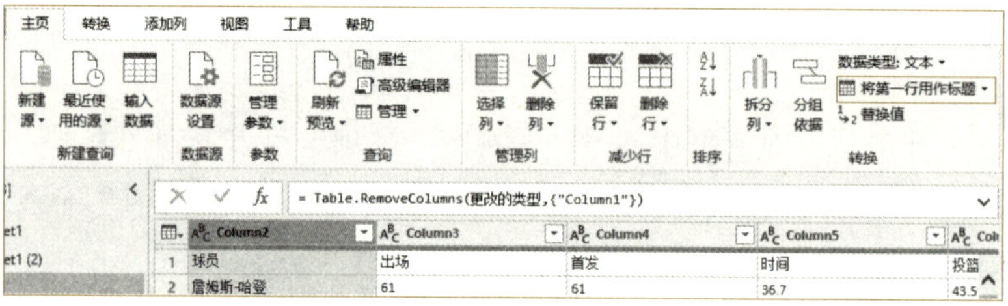

图 5-13

筛选球员数据，取消勾选“总计”“全队数据”“对手数据”选项前的复选框，如图 5-14 所示。

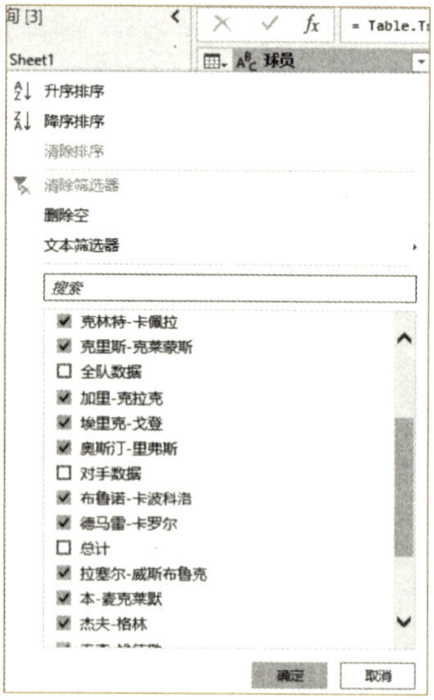

图 5-14

在 Power Query 编辑器的“主页”选项卡中单击“关闭并应用”按钮，如图 5-15 所示，将数据导入 BI 中。

图 5-15

加载后，表格中的数据如图 5-16 所示。

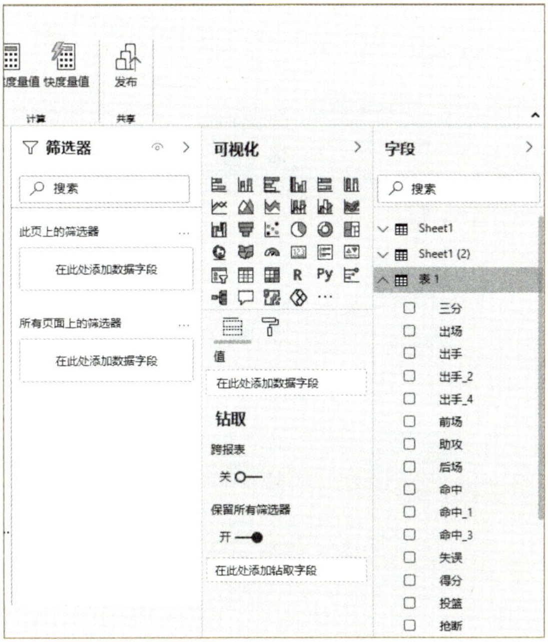

图 5-16

例：批量采集球队最新赛季的数据，球队名称及英文缩写如表 5-1 所示。

表 5-1

球队名称	英文缩写
马刺	SAS
灰熊	MEM
火箭	HOU
小牛	DAL
黄蜂	NOH

将数据输入 Excel 工作表之后，在 Power BI Desktop 界面的“主页”选项卡中单击“获取数据”下拉按钮，在弹出的下拉列表中选择“Excel”选项，如图 5-17 所示，将数据导入 Power Query 编辑器。

图5-17

将数据导入 Power Query 编辑器后，创建 URL，在“添加列”选项卡中单击“自定义列”按钮，如图 5-18 所示。

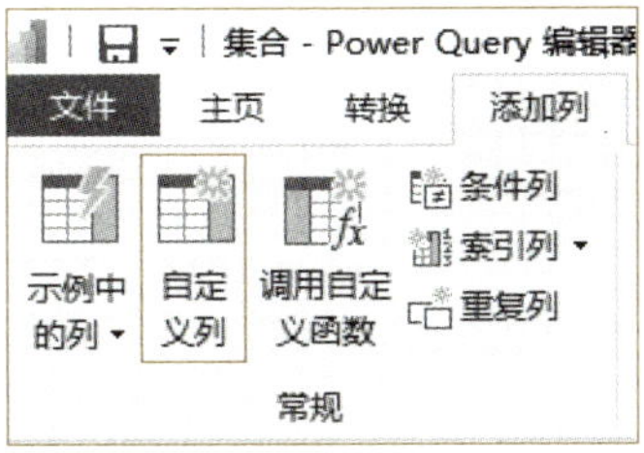

图 5-18

在打开的“自定义列”对话框的“自定义列公式”文本框中输入“="http://www.stat-nba.com/team/"&[缩写]&".html"”，然后单击“确定”按钮，如图 5-19 所示。

图 5-19

创建好 URL 后再次添加自定义列（在“添加列”选项卡中单击“自定义列”按钮），采集 URL 数据。

在弹出的“自定义列”对话框的“自定义列公式”文本框中输入“=Web.Page(Web.Contents ([URL])){0}[Data]”，如图 5-20 所示。

M 函数说明

Web.Page：以网页的方式加载数据。

Web.Contents：将网页以二进制文件的格式下载。

{0}[Data]：打开网页中的第一张表格，也就是打开本例的“Table 0”。

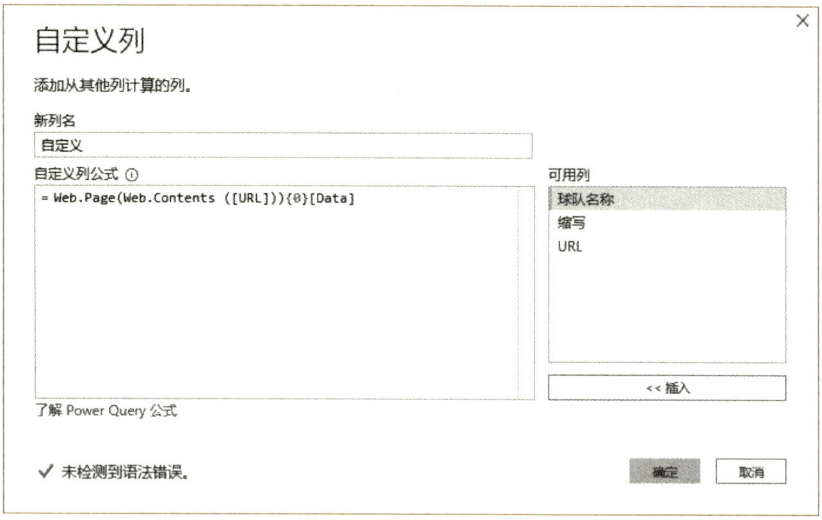

图 5-20

单击“确定”按钮后，如果是首次连接该域名，则会提示用户进行数据隐私设置，选择“忽略此文件的隐私级别检查，忽略隐私级别可能会向未经授权的用户公开敏感数据或机密数据”复选框，如图 5-21 所示。单击“保存”按钮即可采集数据。

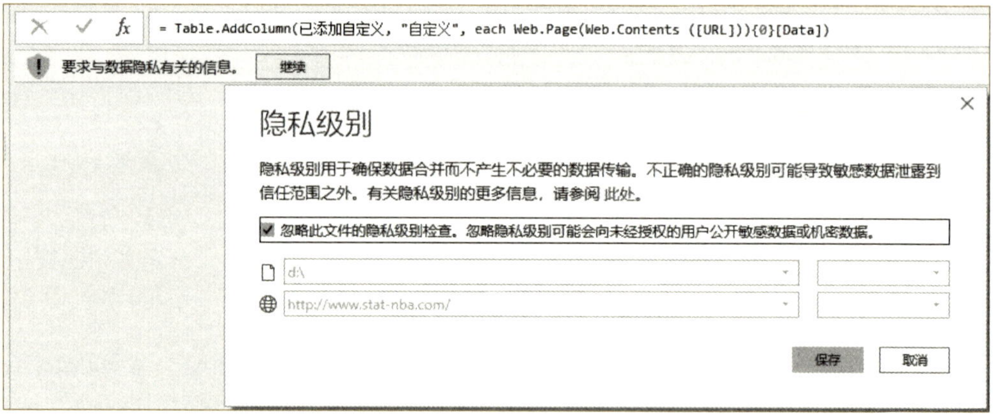

图 5-21

展开所有列，空列可以直接取消勾选，并且取消勾选“使用原始列名作为前缀”复选框，如图 5-22 所示。

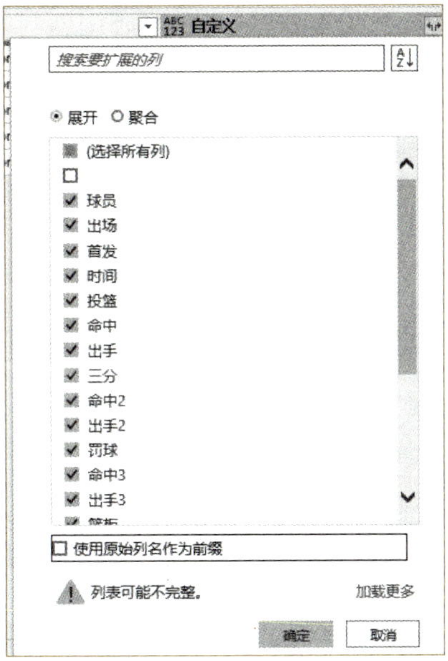

图 5-22

展开球员数据后，分别取消勾选“总计”“全队数据”“对手数据”复选框，如图 5-23 所示。

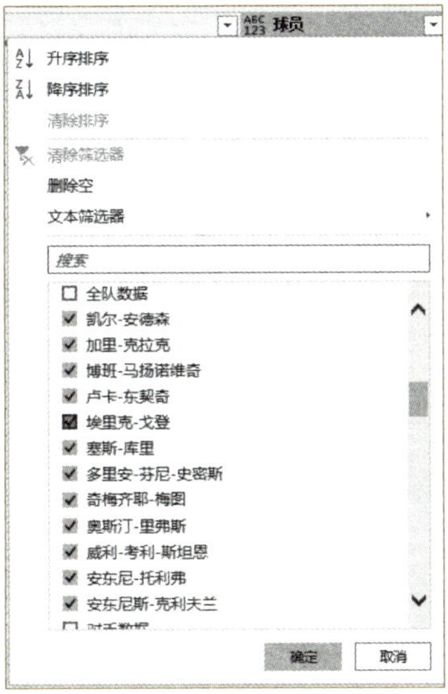

图 5-23

按住“Ctrl”键，将不需要的列选中并右击，在弹出的快捷菜单中选择“删除”选项，如图 5-24 所示。

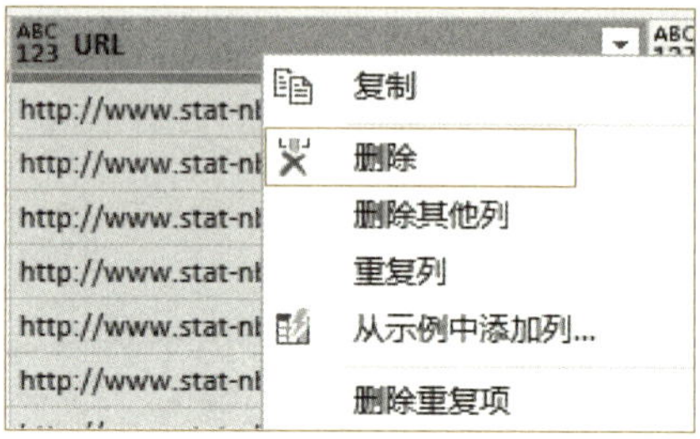

图 5-24

在 Power Query 编辑器的“主页”选项卡中单击“关闭并应用”按钮。

加载好的数据如图 5-25 所示。

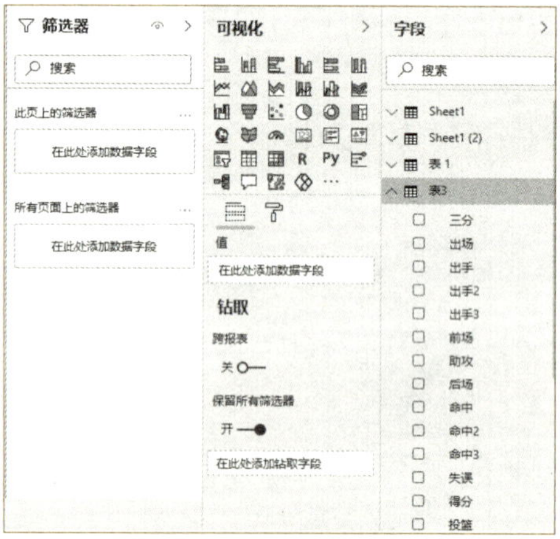

图 5-25

5.2 动态数据采集

动态数据指采集的目标数据在 JS 或 XHR 中，在网页中有特定操作才会向服务器请求加载。

例：批量采集马刺和火箭两支球队的球员在 2017 年和 2018 年的比赛数据，以便对比两支球队的球员表现。

根据球队名称、球队名称英文缩写和年份创建球队信息表，如表 5-2 所示。

表 5-2

球队名称	球队名称英文缩写	年　份
马刺	SAS	2017
马刺	SAS	2018
火箭	HOU	2017
火箭	HOU	2018

在浏览器的开发者模式下，进入 NetWork（网络）界面，选择不同年份的赛季，此时 NetWork 窗口的左侧会新增文件链接，单击新增文件链接，在 Preview 窗口可查看文件内容，如图 5-26 所示。

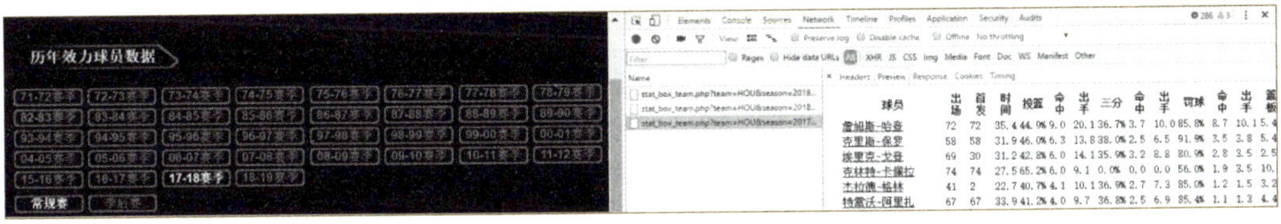

图 5-26

数据加载好后，就可以将需要采集的球队数据和年份数据作为参数导入。将表 5-2 中的数据输入 Excel 工作表，在 Power BI 界面的“主页”选项卡中单击“获取数据”下拉按钮，在弹出的下拉列表中选择“Excel”选项，在打开的对话框中选择之前写入表 5-2 的 Excel 文件，如图 5-27 所示，将数据导入 Power Query 编辑器。

进入 Power Query 编辑器后，将年份的格式设置为文本，如图 5-28 所示，便于后续作为参数传入 URL 中。

创建目标 URL，在“添加列”选项卡中单击“自定义列”按钮，弹出“自定义列”对话框，在“自定义列公式”文本框中输入“="http://www.stat-nba.com/team/stat_box_team.php?team="&[缩写]&"& season="&[年份]&"&col=pts&order=1&isseason=1"”，并将新列名设置为“URL”，如图 5-29 所示。

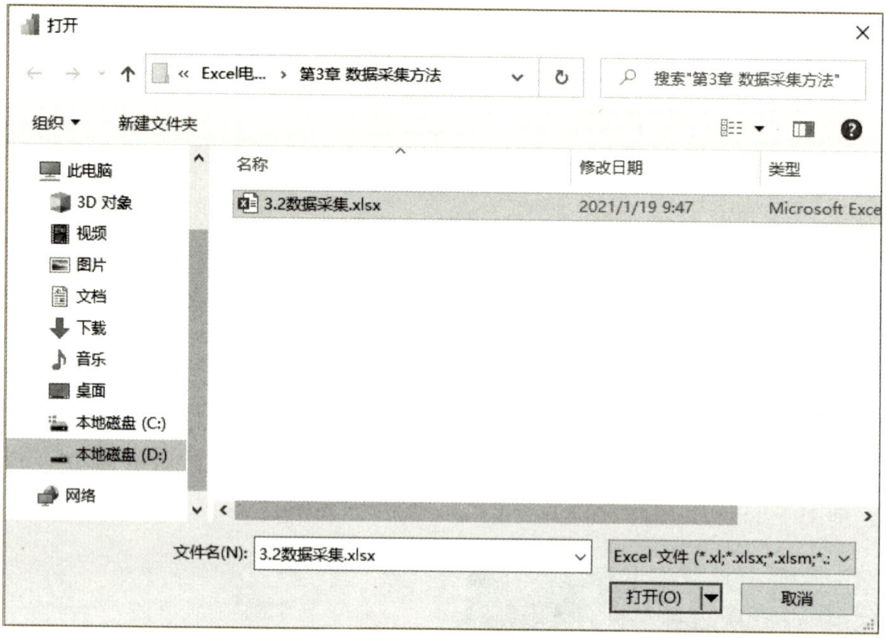
打开
Excel电... › 第3章 数据采集方法
搜索"第3章 数据采集方法"
组织 ▾
新建文件夹
此电脑
3D 对象
视频
图片
文档
下载
音乐
桌面
本地磁盘 (C:)
本地磁盘 (D:)
网络
名称
修改日期
类型
3.2数据采集.xlsx
2021/1/19 9:47
Microsoft Exce
文件名(N):
3.2数据采集.xlsx
Excel 文件 (*.xl;*.xlsx;*.xlsm;*.:
打开(O)
取消

图 5-27

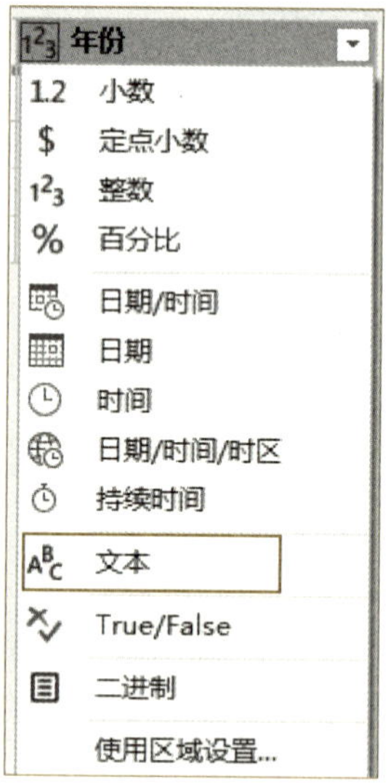
年份
1.2 小数
$ 定点小数
整数
% 百分比
日期/时间
日期
时间
日期/时间/时区
持续时间
文本
True/False
二进制
使用区域设置...

图 5-28

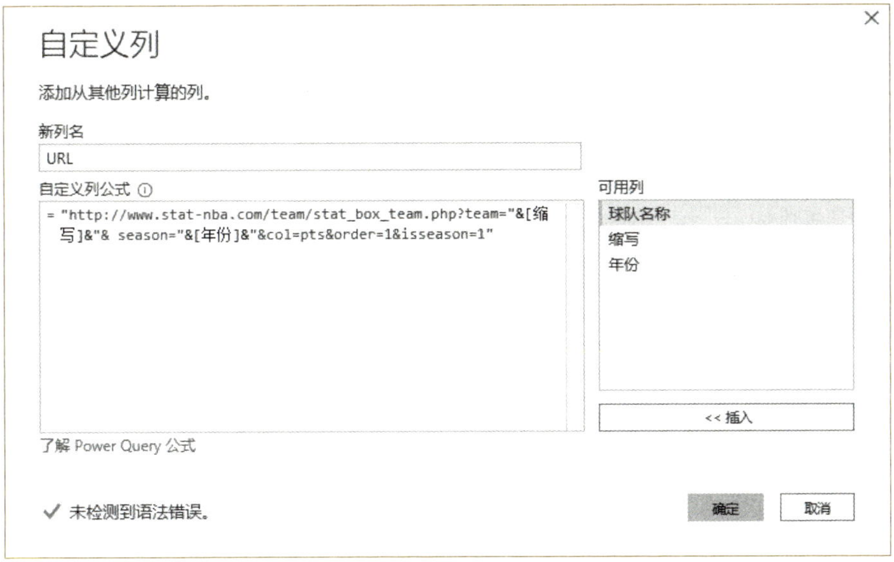

图 5-29

创建好 URL 后，根据 URL 下载文件。在“添加列”选项卡中再次单击“自定义列”按钮，弹出“自定义列”对话框，在“自定义列公式”文本框中输入 = “Web.Page(Text.FromBinary (Web.Contents([URL]),65001)){0}[Data]”，如图 5-30 所示。

图 5-30

M 函数说明：

Text.FromBinary：将二进制文件转换成文本，其语法结构为 Text.FromBinary(binary as nullable binary, optional encoding as nullable number) as nullable text。本例使用该函数是为了解决乱码问题，第二个参数 65001 表示 UTF8 编码。

成功下载数据后，展开所有列，可以直接取消勾选空列，并且取消勾选“使用原始列名作为前缀”复选框，如图 5-31 所示。

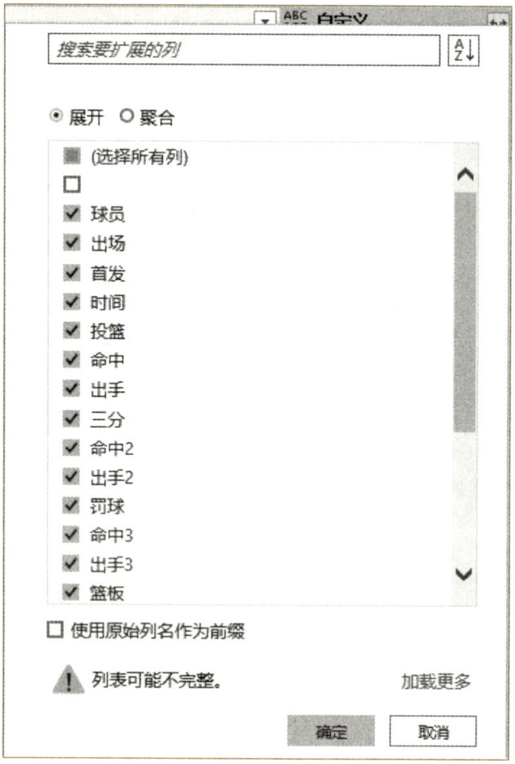

图 5-31

展开数据后，取消勾选“总计”“全队数据”“对手数据”复选框，如图 5-32 所示。

在 Power Query 编辑器的“主页”选项卡中，单击“关闭并应用”按钮。

图 5-32

加载好的球员数据如图 5-33 所示。

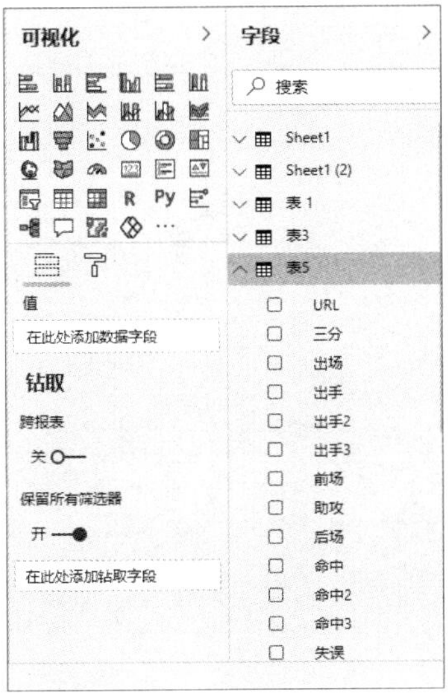

图 5-33

第6章

应用场景：市场分析

6.1 业务背景

对于零售企业和电商企业而言，决策者对市场的预判为企业的发展起到关键性的作用。《孙子兵法》有云：“知己知彼，百战不殆。”企业在开展营销活动之前对市场进行分析，有助于决策者根据市场环境进行有效决策，从而避免决策失误。数据分析师、店长或运营人员需要给企业决策者提供对应的分析报告，在提供报告前要将数据进行分析建模。本章使用 Power BI Desktop 实现数据的分析建模，让数据分析师、店长、运营人员从中洞察商业信息。

6.2 Excel 数据加载与清洗

图 6-1 所示的数据文件是本案例所使用的数据源，分别为淘宝网一级类目中的“孕妇装—孕产妇用品—营养”子类目行业数据，此类目包含哺乳文胸 / 内裤 / 产检裤、产妇帽 / 孕妇袜 / 孕妇鞋、防辐射、家居服 / 哺乳装 / 秋衣裤、妈妈产前产后用品、妈咪包 / 袋、束缚带 / 塑身衣 / 盆骨矫正带、月子营养、孕产妇护肤 / 洗护 / 祛纹、孕产妇奶粉、孕产妇营养品、孕妇裤 / 托腹裤、孕妇装，共 13 个二级类目，以及二级类目“妈妈产前产后用品”的行业数据、品牌数据、属性数据及搜索数据。

图 6-1

行业数据包含如下字段。

- 名称：在类目数据中，名称指的是子类目名称；在属性数据中，名称指的是属性值；在品牌数据中，名称指的是品牌名。
- 年月：数据对应的年和月，在 Power BI Desktop 中以“年月日”的格式显示。
- 成交量：统计对象在特定时期的市场销量。

- 销售额指数：统计对象在特定时期的销售额，是经过指数化脱敏后的数据。
- 高质宝贝数：在淘宝网中高于平均销量的商品数。
- 属性：商品的属性。
- 数据类别：数据集对应的数据类别，如类目数据、品牌数据、属性数据。
- 类目：数据集对应的父级类目。

搜索数据主要包含如下字段。

- 宝贝标题：商品的标题。
- 销售（人数）：成交的客户数。
- 售价：淘宝网上的折扣价。
- 预估销售额：根据销售人数和售价计算的产品销售额。

本节使用的是 Power BI Desktop 的数据查询模块——Power Query，它是 Power BI 的重要组件，可以从所需要的数据源中提取数据（如关系型数据库、Excel、文本和 XML 文件、OData 提要、Web 页面、Hadoop 的 HDFS 等），并进行清洗、分类和整理。

本案例中的数据文件格式为 .xlsx，可以直接在 Power BI Desktop 界面的“主页”选项卡中单击“获取数据”下拉按钮，在弹出的下拉列表中选择“Excel”选项进行加载，如图 6-2 所示。

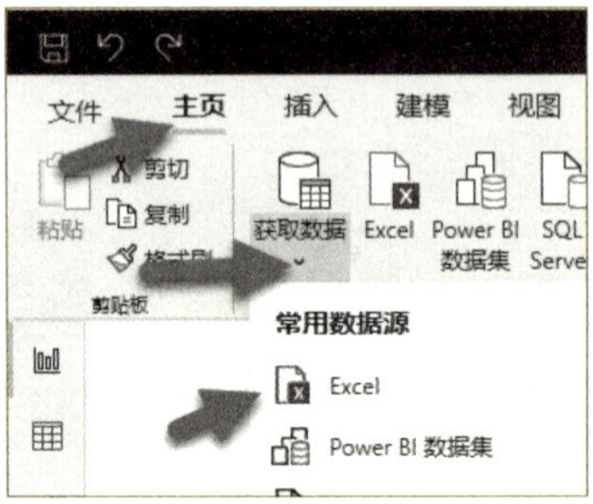

图 6-2

在弹出的“打开”对话框中选择需要加载的表格，然后单击右下角的“打开”按钮即可，如图 6-3 所示。

选取对应的 Excel 文件后，会切换到对应的 Power BI 导航器界面。选中名为“data”的工作表（读者在实战的过程中，根据自己工作簿中的工作表名称选取正确的工作表），单击“转换数据”按钮，如图 6-4 所示，进入 Power BI 的查询编辑器，即 Power Query 界面，对数据进行清洗。

图 6-3

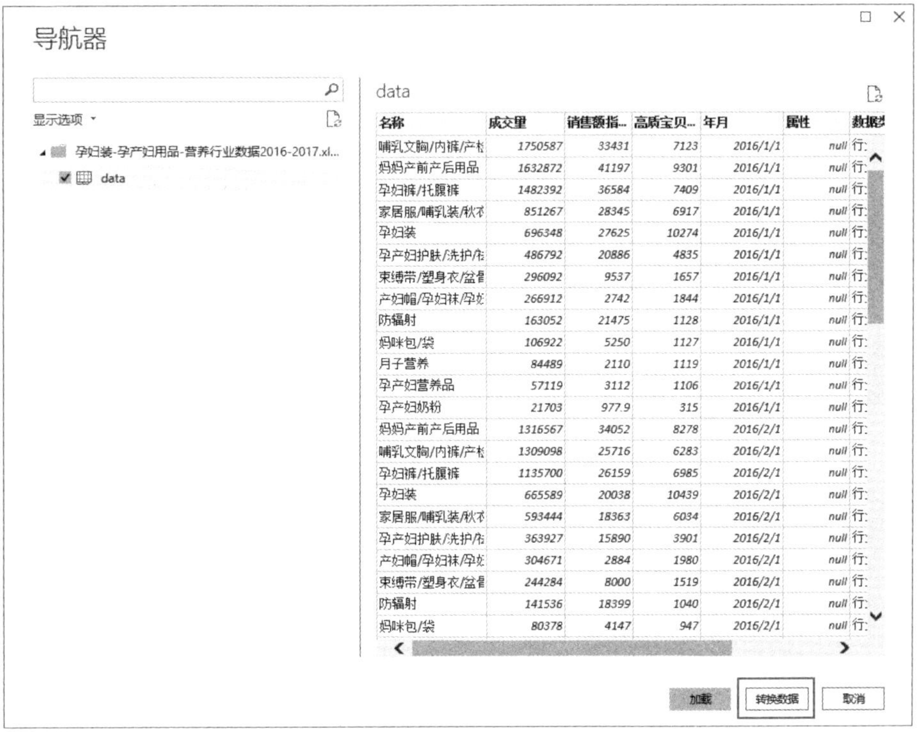

图 6-4

通过对数据的观察，发现“属性”字段这一列的数值显示为“null”，表示数据为空值，因此可以删除该字段所在的列。在 Power Query 编辑器的“开始”选项卡中单击“删除列”

按钮，即可删除指定的列。随后在右侧的“查询设置”窗格中更改表名称，将表名称设置为更容易被识别的名称，从而避免在后续的操作中因为表名称混乱而设置错误，如图 6-5 所示。

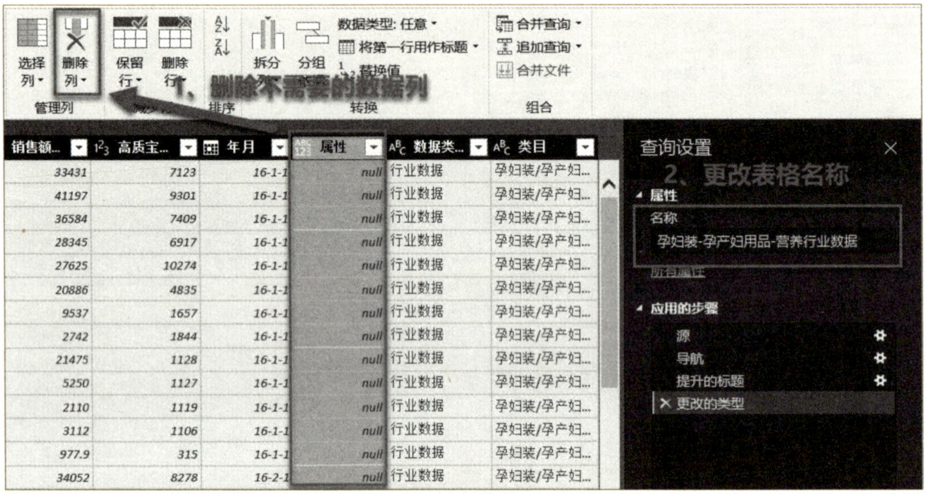

图 6-5

全部操作完毕后，在“主页”选项卡中单击“关闭并应用”按钮，保存数据并退出 Power Query 编辑器，如图 6-6 所示。

图 6-6

其他的 Excel 文件数据按照上述操作步骤进行加载及清洗即可。

将所有数据导入 Power BI Desktop 后，单击“报表视图”图标，可以在右侧的“字段”区域看到所加载的数据表格，如图 6-7 所示。

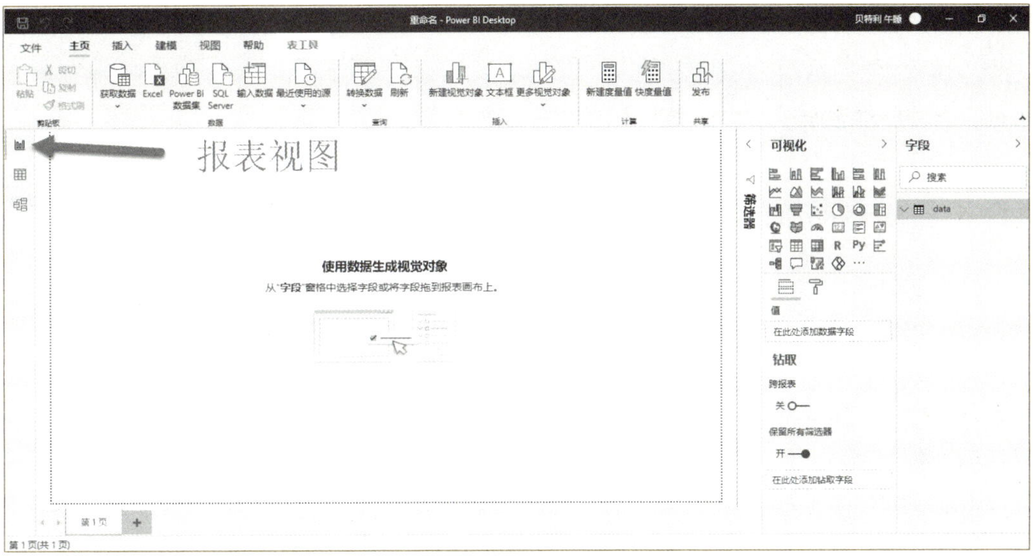

图 6-7

6.3 数据建模

数据建模用于创建表间的关系，可以将复杂的业务逻辑用模型表达出来。数据建模有两种不同类型的表，分别是维度表和事实数据表。

维度表可以被看作是用户分析数据的窗口，包含事实数据表中事实记录的特性，有些特性提供描述性信息，还有一些特性指定如何汇总事实数据表数据，以便为分析者提供有用的信息。维度表还包含帮助汇总数据的特性的层次结构。

事实数据表如业务销售数据表，包含网店每天产生的数据，其通常有大量的行。每个数据仓库都包含一个或多个事实数据表。事实数据表的主要特点是包含数字数据（事实），并且这些数字数据可以被汇总，作为历史数据提供给有关单位。

包含在事实数据表中的“度量值”有两种，一种是可以累计的度量值，另一种是非累计的度量值。最有用的度量值是可以累计的度量值，其累计起来的数字是非常有意义的。用户可以通过累计度量值获得汇总信息，例如可以汇总店铺一段时间内的一组特定商品的销售情况。非累计的度量值也可以用于事实数据表,但汇总结果一般是没有意义的。例如，在一座大厦中的不同位置测量温度，将大厦中所有不同位置的温度进行累加是没有意义的，但求平均值是有意义的。

一般来说，一个事实数据表都要和一个或多个维度表相关联，用户在利用事实数据表创建多维数据集时，可以使用一个或多个维度表。

6.3.1 创建日期维度表

在市场分析的数据模型中，观测使用的 5 张事实数据表的共性，发现其中 4 张事实数据表（妈妈产前产后用品表、孕妇装—孕产妇用品—营养表、护腰枕品牌数据表、护腰枕属性数据表）具有相同的日期维度，日期间隔也一致，但它们的时间并不是唯一值，存在重复项，因此要创建一张日期维度表。由于 4 张表的日期间隔是一致的，所以在数据视图中任意选择一张表即可，然后在“主页”选项卡中单击“转换数据”按钮进入查询编辑器，操作步骤如图 6-8 所示。

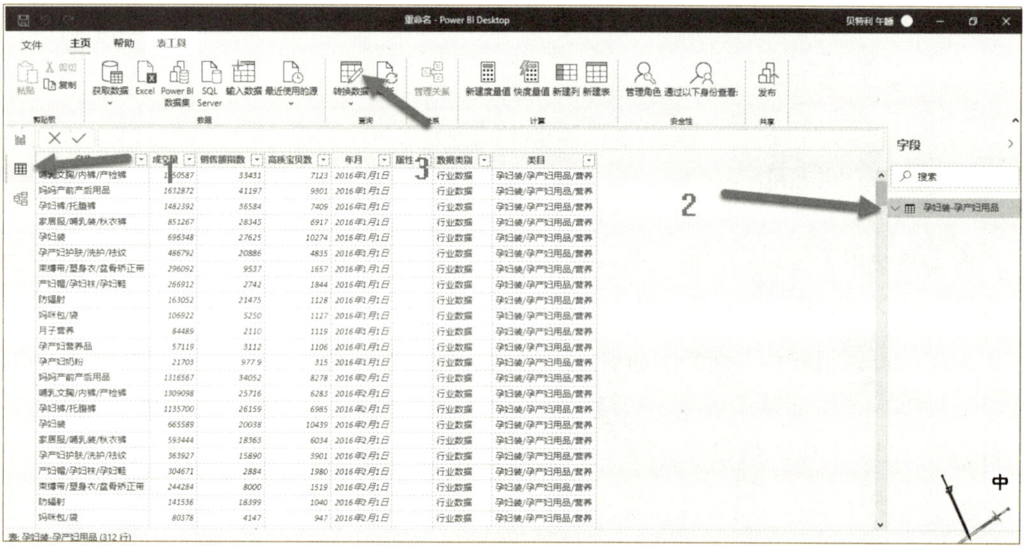

图 6-8

进入查询编辑器后，选中表中的“年月”字段，在“年月”字段名称上右击，在弹出的快捷菜单中选择“作为新查询添加”选项，如图 6-9 所示。

图 6-9

这时转换到新建的查询，该查询的数据为图 6-9 中的“年月”字段。该查询中的数据为列表格式，单击列表中的数据，在功能区会出现“列表工具”选项卡，在该选项卡中单击“到表”按钮，如图 6-10 所示。

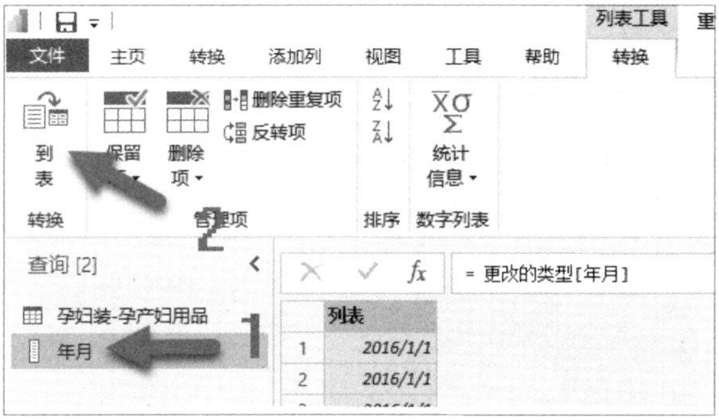

图 6-10

在弹出的“到表”对话框中无须设置参数，直接单击“确定”按钮即可，如图 6-11 所示。

图 6-11

数据从列表转换为表格。在 Power BI Desktop 中，数据存储有表格（Table）、列表（List）和记录（Record）三种基本结构。

表格具有字段和观测值，是我们在 Excel 中经常使用的数据结构。

列表只有观测值，是用中括号括起来的。列表展开是以行的形式拓展的，如 ["a", "b", "c"]，展开后就是三行。列表没有表格的列结构，只有行结构。

记录具有键名和键值，是用大括号括起来的。记录展开是以列的形式拓展的，如 {"a", "b","c"}，展开后就是三列。记录没有表格的行结构，只有列结构。

用记录和列表可以组成一张表格，如 {"a":[1,2,3], "b":[4,5,6]}。

不同结构之间可以相互转换，但在进行数据关系建模和可视化时，数据必须是表格的结构。

将列表转换为表格后，会出现字段名“Column1”，双击“Column1”，如图 6-12 所示，将其修改为“日期”。

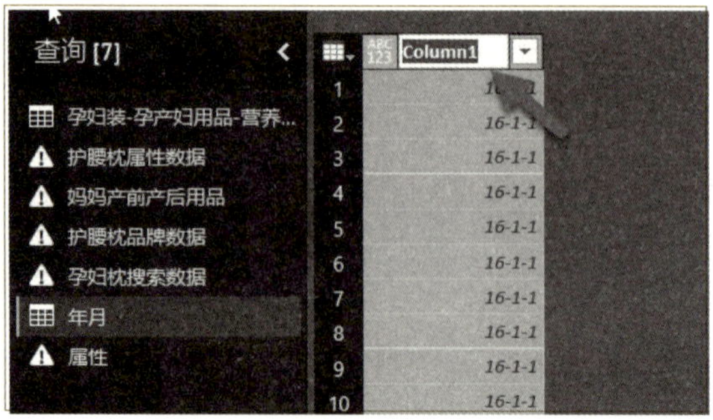

图 6-12

由于日期存在多个重复项，因此要在“主页”选项卡中单击“删除行”下拉按钮，在弹出的下拉列表中选择“删除重复项”选项进行去重，然后将该字段的数据类型改为“日期”格式，如图 6-13 所示。

至此，日期维度表创建完毕。

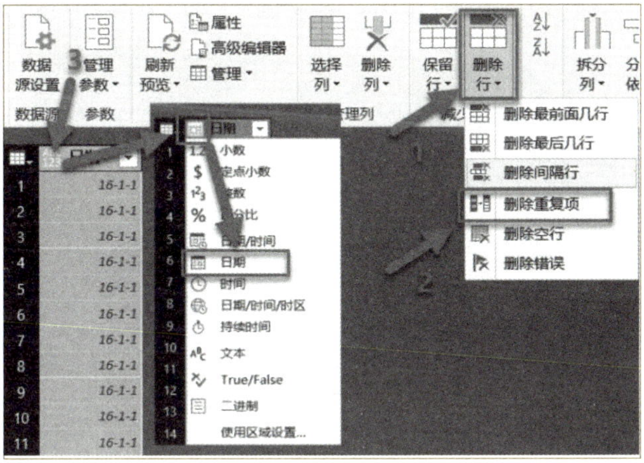

图 6-13

6.3.2 添加属性维度表

在“护腰枕属性数据”表中有多个属性数据，每个属性又包含多个属性值。例如，“尺码”属性中包含“均码”和“其他”等属性值。也就是说，一个属性对应多个属性值。为了方便观察和筛选属性数据，需要添加一个属性维度表，具体的操作方法与前面创建日期维度表的操作方法一样。操作完毕之后单击“关闭并应用”按钮，如图 6-14 所示。

图 6-14

维度表创建完毕后，单击“关系视图”按钮，在关系视图中查看处理好的数据表，如图 6-15 所示。

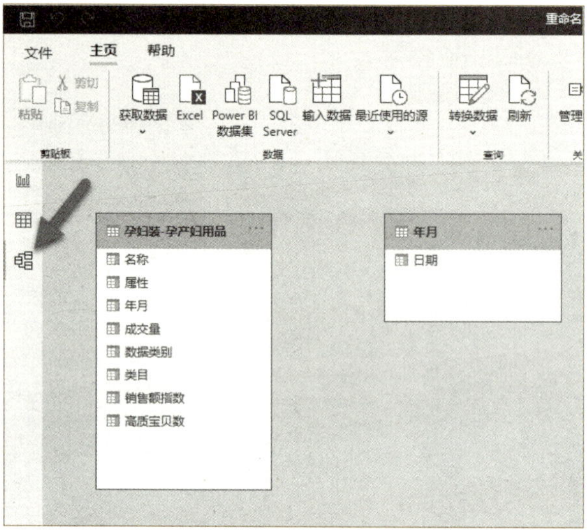

图 6-15

6.3.3 数据关系建模

通过维度表将多张事实数据表关联起来，从而应对复杂的业务场景。在建模过程中使用的是 Power Pivot 组件。在 Power BI Desktop 中为事实数据表和维度表创建关系，有两种方式。

- 用鼠标将表格拖曳到一起，如图 6-16 所示，就会创建表格之间的关系。

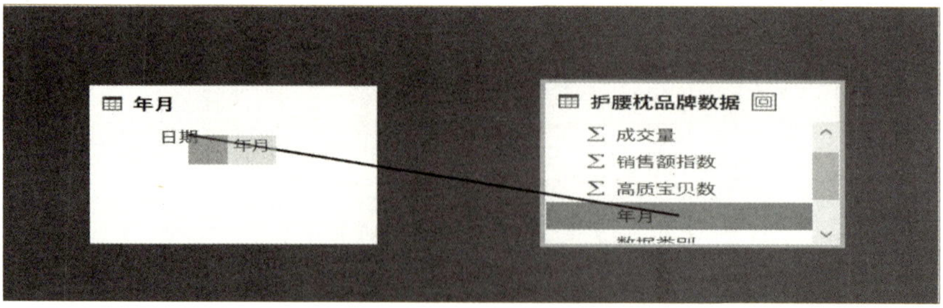

图 6-16

- 在“建模”选项卡中单击“管理关系”按钮，在弹出的对话框中可以直接看到所有表之间的关系，通过单击“新建”或“编辑”按钮可以管理表格之间的关系，如图 6-17 所示。

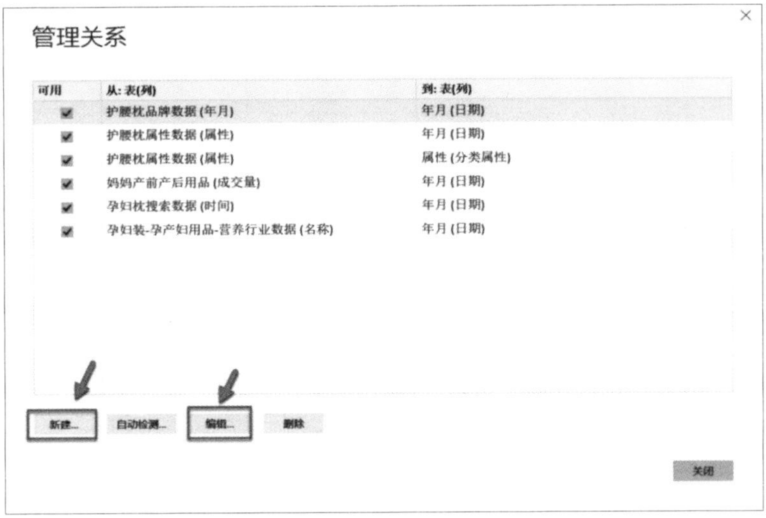

图 6-17

本例创建的关系如图 6-18 所示，以“年月”维度表为中心，一对 *（多）的关系关联到其他 4 张事实数据表。可以通过筛选“年月”维度表来控制对应的 4 张表格的数据，实现跨表连接展示数据。

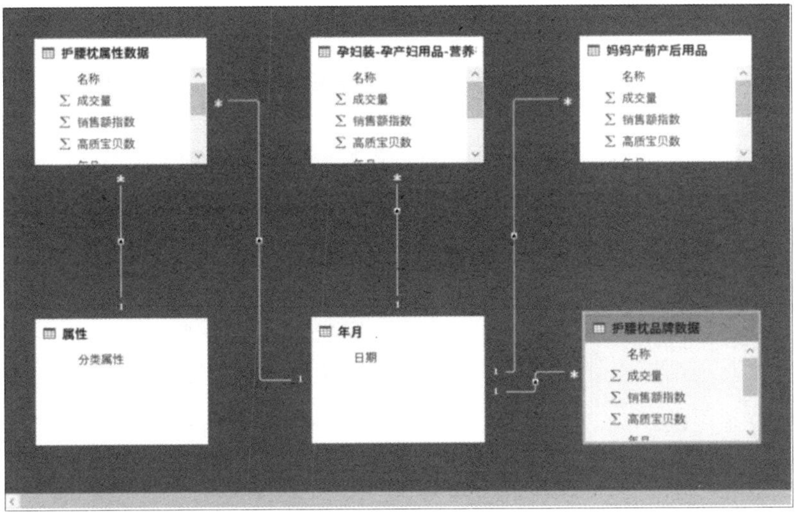

图 6-18

刚开始学习和接触 Power BI Desktop 的用户在使用 Power BI Desktop 做运算或进行数据关系建模时，通常会遇到以下问题：为什么这两张表无法建立关联？为什么计算出来的结果和真实的结果不一样？为什么图表显示的数据和表格中的数据不一样？等等。在遇到这些问题时，请检查表格中的数据类型、格式是否进行了正确的定义，如图 6-19 所示。

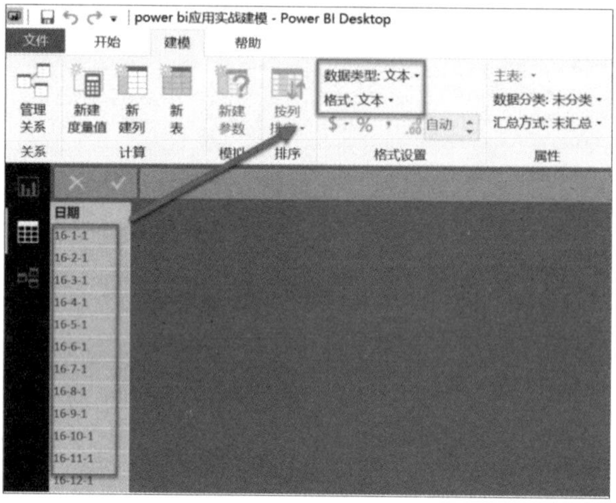

图 6-19

图 6-19 中的日期格式看起来似乎没有什么问题，但其数据类型却是以“文本”的格式存储的，虽然它同样能够和其他数据表进行关系建模，但在调用它时就会出现错误，如图 6-20 所示。

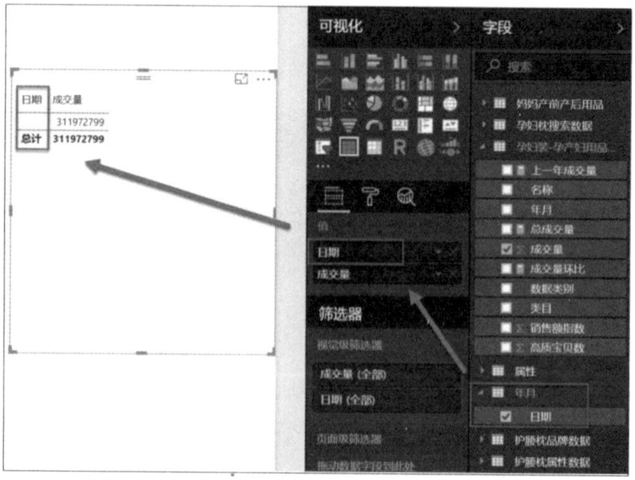

图 6-20

因此，在出现类似情况或问题时，需要优先检查该数据的类型或格式是否正确，往往出现这些问题都是数据类型设置不正确导致的。由此可见，培养好的工作习惯可以极大地提升工作效率，减少工作中的错误。

6.4 数据可视化展示及拓展应用

想要让一份报表的视觉效果吸引阅读者，就要在数据可视化方面下功夫。Power BI Desktop 在这方面为用户提供了很大的便利，如第三方可视化对象。本案例对第三方可视化对象不做探讨，有兴趣的读者可以自行尝试替换和修改。本节基于 Power BI Desktop 自带的可视化对象进行可视化设计工作。

6.4.1 可视化对象操作

单击“报表视图”按钮，在“字段”区域可以看到 Power BI Desktop 中所加载的数据，如图 6-21 所示。

图 6-21

作为一款十分人性化的软件，Power BI Desktop 的可视化操作十分方便，只要勾选对应的数据，就会自动将数据加载到“表格”对象中，如图 6-22 所示。

图 6-22

虽然在图 6-22 所示的表格中已经把“孕妇装—孕产妇用品—营养”这个行业中每个类目的成交量数据进行了统计汇总，但表格中的数字太多，不直观，这时可以通过饼图等可视化对象让数据显示更加直观。选中该表格，单击“可视化”区域中的“饼图”图标，就可以简单地完成对象转换，如图 6-23 所示。

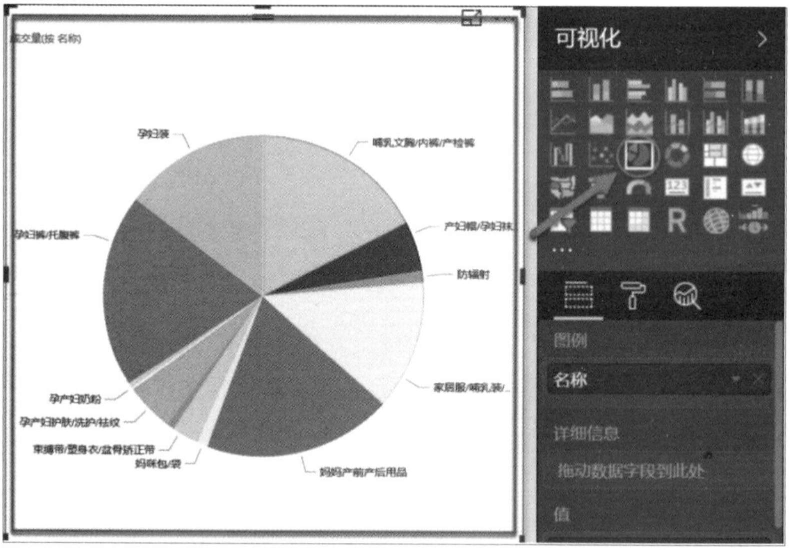

图 6-23

在表达不同的信息时可选用不同的图表对象，正确选用图表对象对信息的有效传达能够起到非常重要的作用。常用的图表对象如图 6-24 所示。

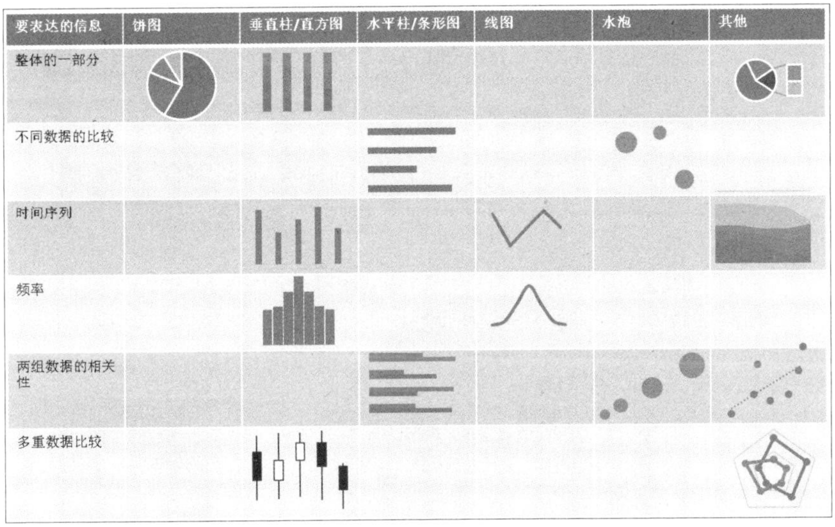

图 6-24

其中，饼图是常用的分析图表之一，用于观察各项数据的大小占数据总和的比例。在图 6-23 中，并没有显示各项数据的占比。设置各项数据占比的步骤为：在“可视化”区域单击“格式”图标，再单击“详细信息标签”中的“标签样式”下拉按钮，然后根据需要进行选择，如“类别，总百分比”，如图 6-25 所示。对于其他类型的图表，如需查看图表中的数据，可以单击“格式”图标，然后打开“数据标签”开关。

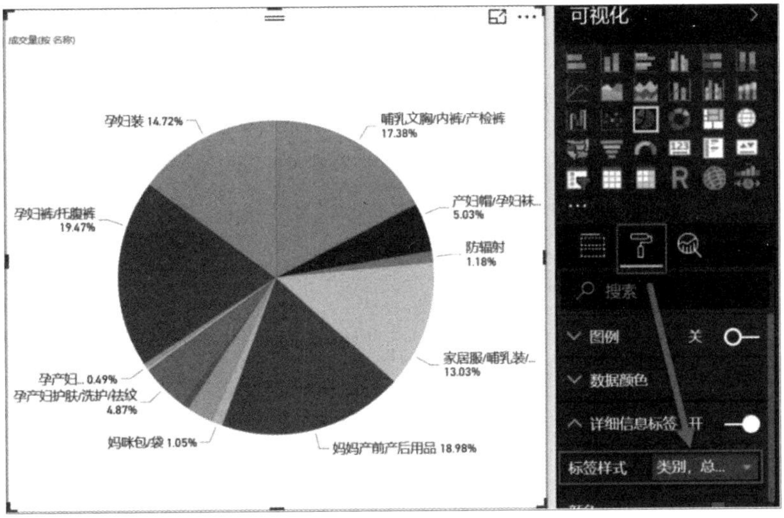

图 6-25

使用图表展现数据还要考虑数据的连贯性，即数据排序，按数据量级大小排序的图表更符合用户的浏览习惯。更改图表中数据的排列方式可以单击图表右上角的“…”图标，在弹出的菜单中选择基于度量的排序方式，如图 6-26 所示。

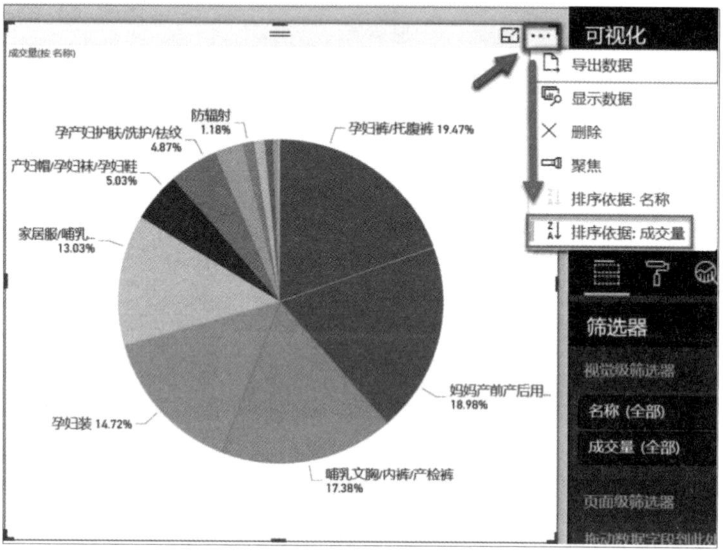

图 6-26

更改排序方式后，我们可以很直观地看到，在“孕妇装—孕产妇用品—营养”类目中，2016—2017 年成交量占比最高的子类目为“孕妇裤 / 托腹裤”，占比为 19.47%，其次为“妈妈产前产后用品”子类目，占比为 18.98%。

如果数据集有日期字段，就可以使用时序表达的方式，观察数据的发展趋势。依次勾选“年月”“名称”“成交量”复选框，如图 6-27 所示。

图 6-27

在报表视图中会看到一张表格对象，在“可视化”区域中单击“折线图”图标，将表格转换成折线图，如图 6-28 所示。

图 6-28

转换后的折线图如图 6-29 所示。

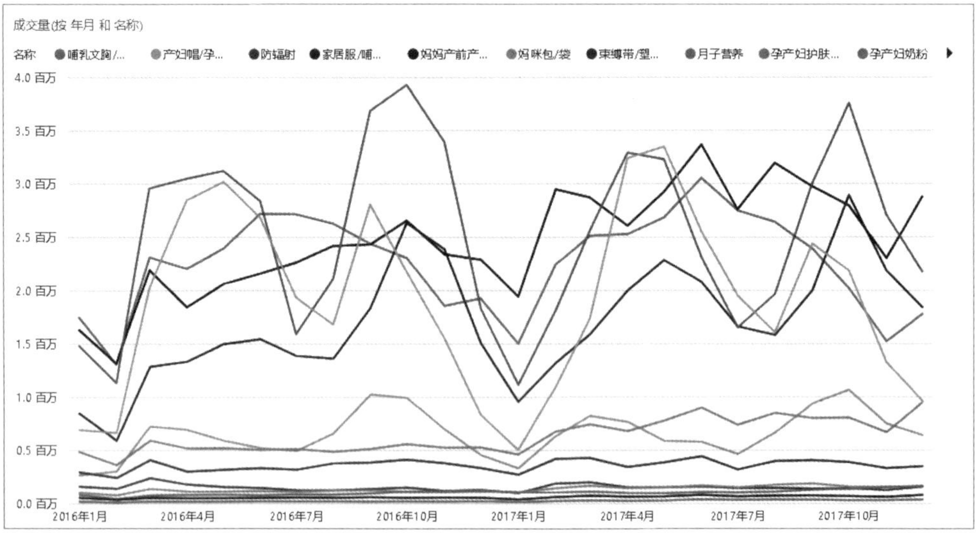

图 6-29

给折线图添加数据标签，操作步骤为选中折线图，在“可视化”区域单击“格式”图标，打开“数据标签”开关，如图 6-30 所示。

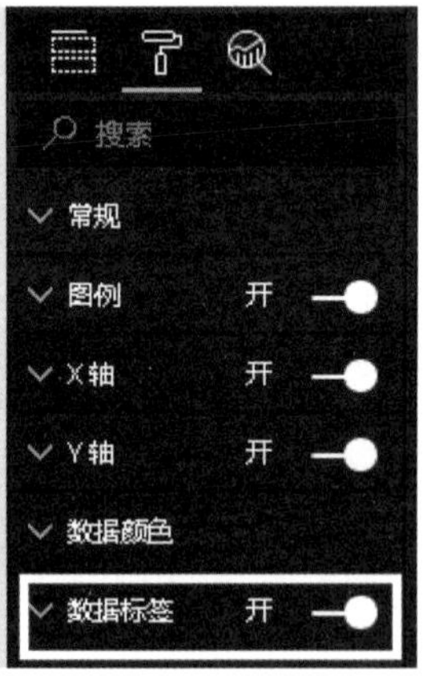

图 6-30

折线图设置完毕，如图 6-31 所示。可以看到，“名称”维度的子项较多，看起来较为繁杂，这时可以使用筛选器来提升阅读体验。

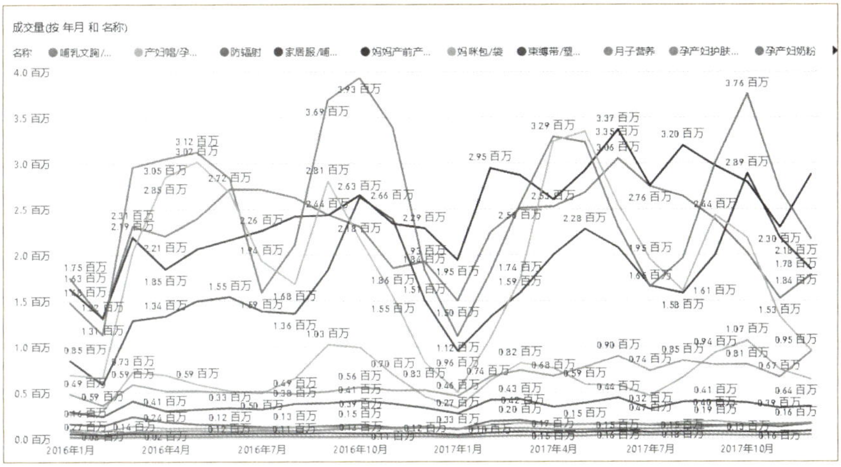

图 6-31

6.4.2 筛选器

在 Power BI Desktop 中，筛选器可以分为两大类，第一类是 Power BI Desktop 界面右侧边栏中的4个筛选器，分别是视觉级筛选器、页面级筛选器、报表级筛选器和钻取筛选器。

视觉级筛选器可作用于报表页面上的单个视觉对象，需要选中对应的可视化对象进行设置，如图 6-32 所示。

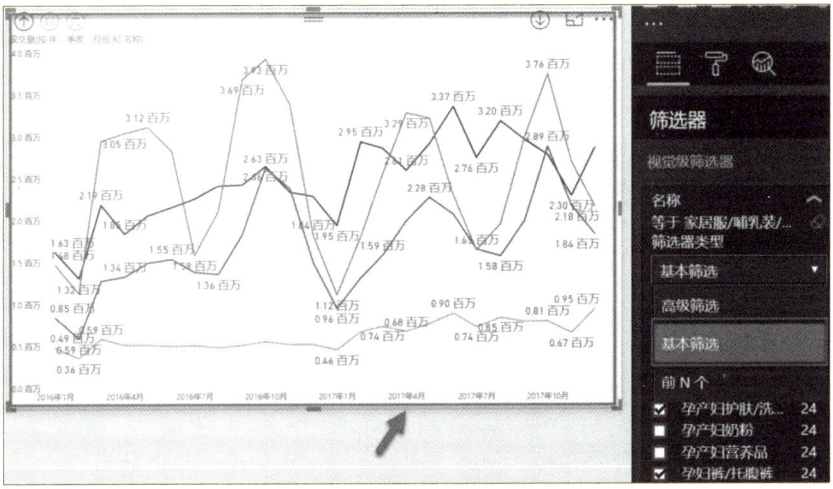

图 6-32

视觉级筛选器的筛选条件比页面级筛选器和报表级筛选器的筛选条件多了一个“前N个”筛选条件，其作用是对某个数据指标的前N项进行筛选，如图6-33所示。

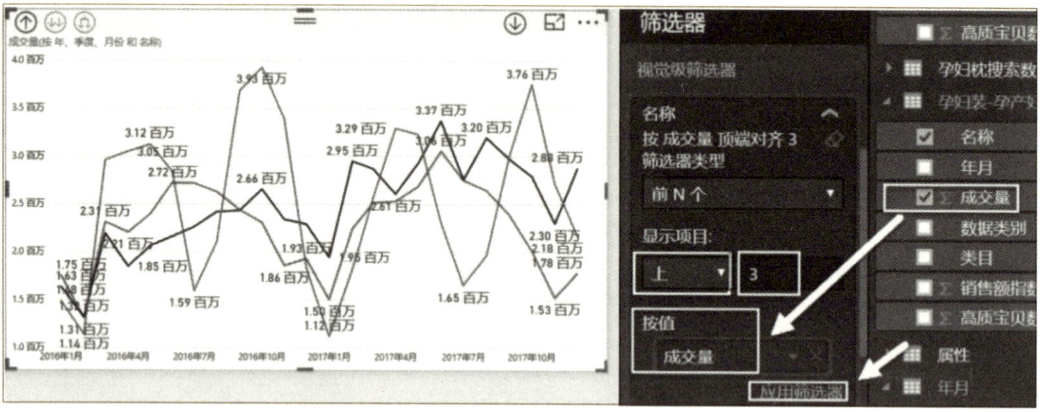

图 6-33

图6-33是基于“成交量”排名前三名进行筛选的。我们可以在“显示项目”中修改“上”或“下”，从而按照前部排序或按照末尾排序，根据实际需求进行选择，然后单击“应用筛选器”按钮完成筛选。如需清除筛选条件，单击“清除筛选器”图标即可，如图6-34所示。

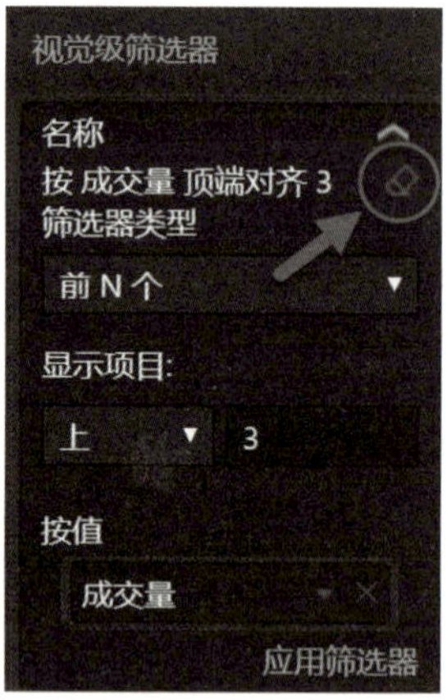

图 6-34

页面级筛选器和报表级筛选器针对的对象更广。顾名思义，页面级筛选器可应用于某个报表页面上的所有视觉对象，而报表级筛选器应用于该报表文件中的所有页面。二者的作用范围如图6-35所示。

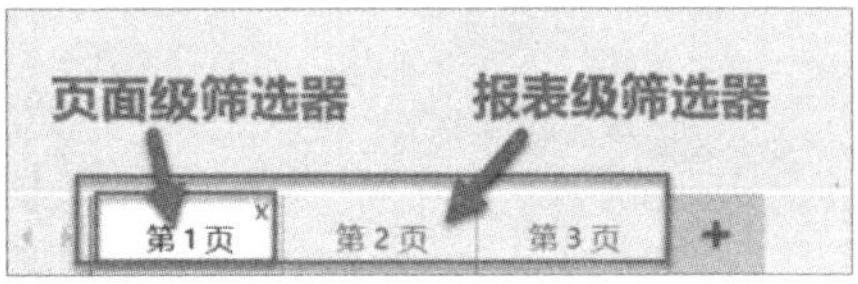

图 6-35

页面级筛选器和报表级筛选器的筛选器类型相同，分为“高级筛选”和“基本筛选”。“高级筛选”可以对不同维度的数据进行筛选，如本案例中的“成交量”“名称”“日期”等。比如，对“名称”维度进行筛选，只留下包含“孕妇”且不包含“鞋”的类目名称，得到的结果如图 6-36 所示。选项“且”所筛选出来的结果能够同时满足两个条件，选项“或”所筛选出来的结果只满足筛选条件中的一项。

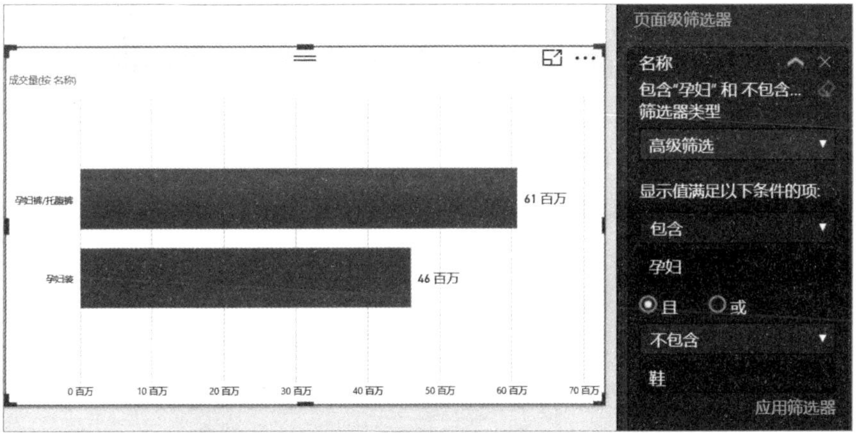

图 6-36

“基本筛选”常用于选择某个维度数据的其中几项，如图 6-37 所示。

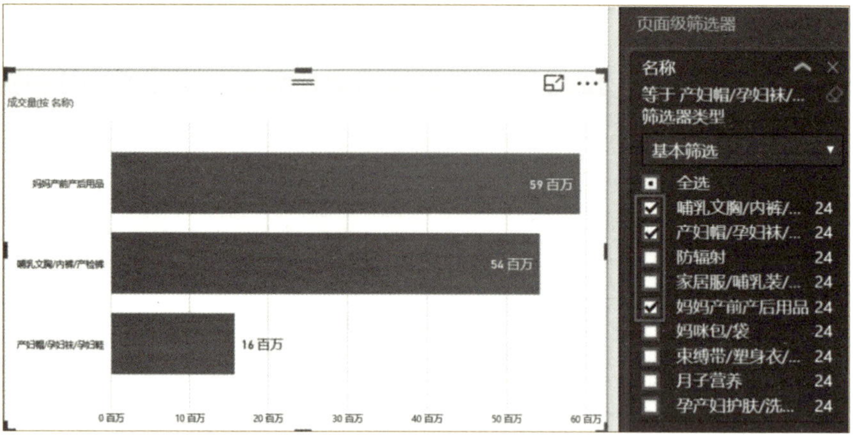

图 6-37

钻取筛选器按照 Power BI Desktop 的说明是，在视觉对象中使用这些字段之一时，可以通过右击数据点导航到此页，然后根据源视觉对象中所选的值筛选此页。简而言之就是传统 BI 系统的下钻功能，便于对某些数据进行溯源，实际操作步骤如下。

（1）在报表的第 1 页中，把“名称”列拖入钻取筛选器，如图 6-38 所示，不需要对任何选项进行操作。

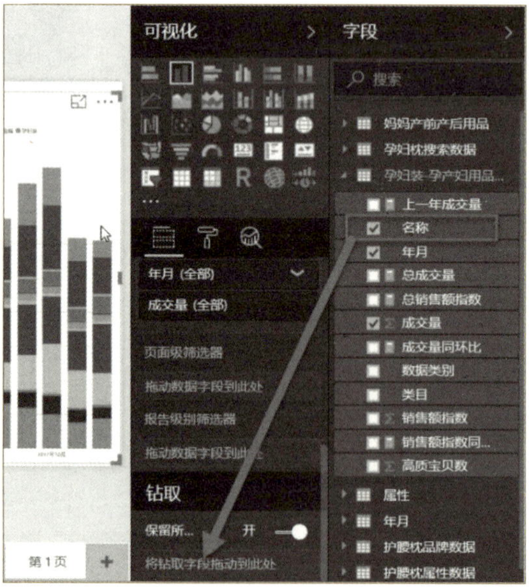

图 6-38

（2）在报表的第 2 页中，即空白页面中，选中同一张数据表，如本案例中的“孕妇装—孕产妇用品—营养”数据表，将“名称”和“成交量”字段拖曳到“簇状条形图”中，右击“妈妈产前产后用品”，在弹出的快捷菜单中选择“钻取”→“第 1 页”选项，如图 6-39 所示。

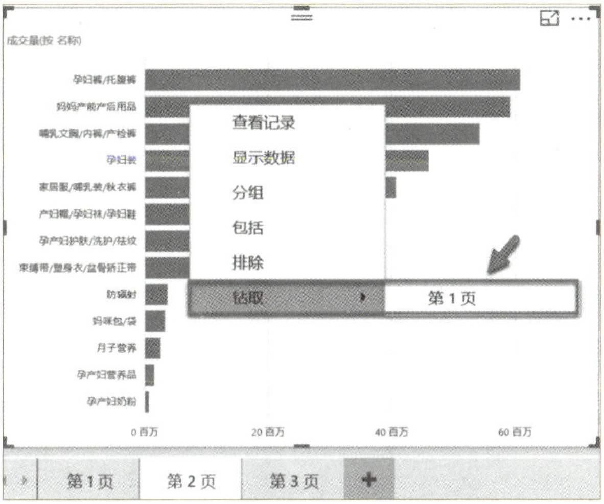

图 6-39

此时会自动跳转到该报表名为“第 1 页”的页面，可视化图形中仅剩下在图 6-39 中进行钻取的“妈妈产前产后用品”的数据趋势图，如图 6-40 所示。

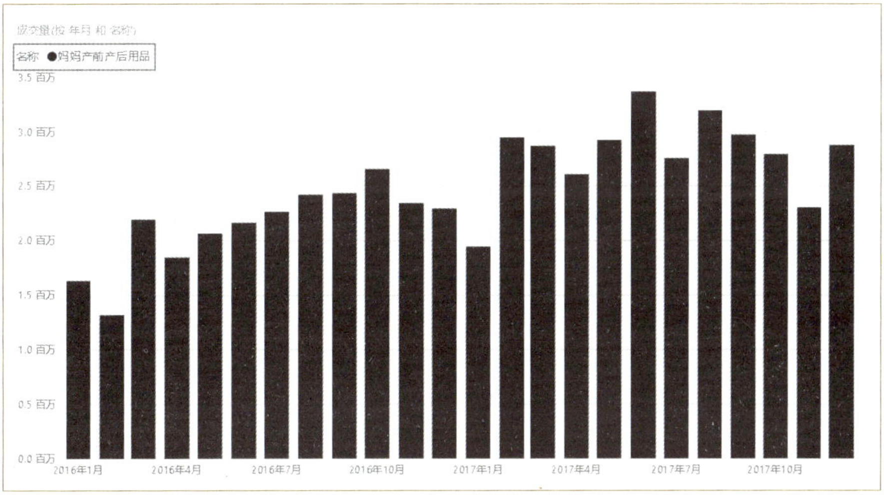

图 6-40

第二类筛选器为切片器，它与 Excel 中的切片器是一样的，通过“切片器”对象选取所需要的数据。在 Power BI Desktop 中，切片器有多种显示方式，可以作为日期切片器的时间轴来显示,也可以以列表或下拉菜单的方式来显示。通过单击切片器右上角的小箭头，可以进行切片器视图的切换：“列表”或“下拉”，如图 6-41 所示。

图 6-41

图 6-42 为创建“切片器”对象的图标样式。

图 6-42

6.4.3 数据钻取

在做市场分析或店铺数据分析时,应用最广泛的是针对“日期”维度的数据进行钻取，观察数据的趋势。在为轴设置了多个或多层维度后，就可以激活下钻功能，下钻按钮区域如图 6-43 所示。

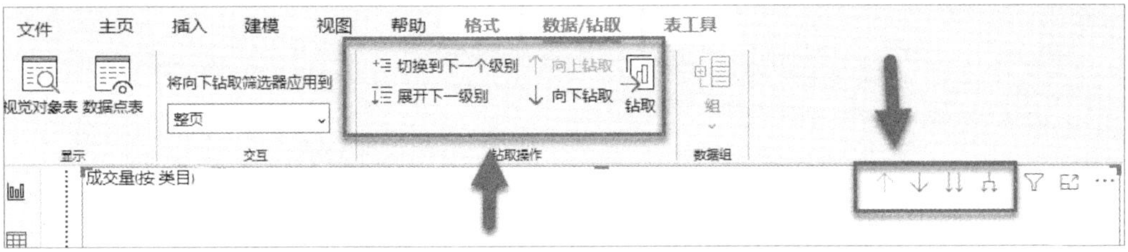

图 6-43

“展开下一级别”命令基于数据的层次进行分层显示。例如，在本案例中单击该按钮会按照“年”—“季度”—“月份”—“日”4 个层次来显示,在以“年”为单位单击“展开下一级别”命令时，会切换到以“季度”为维度的图表，如图 6-44 所示。

在这里需要注意的是，图 6-44 中显示的 4 个季度的成交量分别为 2016 年与 2017 年所对应的季度成交量之和。比如，季度 1 的成交量等于 2016 年季度 1 的成交量与 2017 年季度 1 的成交量之和，以此类推。

“展开下一级别”命令可以理解为叠加展开,单击一次就是在“年”的基础上添加“季度”—“月份”—“日”，最终效果如图 6-45 所示。

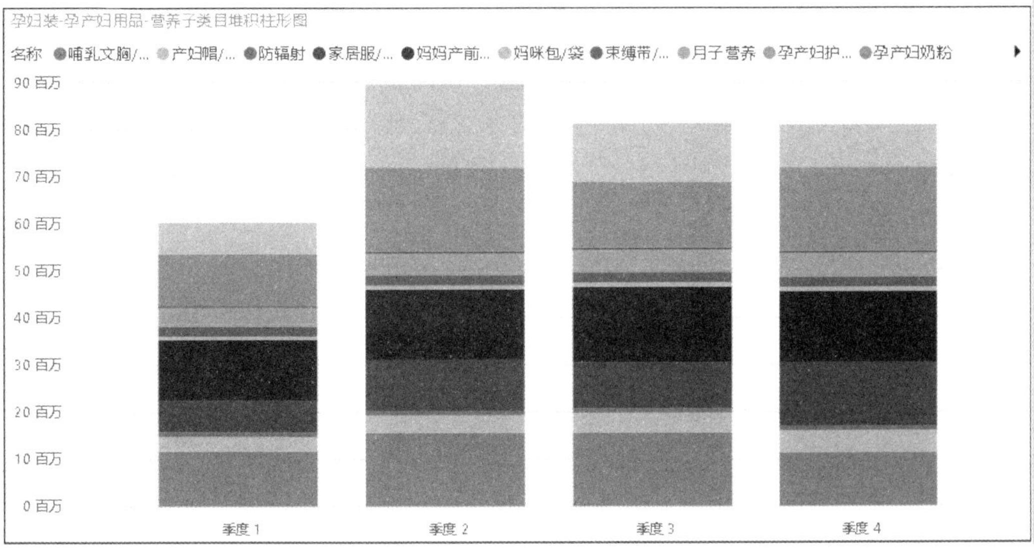

图 6-44

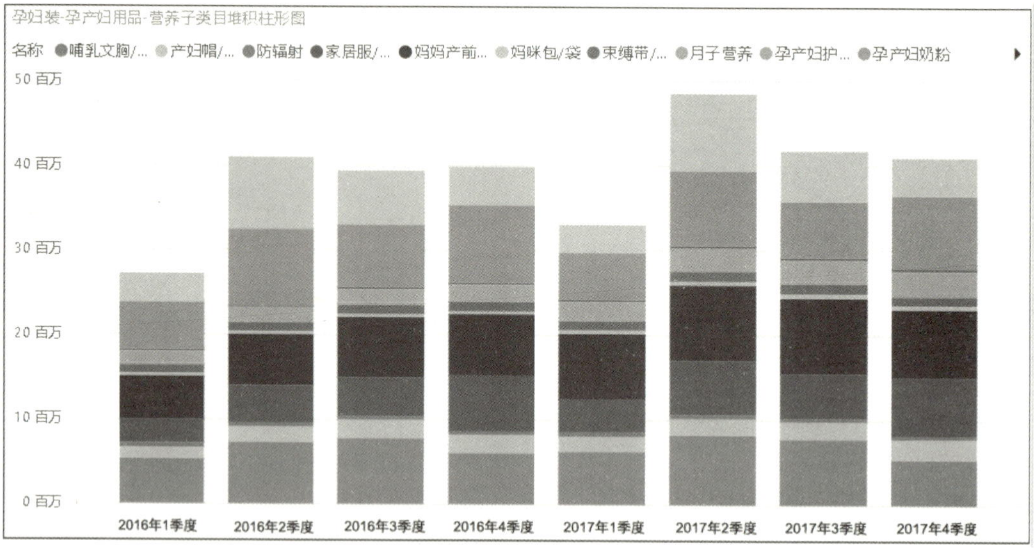

图 6-45

“向下钻取”命令针对某个数据项进行深钻，如依次单击“2017”“2017 季度 2”，就会得到季度 2（4 月、5 月、6 月共 3 个月）的成交量数据，向下钻取后屏蔽了其他干扰数据，如图 6-46 所示。另外，也可以单击类目名称进行钻取。

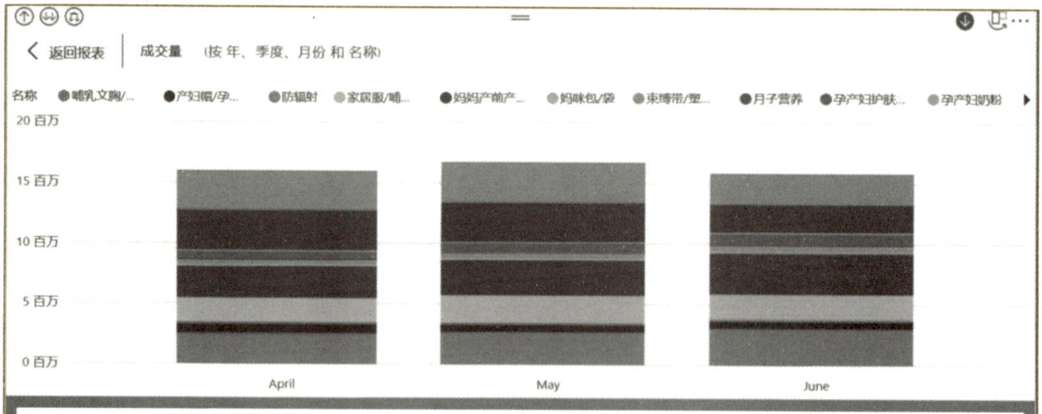

年、季度、月份	哺乳文胸/内裤/产检裤	产妇帽/孕妇袜/孕妇鞋	防辐射	家居服/哺乳装/秋衣裤	妈妈产前产后用品	妈咪包/袋	束缚带/塑身衣/盆骨矫正带	月子营养	孕产
2017、季度 2、April	2529917	767907	154700	2000673	2608344	147037	345141	102187	
2017、季度 2、May	2685147	590460	153431	2282850	2925219	151558	387850	99582	
2017、季度 2、June	3055336	579798	163400	2080991	3368538	171474	444940	111484	

图 6-46

6.4.4 编辑交互

Power BI Desktop 的一大亮点就是数据之间的交互展示，通过不同维度的数据，图表可以实现交互分析。例如，在图 6-47 所示的类目成交量排序簇状条形图中，选中其中的“妈妈产前产后用品”类目，左侧的堆积柱形图中的“妈妈产前产后用品”成交量部分就会高亮显示。

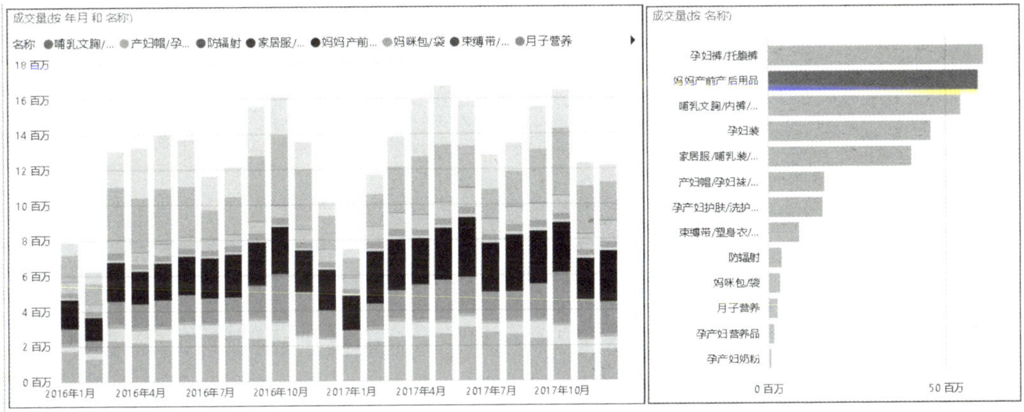

图 6-47

Power BI 默认的交互展现方式为“突出显示”，如需更改展现方式，可以选中图 6-47 中右侧的簇状条形图，然后在“格式”选项卡中单击“编辑交互”按钮，如图 6-48 所示。

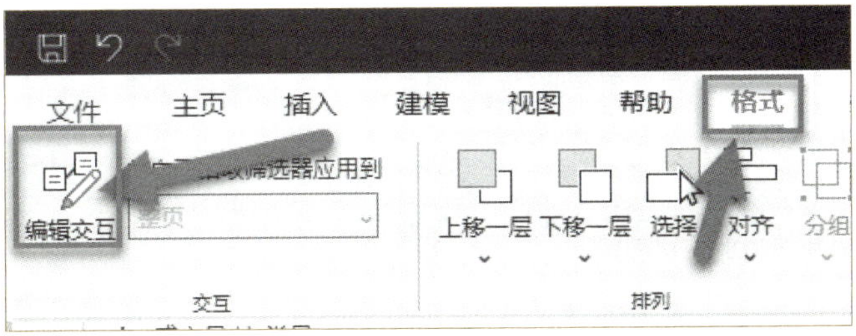

图 6-48

打开“编辑交互”功能之后，在堆积柱形图中可以看到交互的展现方式选项，如图 6-49 所示。

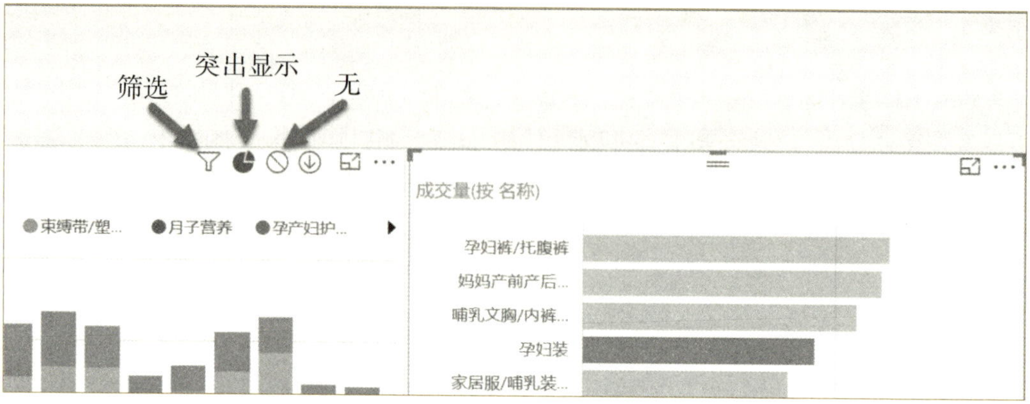

图 6-49

“筛选”选项的作用是，当选中簇状条形图中对应的数据项时，如“孕妇装”字段，该类目成交量的趋势图只显示“孕妇装”的成交量趋势，如图 6-50 所示。“突出显示”选项是 Power BI 默认的交互展现方式，在保持原有显示模式的前提下，将高亮显示对应的字段数据，可参考图 6-47。“无”选项的作用是取消交互显示效果，保持趋势图的原样。

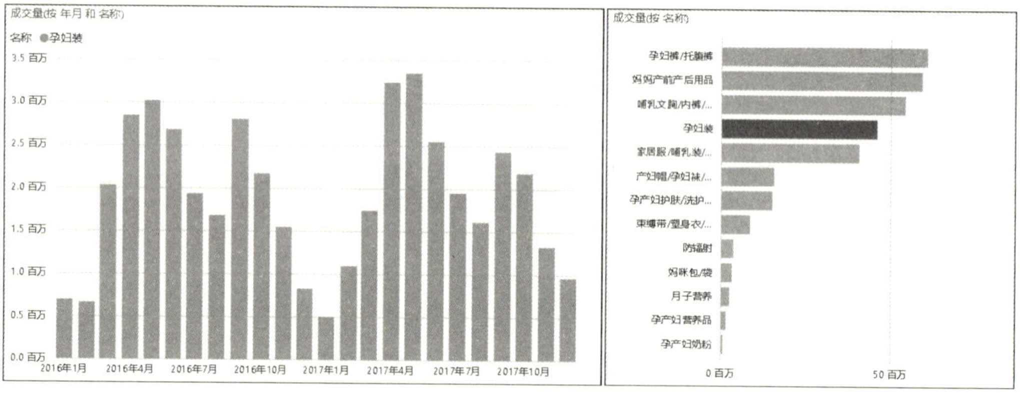

图 6-50

页面排版后的效果如图 6-51 所示。

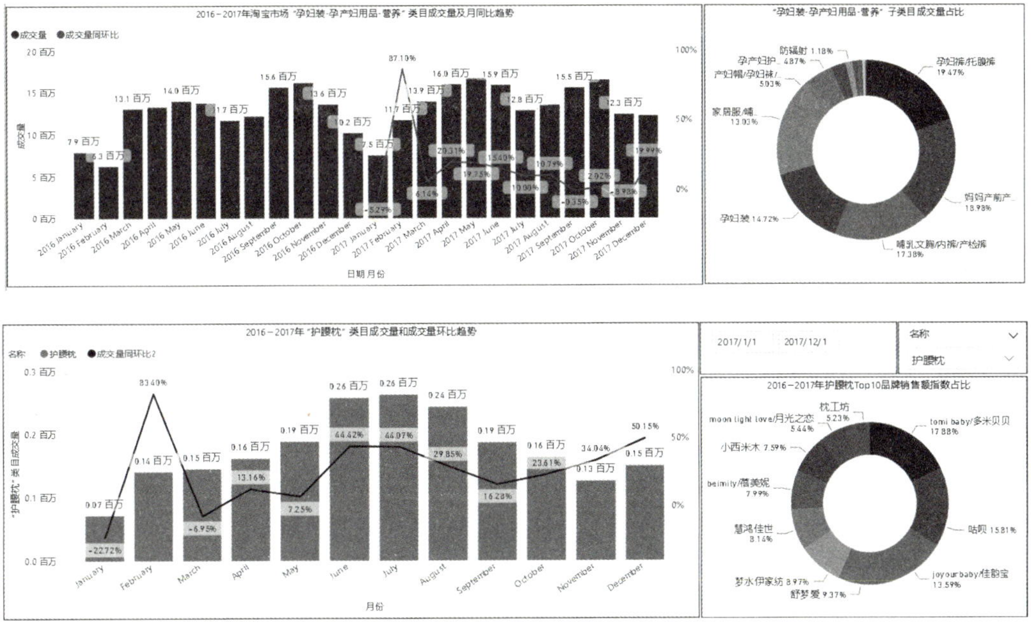

图 6-51

6.5 分析指标计算

数据分析的目的是把隐藏在一大堆看似杂乱无章的数据中的信息提炼出来，帮助管理者进行判断和决策。在现实数据分析的过程中，使用的数据集往往无法完全满足分析需求，信息量不足是经常遇到的问题，此时首先考虑采用“增维”的方法，根据需求建立度量值并计算，然后将多个维度的数据进行组合比较，最后用得到的信息来解决问题。

6.5.1 计算同环比

在做市场分析时，首先需要了解一个类目在该行业中的容量占比，以及近两年的类目增长情况。最常用到的数据分析思维就是“对比”，单独观察某个数据并不能看出什么，只有把两个数据放在一起对比才能看出两者之间的差别，如图 6-52 所示。

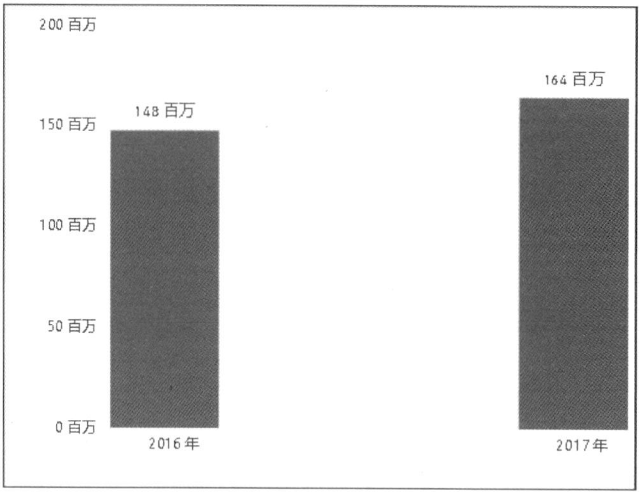

图 6-52

从图 6-52 可以看出，“孕妇装—孕产妇用品—营养”市场的商品成交量在 2016 年为 14,800 万件，在 2017 年为 16,400 万件。通过计算其成交量的同环比，可以清楚地了解这个类目市场的增长趋势。可以用 Power BI Desktop 中的 DAX 语言计算同环比。DAX 即数据分析表达式，是一种函数语言，通过使用内存中的引擎和高效的压缩算法，能以极高的性能处理大型数据集。处理数百万行数据的性能和处理几百行数据的性能基本相同，如计算“孕妇装—孕产妇用品—营养”数据集中 2017 年与 2016 年的成交量环比增长及 2017 年与 2016 年各个月份的同比增长，具体的计算公式有两种。

第一种成交量同环比的计算方式是根据计算的需求新建多个度量值，具体方法如下：选中需要添加度量值的数据表，在“主页”选项卡中单击“新建度量值”按钮，如图 6-53 所示。

在弹出的公式文本框中输入表达式：总成交量 = SUM(' 孕妇装—孕产妇用品—营养行业数据 '[成交量])，如图 6-54 所示。

图 6-53

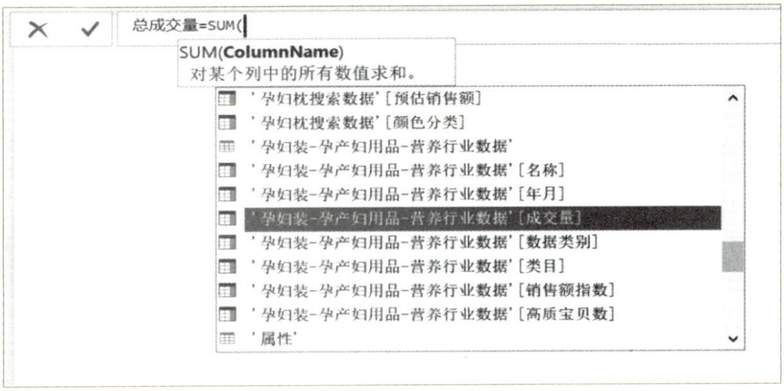

图 6-54

SUM 函数说明

函数功能：返回某个单元格区域中数字、逻辑值及数字的文本表达式之和。

函数语法：SUM(列名)。

使用说明：总成交量表达式中的SUM('孕妇装－孕产妇用品－营养行业数据'[成交量])表示对“成交量”列的数值求和。

在 Power BI Desktop 的公式栏中输入对应的 DAX 函数，会出现相应的联想提示，以及需要进行计算的数据表中所对应的列名，双击鼠标选中即可，如图 6-55 所示。

```
同环比 = ('孕妇装-孕产妇用品-营养行业数据'[总成交量]-'孕妇装-孕产妇用品-营养行业数据'[上一年成交量])
/'孕妇装-孕产妇用品-营养行业数据'[上一年成交量]
```

年	月份	总成交量	同环比
2016	January	7896547	无穷大
2016	February	6252581	无穷大
2016	March	13071549	无穷大
2016	April	13269151	无穷大
2016	May	13975381	无穷大
2016	June	13746875	无穷大
2016	July	11652475	无穷大
2016	August	12159689	无穷大
2016	September	15596519	无穷大
2016	October	16142566	无穷大
2016	November	13567042	无穷大
2016	December	10173747	无穷大
2017	January	7478427	-0.05
2017	February	11698301	0.87
2017	March	13874263	0.06
2017	April	15964344	0.20
2017	May	16735619	0.20
2017	June	15864294	0.15
2017	July	12817557	0.10
2017	August	13471437	0.11
2017	September	15541426	0.00
2017	October	16467903	0.02
2017	November	12348069	-0.09
2017	December	12207037	0.20

年	月份	总成交量	成交量同环比DIVIDE
2016	January	7896547	
2016	February	6252581	
2016	March	13071549	
2016	April	13269151	
2016	May	13975381	
2016	June	13746875	
2016	July	11652475	
2016	August	12159689	
2016	September	15596519	
2016	October	16142566	
2016	November	13567042	
2016	December	10173747	
2017	January	7478427	-0.05
2017	February	11698301	0.87
2017	March	13874263	0.06
2017	April	15964344	0.20
2017	May	16735619	0.20
2017	June	15864294	0.15
2017	July	12817557	0.10
2017	August	13471437	0.11
2017	September	15541426	0.00
2017	October	16467903	0.02
2017	November	12348069	-0.09
2017	December	12207037	0.20

图 6-55

在第一种计算方法中还需要添加上一年成交量的度量值和成交量同环比的度量值。

上一年成交量的公式为：上一年成交量 = CALCULATE('孕妇装—孕产妇用品—营养行业数据'[总成交量],DATEADD('年月'[日期],-1,YEAR))。

DATEADD 函数说明

函数功能：指定间隔移动后的日期。

函数语法：DATEADD(日期，间隔，单位)。

使用说明：上一年成交量表达式中的 DATEADD('年月'[日期],−1,YEAR) 表示计算减去“1”后的年份值。

DATEADD 函数说明

函数功能：在筛选器修改后的上下文中对表中的表达式进行求值。

函数语法：CALCULATE(表达式,筛选器,[…筛选器])。

使用说明：上一年成交量表达式 CALCULATE('孕妇装－孕产妇用品－营养行业数据'[总成交量],DATEADD('年月'[日期],-1,YEAR)) 表示计算上一年的总成交量。

在上一年成交量的公式中使用了两个 DAX 函数，其中 CALCULATE 函数是 DAX 中功能最为强大、最难掌握的函数，因为它是一个非常灵活的筛选器。在这个公式中，DATEADD 函数以日期维度表为数据源，以“年”为单位进行前移，从而得出“2016 年”作为 CALCULATE 函数的筛选条件，计算 2016 年的成交量总和。

成交量同环比的公式为：成交量同环比 = DIVIDE('孕妇装—孕产妇用品—营养行业数据'[总成交量]-'孕妇装—孕产妇用品—营养行业数据'[上一年成交量],'孕妇装—孕产妇用品—营养行业数据'[上一年成交量])。

DIVIDE 函数说明

函数功能：能处理被 0 除的情况。

函数语法：DIVIDE(分子,分母)。

使用说明：成交量同环比表达式 DIVIDE('孕妇装—孕产妇用品—营养行业数据'[总成交量]—'孕妇装－孕产妇用品—营养行业数据'[上一年成交量],'孕妇装—孕产妇用品—营养行业数据'[上一年成交量])，表示以两年的成交量差值为分子，以上一年的成交量为分母，计算两年的成交量增幅。

成交量同环比公式中选用的 DIVIDE 函数是一个常用函数，它替代了常规的除法(“/”)，可以理解为安全除法，其作用是当除数为零时，能正确返回值。下面来看一个例子，如图 5-55 所示。

在图 6-55 中，同环比的计算公式在该图上方，当 0 作为分母时，就会出现结果为无穷大的情况。而表格最后一列是使用 DIVIDE 函数计算得出的成交量同环比，DIVIDE 函数可以处理除数为 0 或为空的情况，它在进行除法运算时十分有用。

在添加完 3 个度量值后，就完成了成交量的月同比计算，如图 6-56 左侧的字段所示。

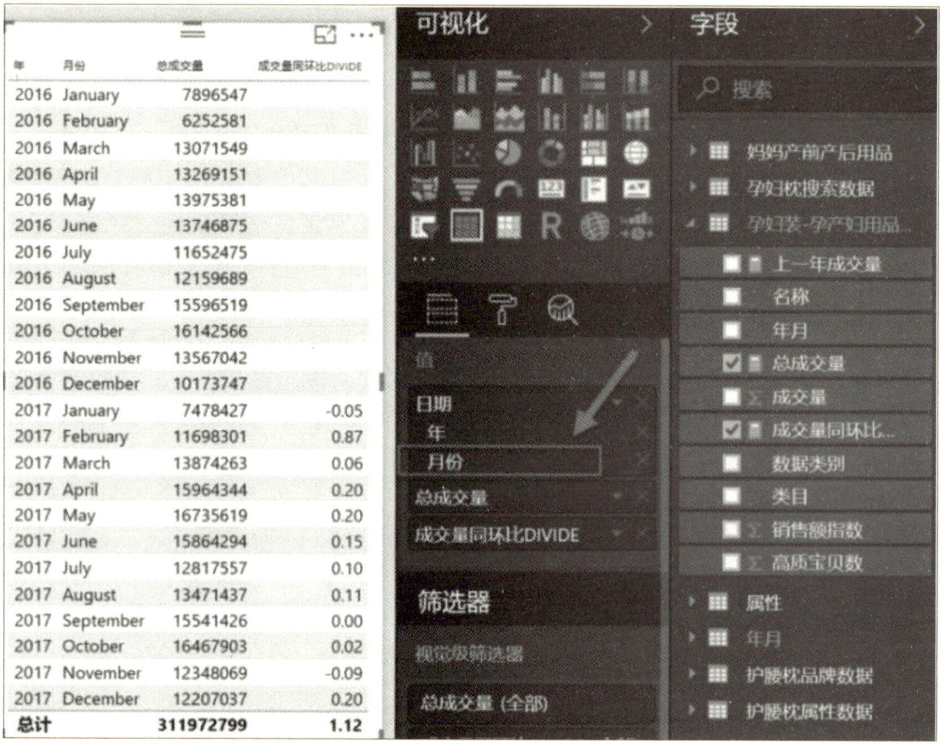

图 6-56

在需要切换成基于年成交量的环比时，把图 6-56 中的“月份”字段删除即可，结果如图 6-57 所示。

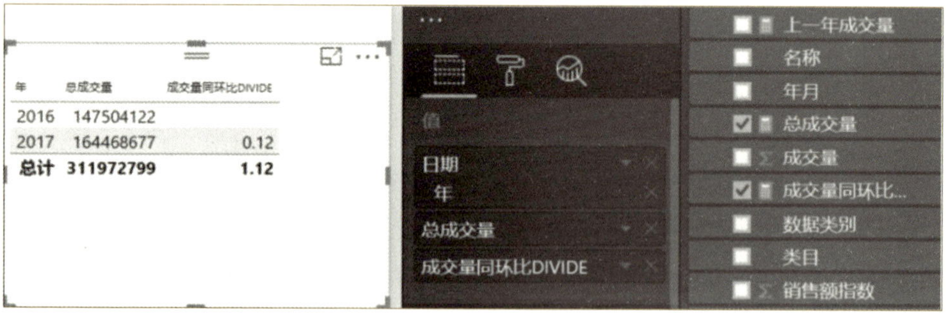

图 6-57

接下来把环比数值修改为“%”形式，选中“成交量同环比 DIVIDE”度量值，单击“度量工具”选项卡中的“%”按钮进行更改，如图 6-58 所示。

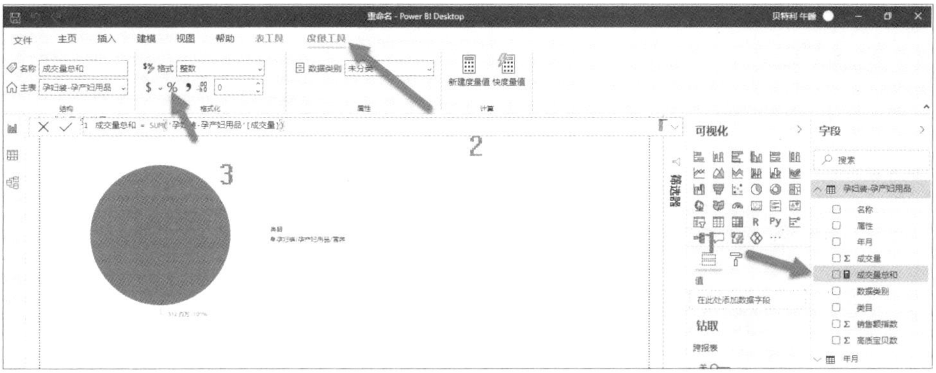

图 6-58

通过计算得出，“孕妇装—孕产妇用品—营养”类目 2017 年的成交量与 2016 年的成交量相比，环比增幅为 11.5%。月同比的数据较多，用表格的形式展现不方便观察，所以我们将其转换为“折线和堆积柱形图”进行展现。选中该表格，将“总成交量”“成交量同环比 DIVIDE”字段分别拖到“列值”和“行值”下拉列表框，如图 6-59 所示。

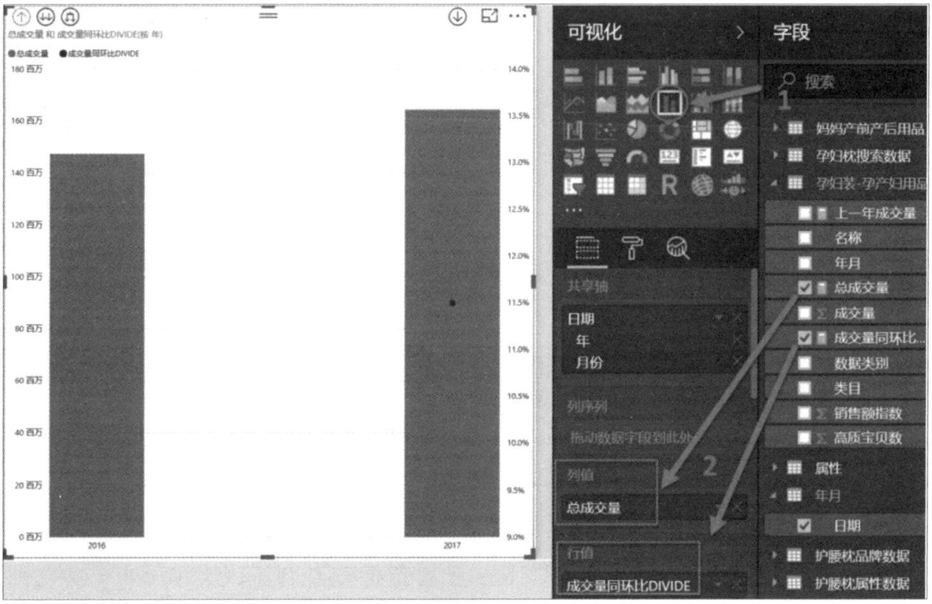

图 6-59

单击“展开层次结构中的所有下移级别”图标，最终效果如图 6-60 所示。

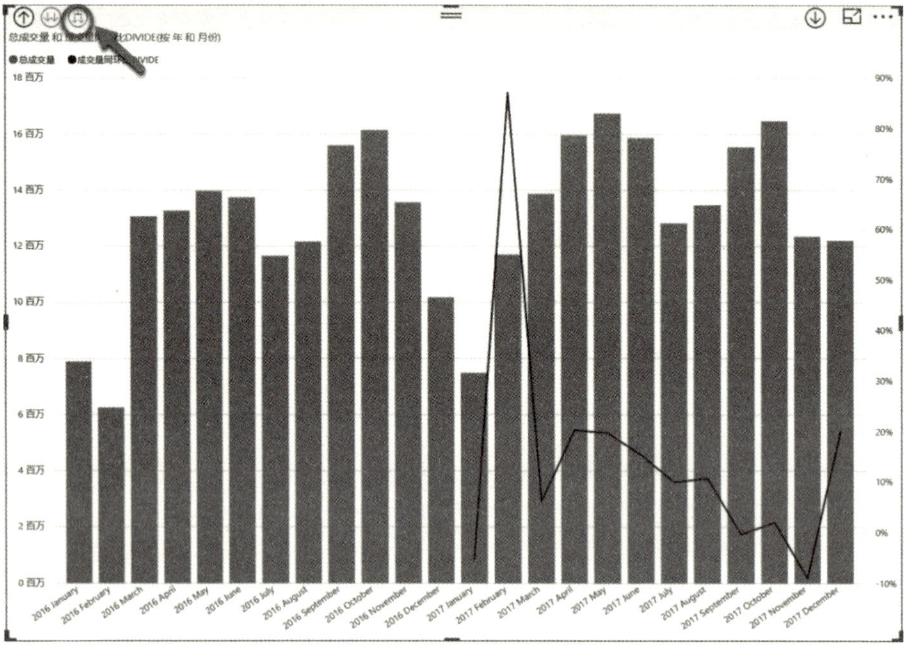

图 6-60

第二种成交量同环比的计算方式是，将需要进行新建的度量值写在公式中，与第一种计算方式相比看似简单和简洁一些，但对于计算方式相对复杂的公式来说，用第二种方式写出来的公式可读性会变得很差，初学者很容易出错，因此不建议初学者采用第二种方式来学习。

整合后的计算公式为：成交量同环比 = DIVIDE(' 孕妇装—孕产妇用品—营养行业数据 '[总成交量]-CALCULATE(' 孕妇装—孕产妇用品—营养行业数据 '[总成交量],DATEADD(' 年月 '[日期],-1,YEAR)),CALCULATE(' 孕妇装—孕产妇用品—营养行业数据 '[总成交量], DATEADD(' 年月 '[日期],-1,YEAR)))。

6.5.2 计算品牌集中度

品牌集中度是评判市场品牌生存空间的核心指标。评判品牌集中度有多种方法，本小节为读者介绍一种最为直观的方法，即用累积占比画出帕累托图观测品牌集中度。

首先观察原始数据，图 6-61 是各个品牌在各个月份的销售数据，下面使用“销售额指数”进行分析度量。

名称	护腰枕Top品牌成交量	销售额指数	高质宝贝数	年月	数据类别	类目
babybright	752	404670	4	2016/1/1	品牌数据	护腰枕
babybright	1126	589500	4	2016/3/1	品牌数据	护腰枕
babybright	1084	591690	4	2016/4/1	品牌数据	护腰枕
beimily/蓓美妮	2288	2481574	4	2017/7/1	品牌数据	护腰枕
beimily/蓓美妮	6483	7370184	4	2017/8/1	品牌数据	护腰枕
beimily/蓓美妮	7573	8662944	4	2017/9/1	品牌数据	护腰枕
beimily/蓓美妮	7064	7801102	4	2017/10/1	品牌数据	护腰枕
carebon/可宝	1345	517290	4	2017/10/1	品牌数据	护腰枕
cendile	5246	1616948	4	2016/7/1	品牌数据	护腰枕
cendile	2679	1001336	4	2016/10/1	品牌数据	护腰枕
cendile	1246	405461	4	2017/4/1	品牌数据	护腰枕

图 6-61

创建一张表，该表为各个品牌的数据汇总。在“建模”选项卡中单击“新建表”按钮，如图 6-62 所示。

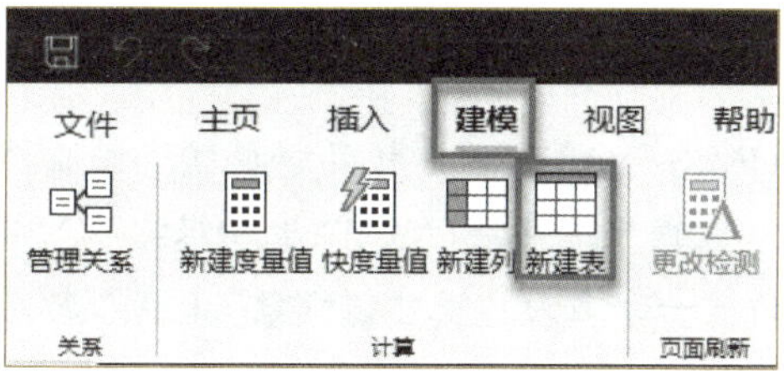

图 6-62

在公式文本框中输入以下公式：

表 = SUMMARIZE('护腰枕品牌数据','护腰枕品牌数据'[名称],"销售额指数",SUM('护腰枕品牌数据'[销售额指数]))

SUM 函数说明

函数功能：返回某个单元格区域数字、逻辑值及数字的文本表达式之和。

函数语法：SUM(列名)。

使用说明：表达式中的 SUM('护腰枕品牌数据'[销售额指数]) 表示对“护腰枕品牌数据”表中“销售额指数”列的数值求和。

SUMMARIZE 函数说明

函数功能：根据设定的条件返回新的摘要表。

函数语法：SUMMARIZE(< 表名 >, < 分组依据的列名 >[, < 分组依据的列名 >]...[, < 新的度量列名 >, < 表达式 >]...)。

参数说明如下。

①表名：在 Power BI Desktop 中任意加载完毕的表格。

②分组依据的列名：新表将根据原表的某个列进行分组汇总。

③ [, < 分组依据的列名 >]：可选参数，如果要用多个列名作为分组依据，则列名之间用逗号隔开，输入多个列名即可。

④ [, < 新的度量列名 >, < 表达式 >]：可选参数，< 新的度量列名 > 和 < 表达式 > 必须成对出现。< 新的度量列名 > 是文本，文本前后必须用双引号。< 表达式 > 是要进行聚合计算的函数，将针对每一行计算多次。

使用说明：表达式 SUMMARIZE('护腰枕品牌数据','护腰枕品牌数据'[名称],"销售额指数",SUM('护腰枕品牌数据'[销售额指数]))，表示根据“护腰枕品牌数据”表的“名称”列进行数据分组，分组后新建一个名为“销售额指数”的列，新列中的值对“销售额指数”进行求和。

创建好的表如图 6-63 所示，表名为“表”。

名称	销售额指数
alpremio（韩国）	380762
babybright	20711538
bearmami/倍爱妈咪	151343
beimily/蓓美妮	37226164
carebon/可宝	34070417
cendile	8116237
dilemon/迪乐梦	669558
doux bebe/多宝贝	504834
fossflakes	3967358
goodnews/果牛	5100884
iyun/爱孕	7174237

图 6-63

创建好表后，计算在降序排列中，各个品牌的累计占比。在“建模”选项卡中单击“新建列”按钮，如图 6-64 所示。

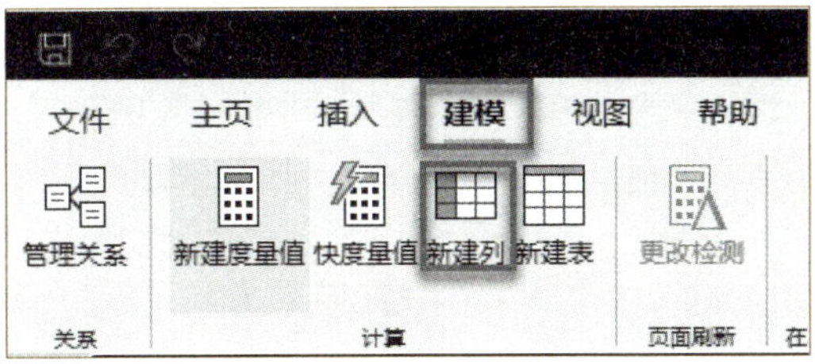

图 6-64

在公式文本框中输入以下公式：

累计百分比 = SUMX(FILTER(' 表 ',EARLIER(' 表 '[销售额指数])<=' 表 '[销售额指数]),' 表 '[销售额指数])/SUM(' 表 '[销售额指数])

EARLIER 函数说明

函数功能：返回提及的列的外部计算传递中指定列的当前值。

函数语法：EARLIER(< 列名 >, [< 外部计算传递到的正数 >])。

参数说明如下。

外部计算传递到的正数：可选参数，外部计算传递到的正数。一个外部计算级别由 1 表示，两个外部计算级别由 2 表示，以此类推。省略时，默认值为 1。

使用说明：表达式 EARLIER(' 表 '[销售额指数])，可以理解为一份“销售额指数”的复制。而表达式 EARLIER(' 表 '[销售额指数])<=' 表 '[销售额指数]，表示将当前的“销售额指数”与复制的所有“销售额指数”进行比较。

FILTER 函数说明

函数功能：返回符合条件的表，该函数不能单独使用，需要嵌套在其他表达式中使用。

函数语法：FILTER(< 表名 >,< 筛选条件 >)。

使用说明：表达式 FILTER(' 表 ',EARLIER(' 表 '[销售额指数])<=' 表 '[销售额指数])，表示将大于或等于当前“销售额指数”的行筛选出来。

SUMX 函数说明

函数功能：返回表中每一行计算的表达式之和。

函数语法：SUMX(< 表名 >, < 表达式 >)。

参数说明如下。

①表名：在 Power BI Desktop 中任意加载完毕的表格。

②表达式：对表中每一行进行计算的表达式，一般指度量列名。

使用说明：表达式 SUMX(FILTER(' 表 ',EARLIER(' 表 '[销售额指数])<=' 表 '[销售额指数]),' 表 '[销售额指数])，表示将大于当前“销售额指数”的行的“销售额指数”进行求和。

创建好的新列的列名为“累计百分比”，如图 6-65 所示。

名称	销售额指数	累计百分比
alpremio（韩国）	380762	0.99958
babybright	20711538	0.83756
bearmami/倍爱妈咪	151343	1.00000
beimily/蓓美妮	37226164	0.62415
carebon/可宝	34070417	0.70926
cendile	8116237	0.93516
dilemon/迪乐梦	669558	0.99757
doux bebe/多宝贝	504834	0.99928
fossflakes	3967358	0.96843

图 6-65

在“度量工具”选项卡中单击“%”按钮，如图 6-66 所示，将“累积百分比”列的数据格式设置为百分比样式。

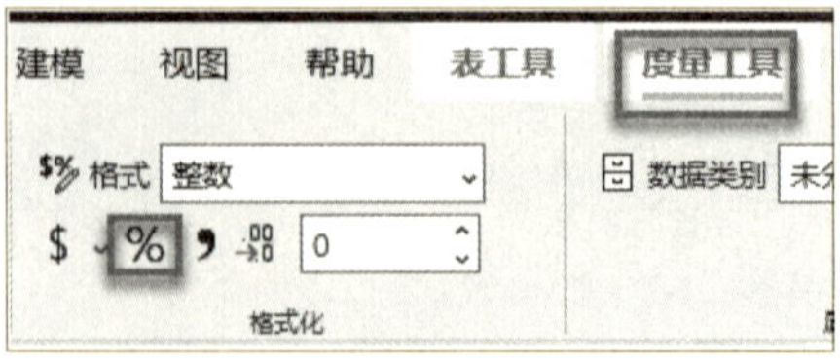

图 6-66

设置完成后的“表”如图 6-67 所示。

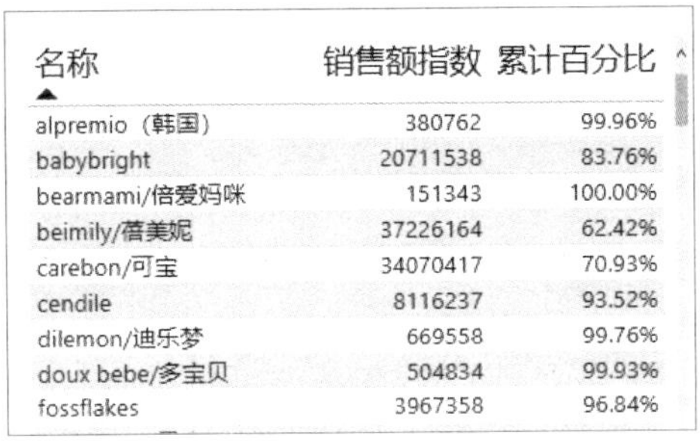

名称	销售额指数	累计百分比
alpremio（韩国）	380762	99.96%
babybright	20711538	83.76%
bearmami/倍爱妈咪	151343	100.00%
beimily/蓓美妮	37226164	62.42%
carebon/可宝	34070417	70.93%
cendile	8116237	93.52%
dilemon/迪乐梦	669558	99.76%
doux bebe/多宝贝	504834	99.93%
fossflakes	3967358	96.84%

图 6-67

返回报表视图，勾选“表”的三个列名进行展现，如图 6-68 所示。

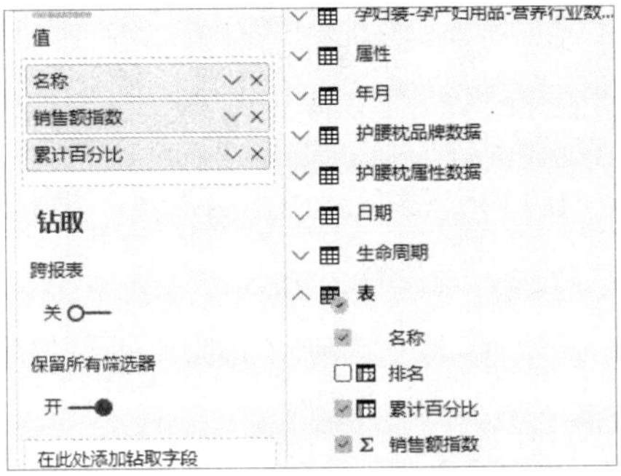

图 6-68

此时在页面工作区中会出现一张表格对象，如图 6-69 所示。

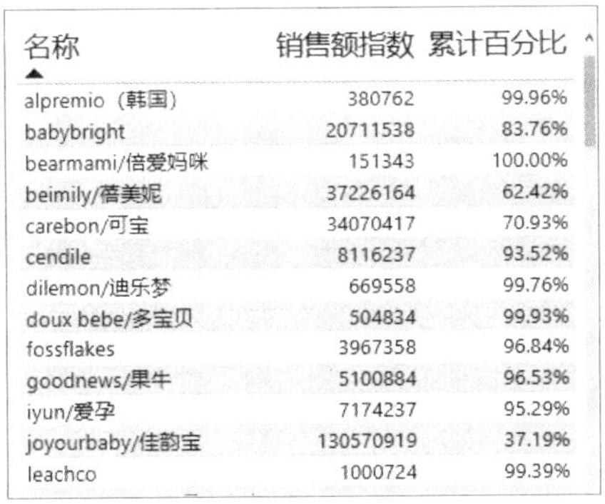

名称	销售额指数	累计百分比
alpremio（韩国）	380762	99.96%
babybright	20711538	83.76%
bearmami/倍爱妈咪	151343	100.00%
beimily/蓓美妮	37226164	62.42%
carebon/可宝	34070417	70.93%
cendile	8116237	93.52%
dilemon/迪乐梦	669558	99.76%
doux bebe/多宝贝	504834	99.93%
fossflakes	3967358	96.84%
goodnews/果牛	5100884	96.53%
iyun/爱孕	7174237	95.29%
joyourbaby/佳韵宝	130570919	37.19%
leachco	1000724	99.39%

图 6-69

单击表格对象，将“累计百分比”列调整为升序排列，如图 6-70 所示。

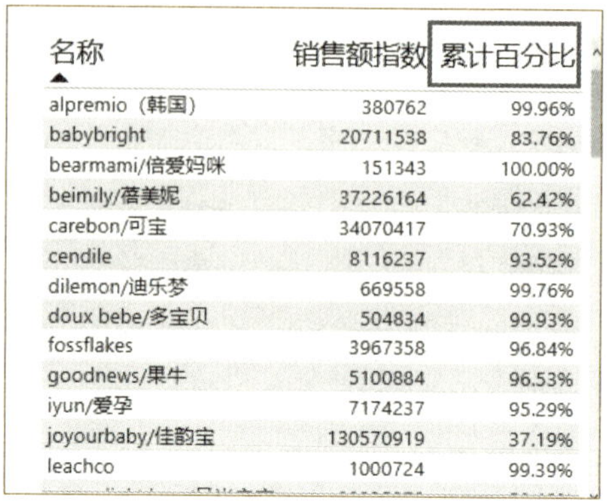

名称	销售额指数	累计百分比
alpremio（韩国）	380762	99.96%
babybright	20711538	83.76%
bearmami/倍爱妈咪	151343	100.00%
beimily/蓓美妮	37226164	62.42%
carebon/可宝	34070417	70.93%
cendile	8116237	93.52%
dilemon/迪乐梦	669558	99.76%
doux bebe/多宝贝	504834	99.93%
fossflakes	3967358	96.84%
goodnews/果牛	5100884	96.53%
iyun/爱孕	7174237	95.29%
joyourbaby/佳韵宝	130570919	37.19%
leachco	1000724	99.39%

图 6-70

图 6-70 中缺少“排名”列，在“建模”选项卡中单击“新建列”按钮，在公式文本框中输入以下表达式：

排名 = COUNTROWS(FILTER(' 表 ',EARLIER(' 表 '[销售额指数])<' 表 '[销售额指数]))+1

“排名”列创建完毕后，将“排名”字段移动到表格对象的最上方，如图 6-71 所示。

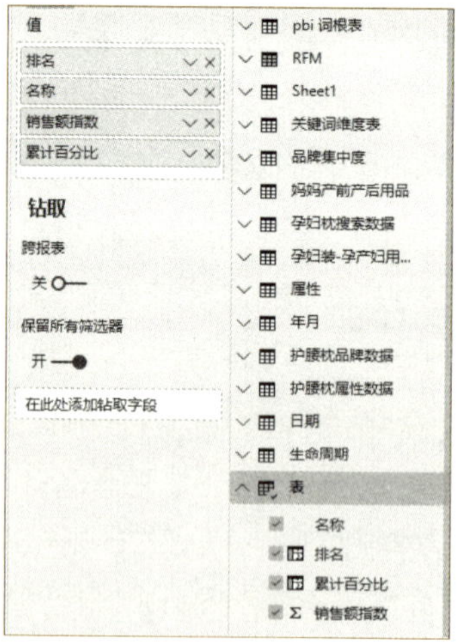

图 6-71

设置好的表格对象如图 6-72 所示，按“销售额指数”从高到低排序，前 15 个品牌的累计市场份额超过了市场总份额的 80%，该样本共有 62 个品牌，因此可以描述为 24.19% 的品牌占领了 80% 的市场份额，或者 20% 的品牌占领了 73.41% 的市场份额($62 \times 0.2 \approx 12$)。

以二八原则为参考，20% 的品牌占领 80% 的市场份额，说明品牌市场还存在空间。

排名	名称	销售额指数	累计百分比
1	梦水伊家纺	208796503	16.49%
2	咕呗	131619942	26.88%
3	joyourbaby/佳韵宝	130570919	37.19%
4	tomi baby/多米贝贝	112036986	46.04%
5	慧鸿佳世	86038863	52.83%
6	舒梦爱	44278738	56.33%
7	moon light love/月光之恋	39835378	59.48%
8	beimily/蓓美妮	37226164	62.42%
9	小西米木	37209964	65.35%
10	枕工坊	36494169	68.24%
11	carebon/可宝	34070417	70.93%
12	维尼可儿	31411644	73.41%
13	母伴	30115296	75.78%
14	天使之梦	29946841	78.15%
15	pregnancy pillow	28658055	80.41%
16	睡梦来	21626938	82.12%
17	babybright	20711538	83.76%
18	中国梦 梦之纺	18476034	85.21%
19	圣熙	17037752	86.56%
20	许愿草	16682738	87.88%
21	乐孕	16637800	89.19%
22	艾嘉丽诺	12530260	90.18%
23	娇孕贝儿	12027180	91.13%

图 6-72

将“表格”对象转换为“折线和簇状柱形图”对象，如图 6-73 所示。

选中“折线和簇状柱形图”对象，将其“共享轴”设置为“名称”，将“列值”设置为“销售额指数”，将“行值”设置为“累计百分比”，如图 6-74 所示。

图 6-73

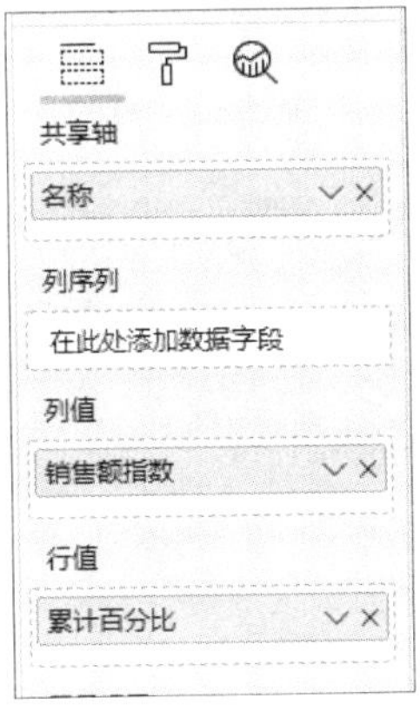

图 6-74

设置好的“折线和簇状柱形图”对象如图 6-75 所示。

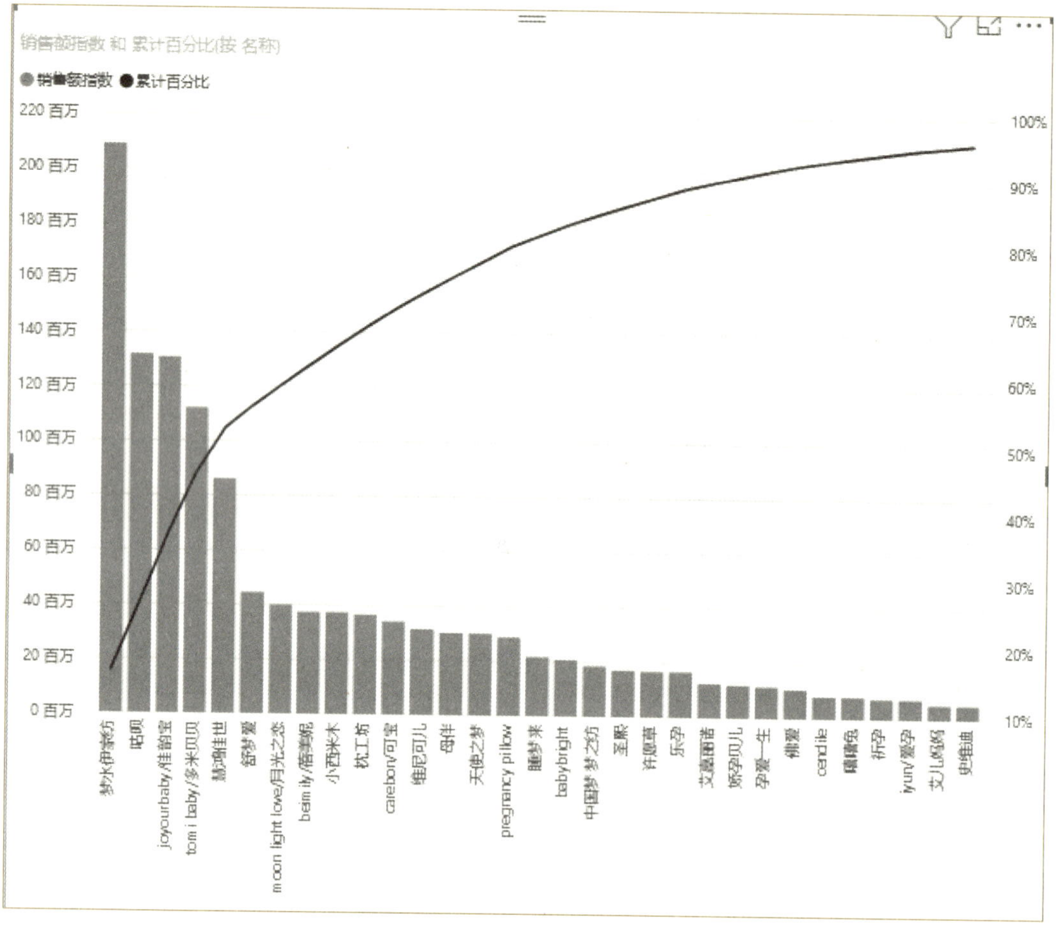

图 6-75

设置数据标签，通过图 6-76 可以直观地看到品牌的市场份额分布情况，竖线左侧是市场的主体品牌，竖线右侧是市场的长尾品牌。其中，曲线的斜率可用于不同市场的品牌集中度的对比，斜率越大说明品牌越集中，如在图 6-76 中，曲线在第 5 个品牌处产生拐点，说明前 5 个品牌相对高度集中，后面的品牌相对分散。

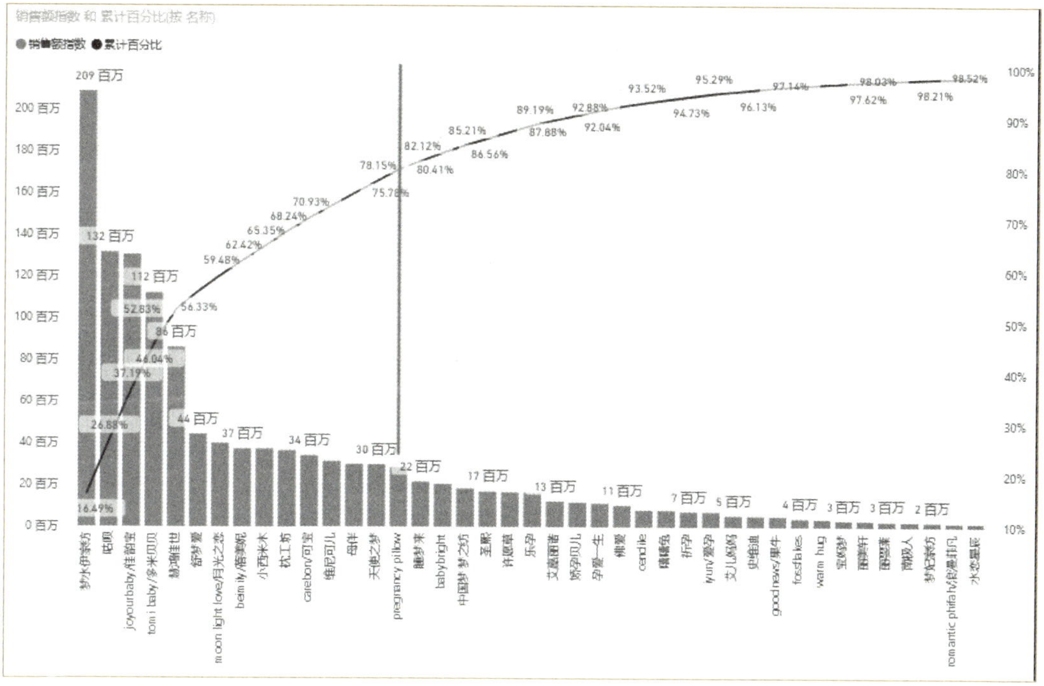

图 6-76

6.5.3 计算价格段分组

对市场价格段的分析非常重要，产品定价将直接影响产品在投放市场后的竞争力和消费者对品牌的认知。计算价格段分组采用搜索产品数据集“孕妇枕搜索数据”，如图 6-77 所示为其部分字段。

宝贝标题	宝贝ID	销量（人数）↓	售价	预估销售额
多米贝贝孕妇枕头护腰侧睡卧枕U型枕多功能托腹抱枕睡觉用	553665698945	18229	39	710931
孕妇枕头护腰侧睡枕侧卧神器孕靠枕u型睡枕多功能托腹睡觉	549328344674	10056	123	1236888
多米贝贝孕妇枕头护腰侧睡枕u型枕多功能托腹枕抱孕妇用品	558550292003	4875	49.9	243262.5
孕妇枕头护腰侧睡枕托腹用品u型枕侧卧多功能睡觉睡枕靠枕	555938740887	4517	79.8	360456.6
孕妇枕头u型枕多功能睡枕侧卧睡觉抱枕靠枕侧孕护腰侧睡枕	36833929145	4162	128	532736

图 6-77

在报表视图右侧字段框中找到“孕妇枕搜索数据”的“售价”字段，将鼠标指针停留在该字段上，右侧会出现“…”图标，单击“…”图标，在弹出的菜单中选择“新建组”选项，如图 6-78 所示。

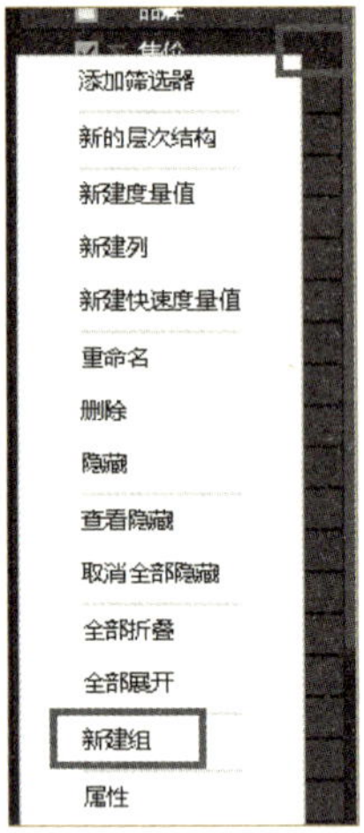

图 6-78

在弹出的“组”对话框中可以看到售价的最小值是 11.2（元），最大值是 4399（元），区间比较大，可以将“装箱大小”设置为 100，如图 6-79 所示。

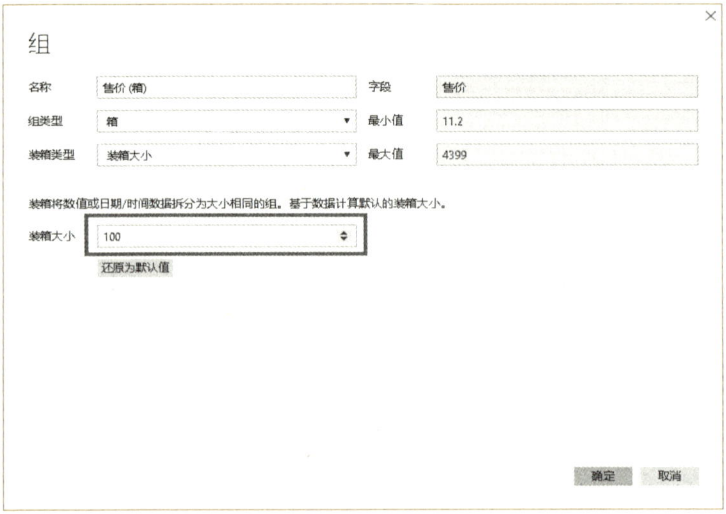

图 6-79

重复以上操作，再创建一个组，将“装箱大小”设置为 5，如图 6-80 所示。

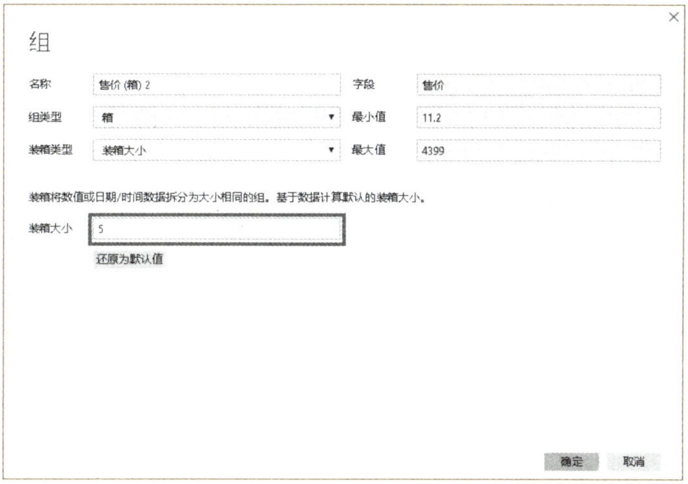

图 6-80

在报表视图中勾选“售价（箱）”“售价（箱）2”“预估销售额”3 个字段，如图 6-81 所示。

此时在页面工作区中看到的“表格”对象如图 6-82 所示。

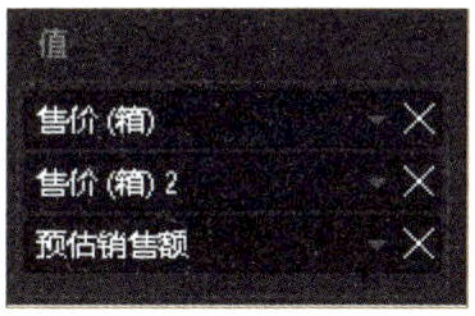

图 6-81

售价 (箱)	售价 (箱) 2	预估销售额
0.00	15.00	7,433.76
0.00	20.00	45,234.50
0.00	25.00	49,293.20
0.00	30.00	710.51
0.00	35.00	883,413.14
0.00	40.00	55,953.81
0.00	45.00	294,641.79
0.00	50.00	11,278.60
0.00	55.00	278,919.46
总计		15,223,390.56

图 6-82

将“表格”对象转换为“簇状柱形图”对象，如图 6-83 所示。

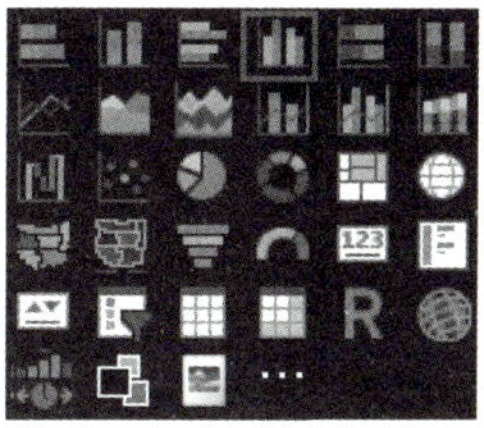

图 6-83

转换成“簇状柱形图”对象的效果如图 6-84 所示，可以看到坐标轴被隐藏了，因此需要对坐标轴进行设置。

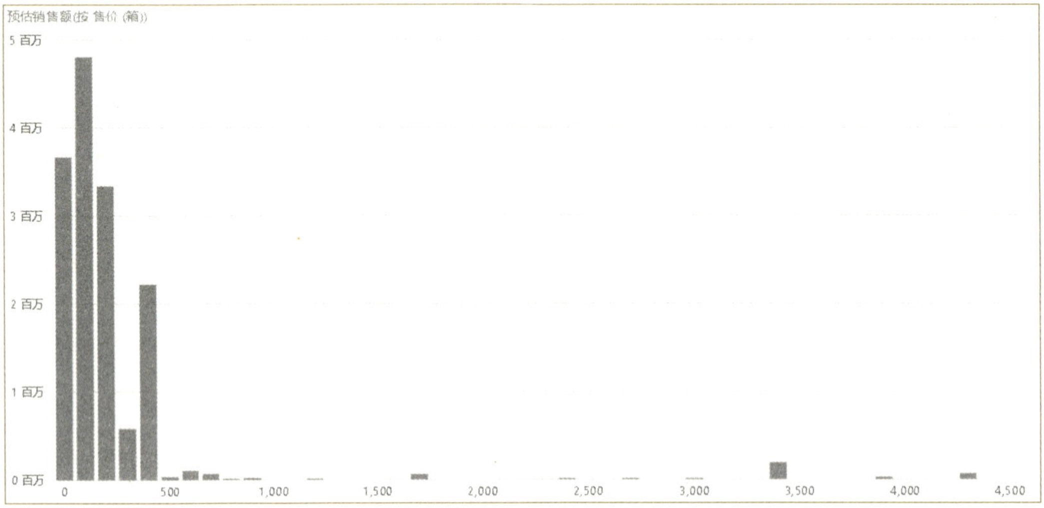

图 6-84

选中“簇状柱形图”对象，单击“格式刷”图标，展开“X 轴”选项，将类型设置为“类别”，如图 6-85 所示。

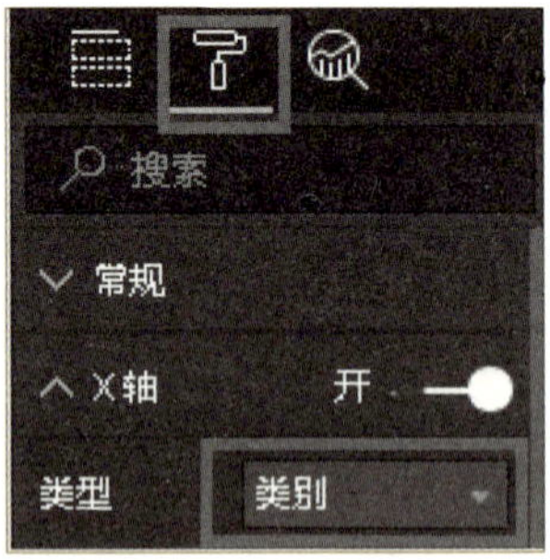

图 6-85

设置完成后的效果如图 6-86 所示。市场上的主流价格段分别是 0~200 箱、300~400 箱两个区段，此时的区间跨度较大，可以单击“簇状柱形图”对象右上角的“深化模式”图标，启动深化模式。

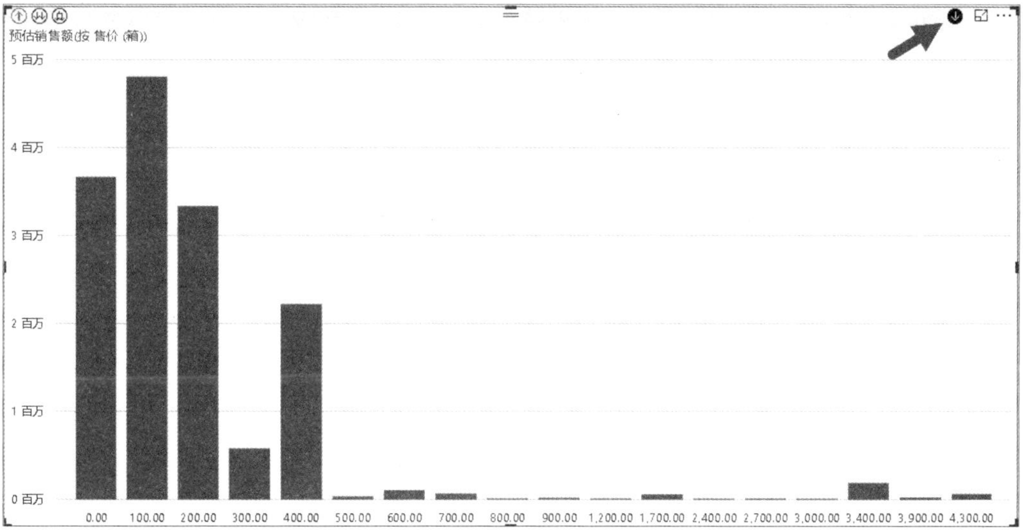

图 6-86

单击图 6-86 中销售额最大的 100 分组（100~200 箱），进入第二层轴，以 5 作为分箱大小的售价箱，如图 6-87 所示。通过观察发现，在市场售价 100~200（元）的区间，表现最好的价格段是 155~160（元），决策者要结合自身的市场策略，对产品售价做出判断：是要抢占现有市场，还是要另辟蹊径？企业需要结合自身的内外因素分析（SWOT 分析）来调整市场策略。

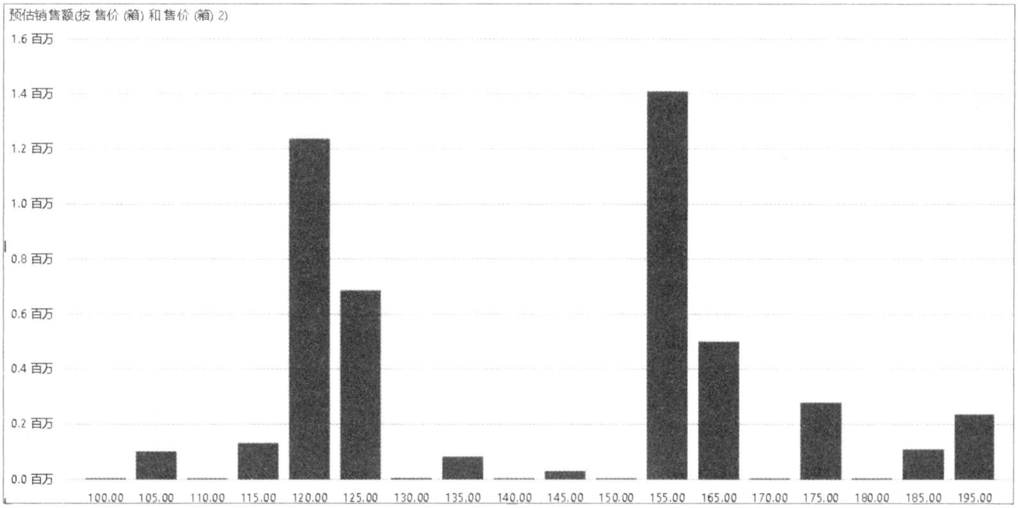

图 6-87

在 Power BI Desktop 中还可以用图表结合的模式提高浏览体验，单击“簇状柱形图”对象右上角的“…”图标，在弹出的菜单中选择“显示数据”选项，如图 6-88 所示，最终效果如图 6-89 所示。

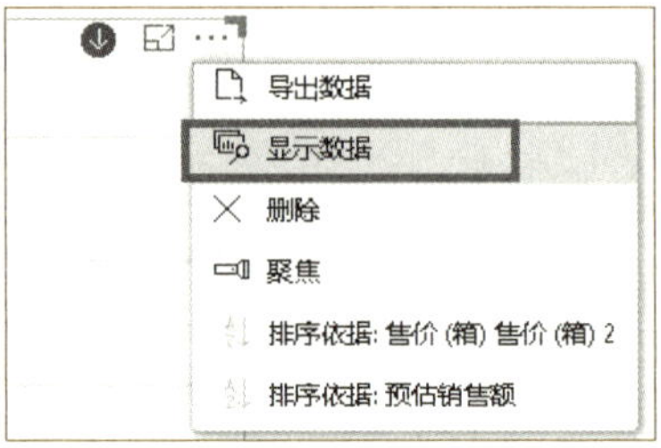

图 6-88

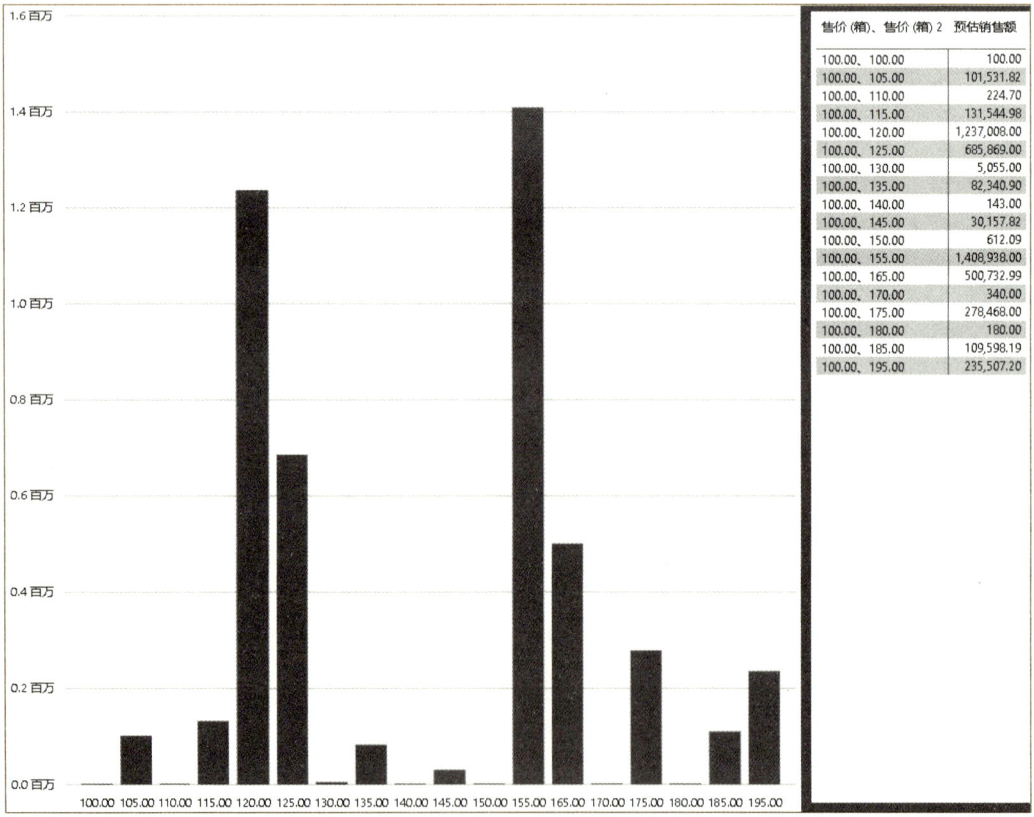

图 6-89

第7章

应用场景：客户分析

7.1 业务背景

随着电商行业的发展，电商企业获取客户的成本越来越高。据统计，现在获取一个新客户的成本为100~1000元，产品的毛利越高，获取新客户的成本也就越高。对比获取新客户的成本，获取一个老客户的平均成本不到10元，于是越来越多的电商企业开始重视客户分析并付诸实践，因为客户分析是研究降低拉新成本、提高老客户回购率等问题的重要支撑。

7.2 MySQL 数据加载与清洗

本节使用的数据存放在本地MySQL数据库中。MySQL数据库是电商企业的标配，虽然目前大多数电商企业使用Excel文件或Access数据库，但是电商的数据基因，导致Excel文件和Access数据库已经满足不了现有电商企业对数据的需求。

本节使用的数据集是淘宝网的订单报表、宝贝报表和产品成本表。通过这3张报表，不但可以分析客户共性，还可以进行客户价值分析，了解企业可以从哪些客户身上赚取利润，又是哪些客户让企业亏本的。

订单报表的主要字段如下。

- 订单编号。每个订单都对应一个唯一的编号。
- 买家会员名。每个客户的ID。
- 买家实际支付金额。
- 订单创建时间。
- 订单付款时间。
- 订单状态。订单状态包括“卖家已发货，等待买家确认”“交易关闭”“等待买家付款”“交易成功”。
- 收货地址。客户的收货地址，可以从地址中提取省、市等信息。

宝贝报表的主要字段如下。

- 订单编号。每个订单都对应一个唯一的编号。
- 价格。每个订单中商品的价格。
- 购买数量。每个订单中商品的数量。

- 商品编码。商家给商品设定的编码，相当于货号。

产品成本表的主要字段如下。

- 商品编码。商家给商品设定的编码，相当于货号。
- 采购价。对应商品的成本价。
- 品类。对应商品的品类。
- 商品图片。对应商品的图片 URL。

在“主页”选项卡中单击“获取数据”按钮，如图 7-1 所示。

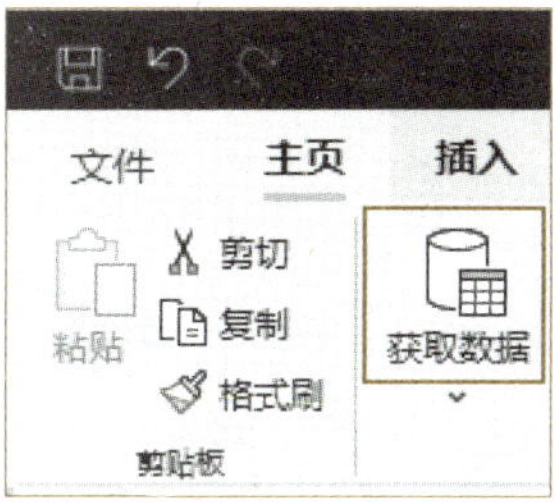

图 7-1

在弹出的“获取数据”对话框中选择“MySQL 数据库”选项，单击右下角的“连接”按钮，如图 7-2 所示。

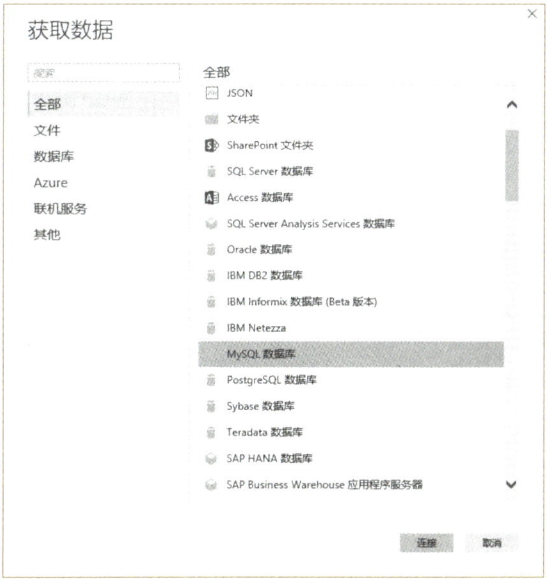

图 7-2

在打开的对话框中设置 MySQL 数据库的服务器和数据库，因为服务器连接的是本地数据库，所以输入“localhost:3306”。其中，localhost 表示本地主机，冒号后的数字“3306”是端口号，如果没有修改过端口号，则默认是 3306。在“数据库”文本框中输入数据库的名称，设置完毕后单击右下角的“确定”按钮，如图 7-3 所示。

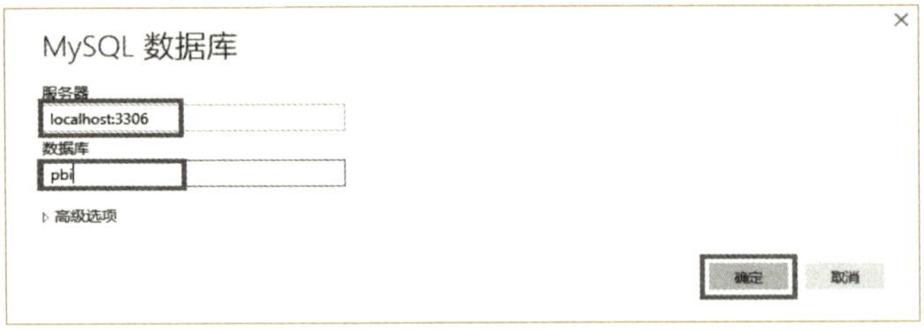

图 7-3

在导航器中选择要导入的 3 张表，这 3 张表的名称分别是“pbi 宝贝报表”“pbi 成本表”“pbi 订单报表”，单击导航器右下角的“转换数据”按钮（如图 7-4 所示）进入查询编辑界面。

图 7-4

如果在加载数据的过程中提示“未应用的查询中有挂起的更改”，那么单击“应用更改”按钮即可，如图 7-5 所示。

进入 Power Query 编辑器后，将导入的每张表分别按“Ctrl+A”组合键全选，然后在“转换”选项卡中单击“检测数据类型”按钮，实现批量设置数据类型，以避免在后续操作中因为数据类型而出错，如图 7-6 所示。

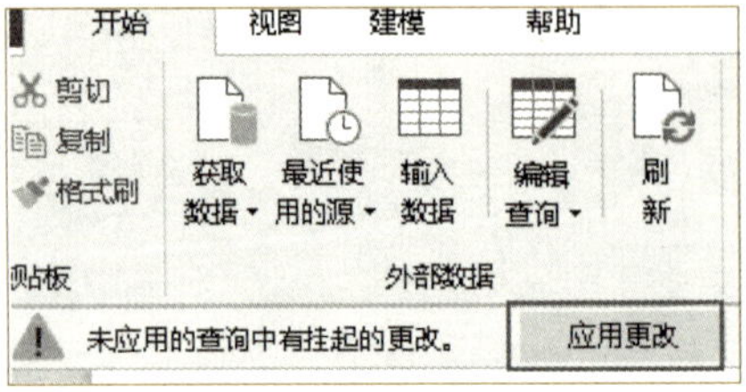

图 7-5

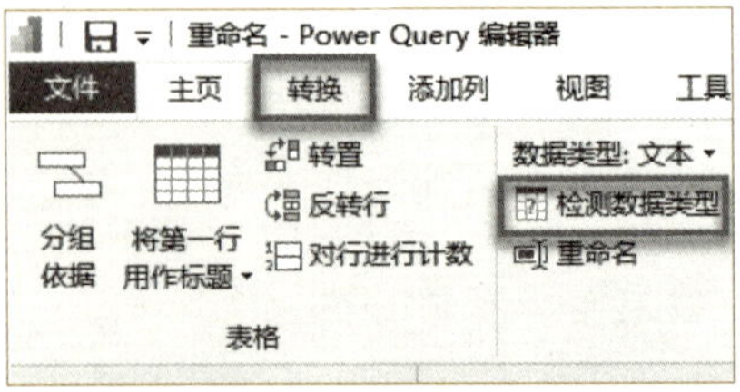

图 7-6

操作完毕后，单击左上角的“关闭并应用”按钮即可保存数据。

7.3 客户地域分布

本节对客户分布的省份进行分析，研究各个省的销售业绩和客单价等指标，指导并调整企业的推广策略。注意，本书里的省份包括直辖市、省及自治区。

进入 Power Query 编辑器，通过观察“pbi 订单报表”中的“收货地址”字段，发现省、市、区（县）、街道之间是用空格分隔的，如图 7-7 所示。

图 7-7

7.3.1 提取省、市信息

这里只分析省、市信息，对区（县）和街道信息不做分析。首先将省、市信息从“收货地址”字段中提取出来，选中“收货地址”字段，在“开始”选项卡中单击“拆分列”下拉按钮，在打开的下拉列表中选择“按分隔符”选项，如图 7-8 所示。

在弹出的对话框中按图 7-9 所示进行设置，设置完毕后单击“确定”按钮。

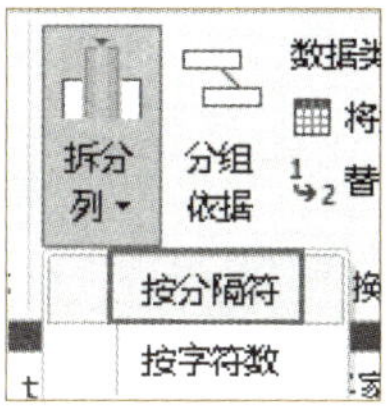

图 7-8

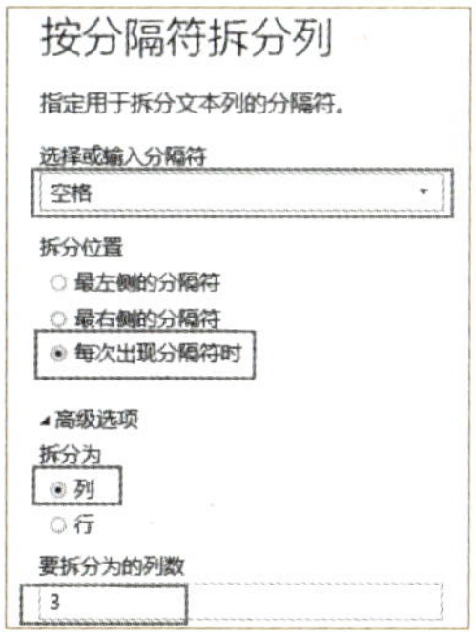

图 7-9

操作完成后，“收货地址”字段将被一分为三，如图 7-10 所示。

收货地址.1	收货地址.2	收货地址.3
广东省	深圳市	南山区
湖南省	郴州市	安仁县
重庆	重庆市	沙坪坝区
广东省	深圳市	坪山新区
贵州省	贵阳市	云岩区

图 7-10

对每列“收货地址”字段进行重命名，如图 7-11 所示。

省份	城市	区/街道
广东省	深圳市	南山区
湖南省	郴州市	安仁县
重庆	重庆市	沙坪坝区
广东省	深圳市	坪山新区
贵州省	贵阳市	云岩区

图 7-11

7.3.2 统计地域客户数量

统计地域的客户数量，可以了解客户的地域分布情况。

回到报表视图，将“订单状态”添加到页面级筛选器，在“基本筛选”下面取消勾选“等待买家付款”和“交易关闭”复选框，如图 7-12 所示。

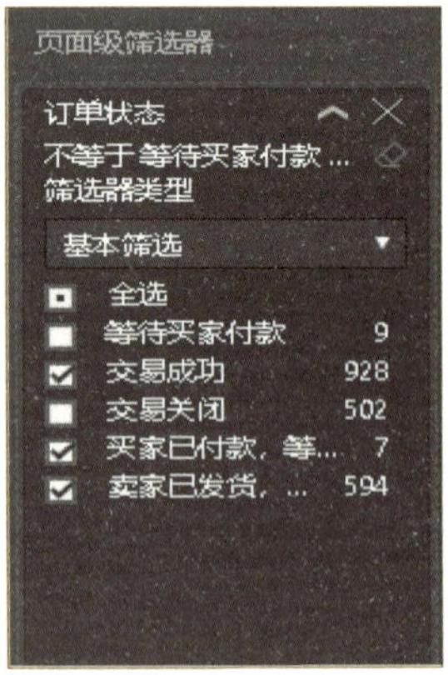

图 7-12

添加一张“表格”对象，设置“表格”对象的值分别为“省份”“买家实际支付金额”“买家会员名”，然后单击“买家会员名”右侧的下拉按钮，在弹出的下拉列表中选择“计数（非重复）”，如图 7-13 所示。设置后的效果如图 7-14 所示。

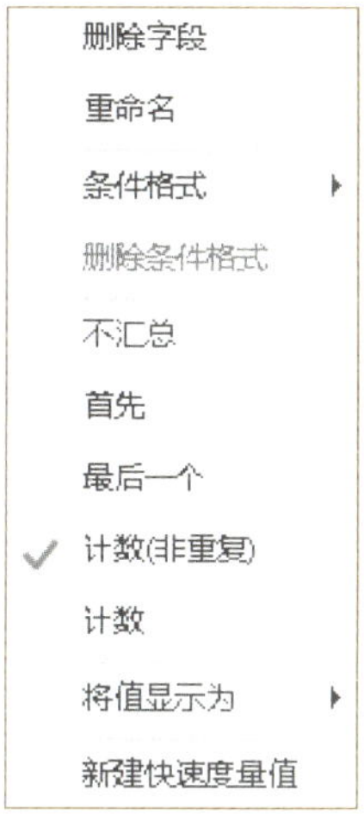

图 7-13

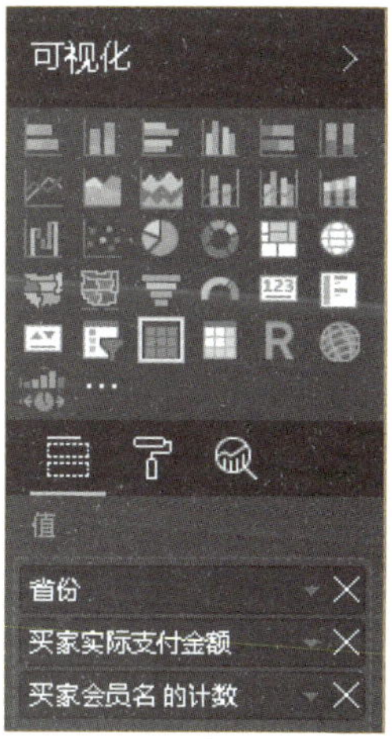

图 7-14

注意：由于要统计每个地域的客户数量，因此一定要选择非重复的计数，即一个客户购买多次计为 1。

7.3.3 计算人均消费金额

不同地域客户的消费水平不同，下面统计不同地域客户的消费金额。

选中“pbi 订单报表”，在“表工具”选项卡中单击“新建度量值”按钮，计算“人均客单”（人均消费金额），如图 7-15 所示。

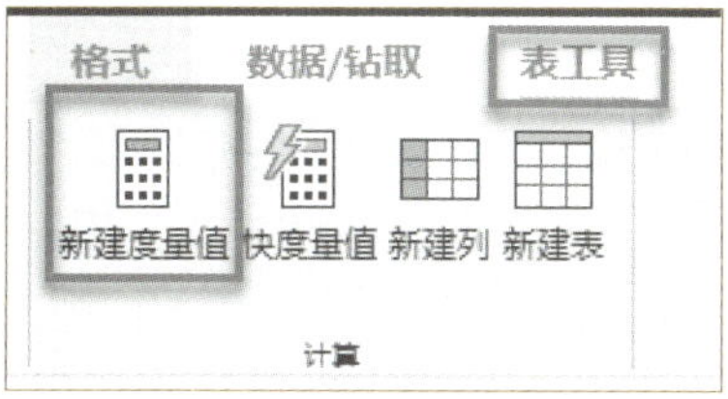

图 7-15

在公式文本框中输入以下表达式：

人均客单 = SUM('pbi 订单报表 '[买家实际支付金额])/COUNTROWS(VALUES('pbi 订单报表 '[买家会员名]))

VALUES 函数说明

函数功能：返回不重复值的列表。

函数语法：VALUES（表名或列名）。

使用说明："人均客单"表达式中的 VALUES('pbi 订单报表 '[买家会员名])，表示将"买家会员名"的唯一值取出来，也就是新建一个客户清单。

COUNTROWS 函数说明

函数功能：统计表中行的数量。

函数语法：COUNTROWS（表名）。

使用说明："人均客单"表达式中的 COUNTROWS(VALUES('pbi 订单报表 '[买家会员名]))，表示计算（不重复的）客户数量。

设置好新度量值后，将"人均客单"设置为"表格"对象的值，结果如图 7-16 所示。销售业绩排名前 5 名的地区分别是广东省、上海市、江苏省、浙江省和北京市。其中，浙江省的人均客单相对其他 4 个地区的人均客单偏低，可以重点分析浙江省的销售订单；在广告方面，可以针对广东省、上海市、江苏省和北京市加大投放力度或优化投放策略。

省份	买家实际支付金额	买家会员名 的计数	人均客单
广东省	52335	218	240
上海	27801	123	226
江苏省	23548	117	201
浙江省	21998	111	198
北京	19822	85	233
四川省	12192	58	210
山东省	12048	50	241
湖北省	11057	52	213
重庆	10600	46	230
安徽省	9787	48	204
湖南省	8832	36	245
河北省	8495	41	207
广西壮族自治区	7603	38	200
辽宁省	7547	37	204
总计	**305995**	**1197**	**256**

图 7-16

按“人均客单”升序排序，如图 7-17 所示，不同地区的“人均客单”存在差异，可以通过对比不同地区的订单，制定更详细的营销推广计划。

省份	买家实际支付金额	买家会员名 的计数	人均客单
吉林省	3069	18	171
福建省	7505	41	183
江西省	6212	32	194
海南省	1379	7	197
浙江省	21998	111	198
广西壮族自治区	7603	38	200
江苏省	23548	117	201
河南省	7457	37	202
陕西省	7056	35	202
安徽省	9787	48	204
辽宁省	7547	37	204
天津	6367	31	205
内蒙古自治区	2465	12	205
黑龙江省	6586	32	206
总计	**305995**	**1197**	**256**

图 7-17

7.3.4 地域分布的四象限

为了便于观察各个地区的情况，可以添加“四象限图”对象，单击“可视化”窗格中的“…”按钮，在打开的菜单中选择“获取更多视觉对象”选项，如图 7-18 所示。

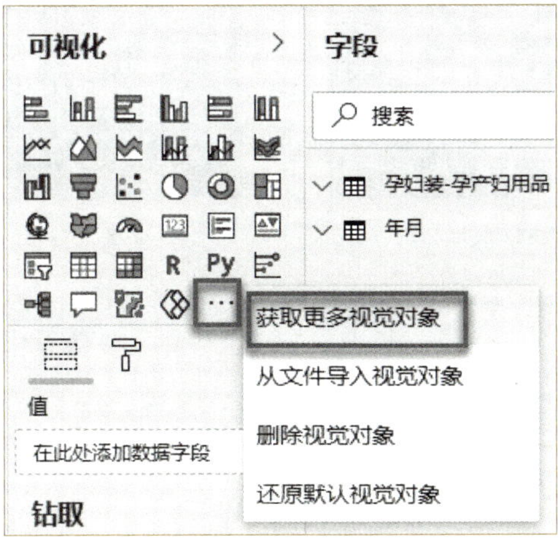

图 7-18

在弹出的对话框中搜索“quadrant”，添加 Quadrant Chart by MAQ Software，如图 7-19 所示。

图 7-19

在“可视化”窗格中新建一个“Quadrant Chart by MAQ Software”对象，如图 7-20 所示。

选中“Quadrant Chart by MAQ Software”对象，将该对象的“Legend Axis”设置为“省份”，将“X Axis”设置为“会员数”，将“Y Axis”设置为“人均客单”，将“Radial Axis”设置为“买家实际支付金额”，如图 7-21 所示。

图 7-20

图 7-21

转换到对象设置，手动设置 Y 轴区间为 160~260，如图 7-22 所示。

分别设置 4 个象限的名称，如图 7-23 所示。

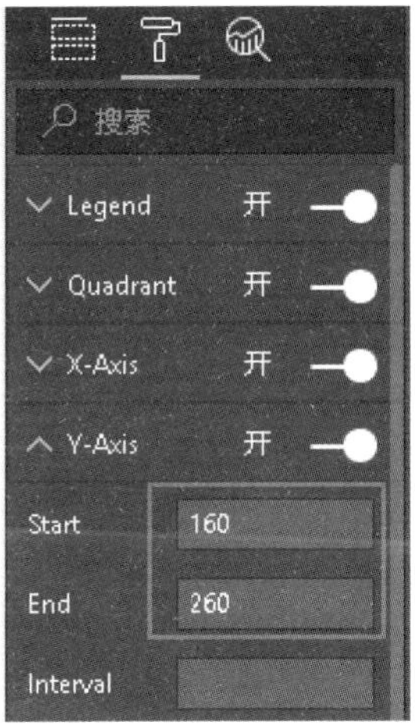

图 7-22

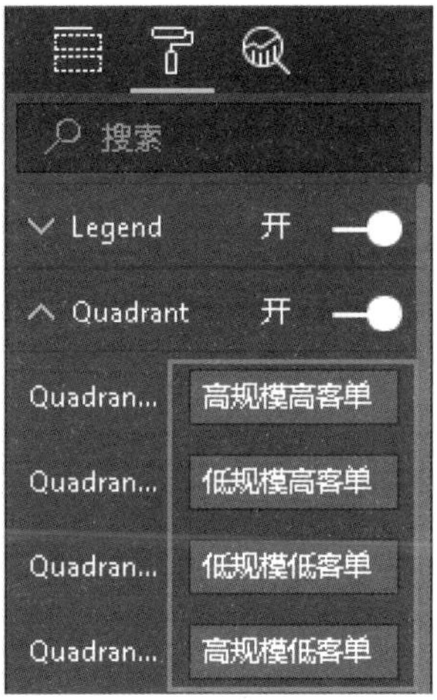

图 7-23

设置好的对象如图 7-24 所示。

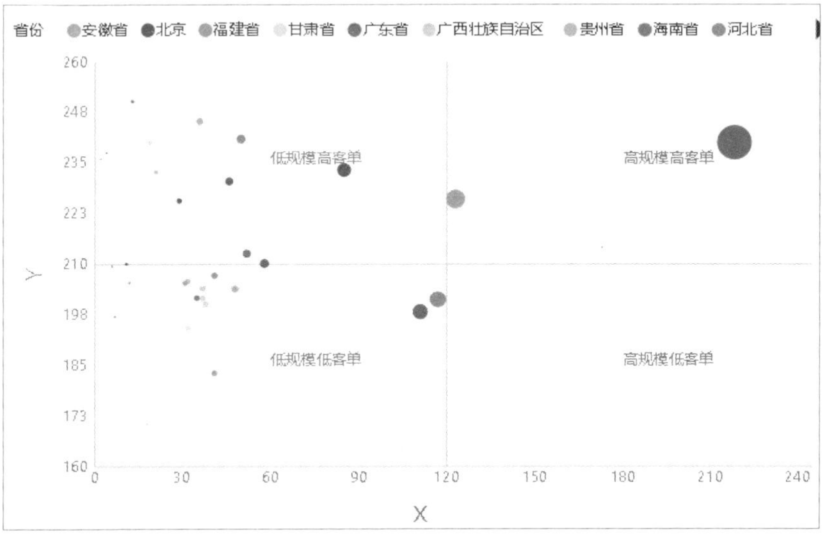

图 7-24

以会员数为会员规模指标，4 个象限的定义如图 7-25 所示。

低规模 高客单	高规模 高客单
低规模 低客单	高规模 低客单

图 7-25

根据象限的特点对不同的地区实施不同的营销策略。

- 低规模高客单的地区：可能是广告投放不到位或市场营销不到位，可以考虑适当加大市场投入，刺激会员规模增长。
- 高规模高客单的地区：是重点维护的地区，要保持市场投入，甚至可以考虑加大市场投入。
- 低规模低客单的地区：在精力有限的情况下可以放弃，在精力足够的情况下可以开展调研等工作，研究该地区市场的拓展方案。
- 高规模低客单的地区：可以尝试投放组合优惠套餐，促进关联销售，从而提高客单。

7.4 流失客户分析

客户下单后如果不付款，订单就会被关闭。通过分析流失订单的共性和成功订单付款的平均时间间隔，可以找到降低客户（订单）流失率的方法。

7.4.1 统计流失金额

创建一个“表格”对象，分别设置“省份”“买家应付货款”“会员数”3 个值，并将订单状态设置为“视觉级筛选器”，在“基本筛选”下勾选“交易关闭”复选框，如图 7-26 所示。

在工作区查看各个地区客户流失的情况，流失订单总金额为96,845元，流失客户数（会员数）为 380 人，如图 7-27 所示。

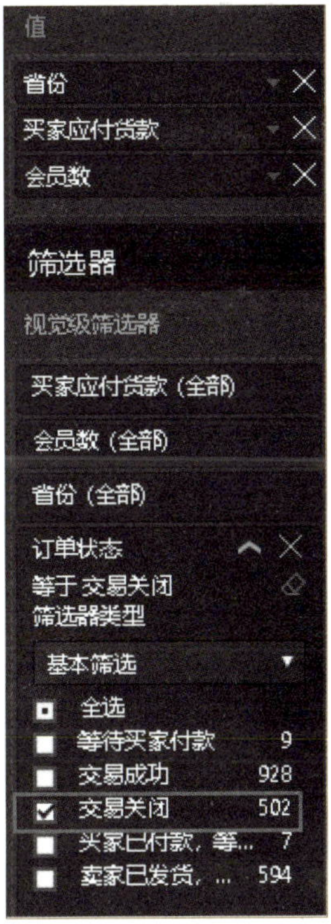

图 7-26

省份	买家应付货款	会员数
广东省	24823	76
浙江省	6578	36
山东省	6140	29
上海	5506	27
江苏省	5232	29
四川省	4149	19
辽宁省	3632	12
北京	3417	15
重庆	3230	12
安徽省	2663	10
河南省	2643	10
总计	**96845**	**380**

图 7-27

7.4.2 分析订单付款时间

分析订单从被创建到付款的时间，可以了解客户付款的最佳时间。

在“建模”选项卡中单击“新建列”按钮，如图 7-28 所示。

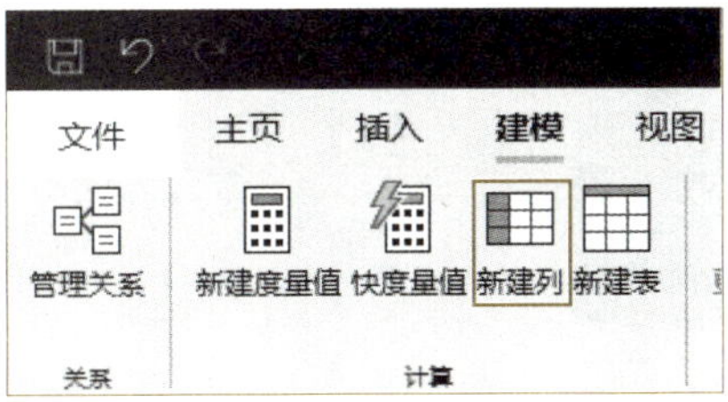

图 7-28

在打开的公式文本框中输入以下表达式：

时间间隔 = DATEDIFF([订单创建时间],[订单付款时间],HOUR)

DATEDIFF 函数说明

函数功能：返回两个日期的单位间隔（可指定单位）。

函数语法：DATEDIFF（起始时间，结束时间，时间单位）。

使用说明：表达式 DATEDIFF([订单创建时间],[订单付款时间],HOUR)，表示计算“订单付款时间”和“订单创建时间”的时间间隔，以小时为单位。

分别设置“时间间隔”和“买家会员名”两个值，将“时间间隔”设置为不汇总，将“买家会员名”设置为计数，将订单状态设置为“视觉级筛选器”，取消勾选“等待买家付款”和“交易关闭”复选框，如图 7-29 所示。

下单到付款的时间间隔在 1 小时内的订单付款率最高，超过 1 小时还没有付款的订单非常容易流失，如图 7-30 所示。因此，可以设置催单机制，在 1 小时内通过有效方式对客户进行催单。

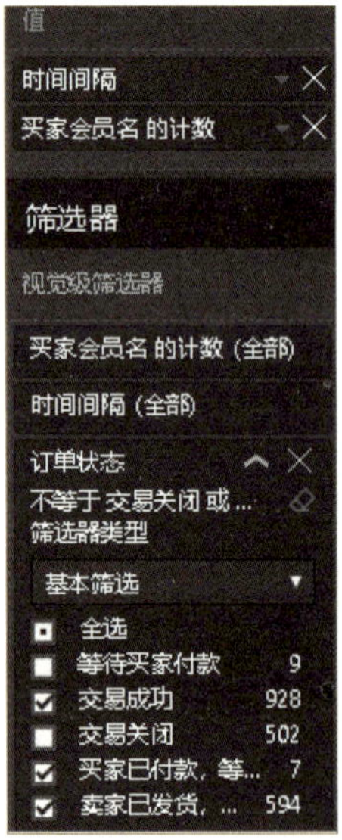

图 7-29

时间间隔	买家会员名 的计数
0	1467
1	27
2	4
3	2
4	2
5	2
6	2
7	1
8	1
9	3
10	1
11	1
12	2
总计	**1529**

图 7-30

7.5 客户生命周期

通过研究客户生命周期，可以制定客户回访方案。本节使用 Power Query 结合 DAX 实现，计算每个客户最近消费的时间间隔。根据客户最近消费的时间间隔比例，确定客户生命周期。

7.5.1 提取客户最近消费的时间间隔

在 Power Query 编辑器中，将订单报表进行复制，如图 7-31 所示。只保留"买家会员名"和"订单付款时间"两个值，删除其他值。

在"开始"选项卡中单击"分组依据"按钮，如图 7-32 所示，对数据按照"买家会员名"进行分组汇总。

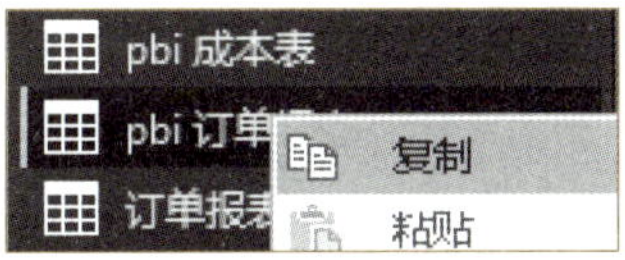

图7-31

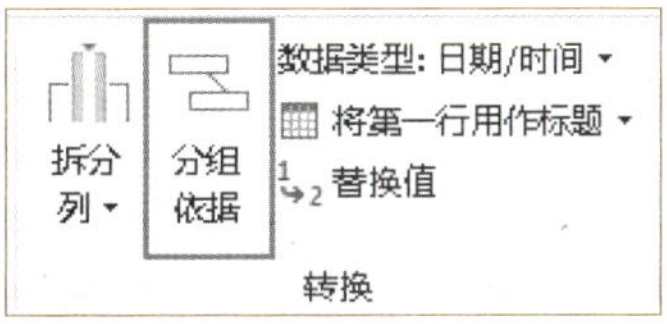

图7-32

在弹出的对话框中将"分组依据"设置为"买家会员名"，其他参数可以使用默认设置，单击右下角的"确定"按钮，如图 7-33 所示。

图 7-33

分组汇总后的结果如图 7-34 所示。我们的目的是计算消费时间间隔，因此需要修改公式。

在"主页"选项卡中单击"高级编辑器"按钮，如图 7-35 所示。

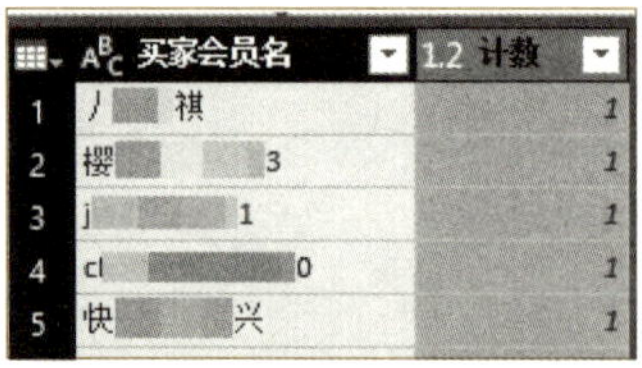

图 7-34

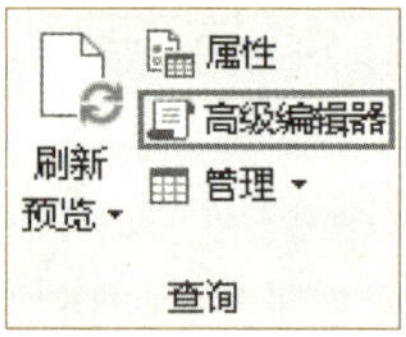

图 7-35

在编辑框中找到“分组的行”这一行，如图 7-36 所示。

```
let
    源 = Excel.Workbook(File.Contents("C:\Users\Admin\Desktop\零一.xlsx"), null, true),
    ExportOrderList201803300915_Sheet = 源{[Item="ExportOrderList201803300915",Kind="Sheet"]}[Data],
    提升的标题 = Table.PromoteHeaders(ExportOrderList201803300915_Sheet, [PromoteAllScalars=true]),
    更改的类型 = Table.TransformColumnTypes(提升的标题,{{"买家会员名", type text}, {"买家应付货款", type number}, {"买家应付邮费", Int64.Type}, {"买
    筛选的行 = Table.SelectRows(更改的类型, each ([#"订单付款时间 "] <> null)),
    删除的列 = Table.RemoveColumns(筛选的行,{"买家应付货款", "买家应付邮费", "买家支付积分", "总金额", "返点积分", "买家实际支付积分", "订单创建时间",
    分组的行 = Table.Group(删除的列, {"买家会员名"}, {{"计数", each Table.RowCount(_), type number}})
in
    分组的行
```

图 7-36

将“Table.RowCount(_)”修改为“[#”订单付款时间”]”,将“number”修改为“list”，如图 7-37 所示。

```
let
    源 = Excel.Workbook(File.Contents("C:\Users\Admin\Desktop\零一.xlsx"), null, true),
    ExportOrderList201803300915_Sheet = 源{[Item="ExportOrderList201803300915",Kind="Sheet"]}[Data],
    提升的标题 = Table.PromoteHeaders(ExportOrderList201803300915_Sheet, [PromoteAllScalars=true]),
    更改的类型 = Table.TransformColumnTypes(提升的标题,{{"买家会员名", type text}, {"买家应付货款", type number}, {"买家应付邮费", Int64.Type}, {"买
    筛选的行 = Table.SelectRows(更改的类型, each ([#"订单付款时间 "] <> null)),
    删除的列 = Table.RemoveColumns(筛选的行,{"买家应付货款", "买家应付邮费", "买家支付积分", "总金额", "返点积分", "买家实际支付积分", "订单创建时间",
    分组的行 = Table.Group(删除的列, {"买家会员名"}, {{"计数", each [#"订单付款时间 "] , type list}})
in
    分组的行
```

图 7-37

修改完成后，每个会员在网店消费的时间都会在列表（List）中显示出来，如图 7-38 所示。

订单数据是按时间排序的，最近的订单排在表格的前面，在聚合成列表后也会按时间排序，只要取出列表中的前两个日期即可。在“添加列”选项卡中单击“自定义列”按钮，如图 7-39 所示。

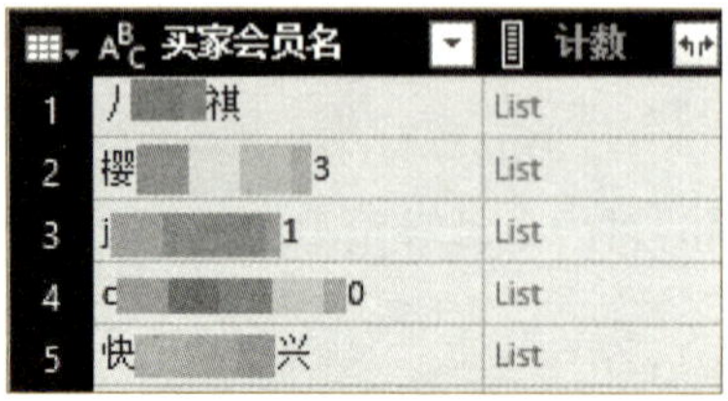

图 7-38

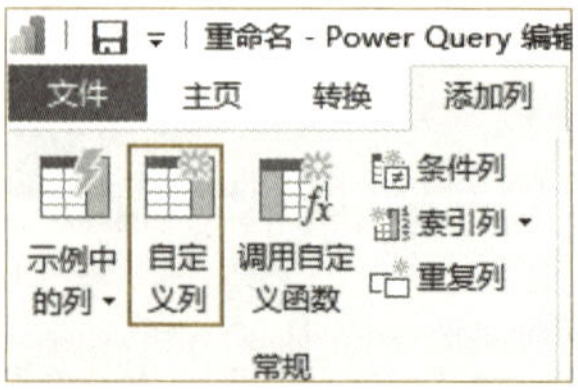

图 7-39

在弹出的对话框中将“新列名”设置为“最近两次交易的时间”，输入自定义列公式“=List.FirstN([计数],2)”，如图 7-40 所示。

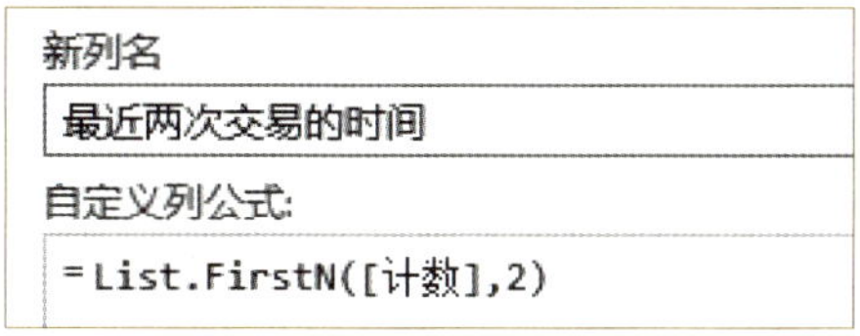

图 7-40

List.FirstN 函数说明

函数功能：取出列表中的前 N 行，返回一个新列表。

函数语法：List.FirstN(列表格式的列名 , 行的数量)。

再次添加自定义列，用于计算列表的数量，如图 7-41 所示。

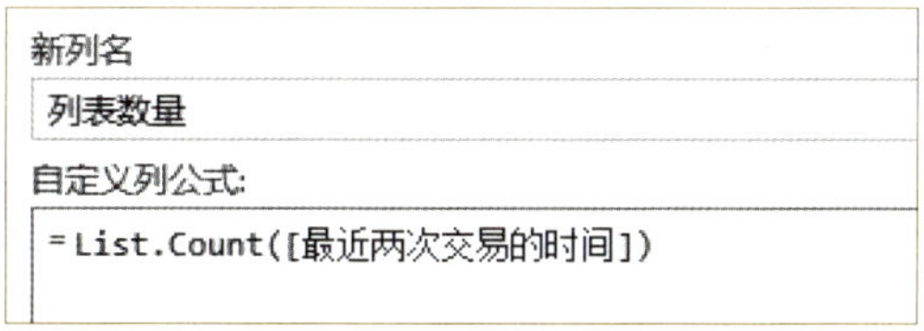

图 7-41

List.Count 函数说明

函数功能：计算列表中的元素个数。

函数语法：List.Count(列表格式的列名)。

取消勾选“1”复选框，即将只成交一次的客户过滤掉，如图 7-42 所示。

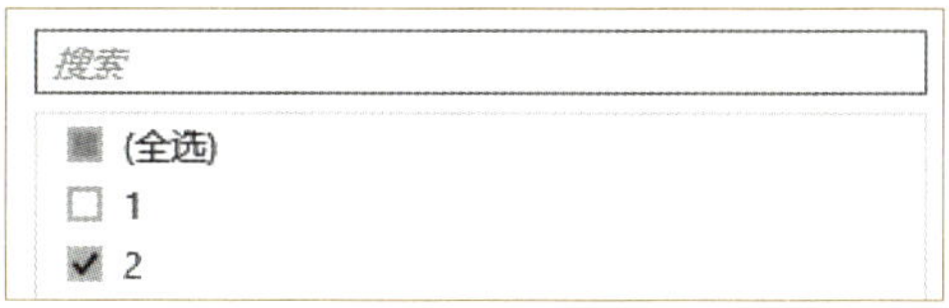

图 7-42

继续添加自定义列，计算客户两次交易的时间间隔，如图 7-43 所示。由于按天数计算出来的数据在本书中难以展示，所以这里将天数转换成月份，以每个月 30 天计算月份间隔。

图 7-43

List.Max 函数说明

函数功能：计算列表中的最大值。

函数语法：List.Max(列表格式的列名)。

List.Min 函数说明

函数功能：计算列表中的最小值。

函数语法：List.Min(列表格式的列名)。

Duration.Days 函数说明

函数功能：返回日期天数。

函数语法：Duration.Days (日期)。

Number.Round 函数说明

函数功能：四舍五入。

函数语法：Number.Round(数值)。

计算出“最近消费时间间隔”后，进行分组汇总。在“开始”选项卡中单击“分组依据”按钮，在打开的对话框中将“分组依据”设置为“最近消费时间间隔”，如图 7-44 所示。

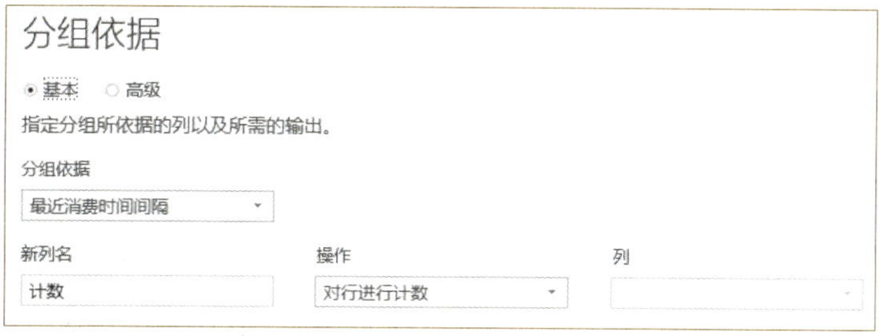

图 7-44

最终得到的表格如图 7-45 所示。

将“最近消费时间间隔”设置为按升序排列，并将数据格式修改为“整数”，如图 7-46 所示。

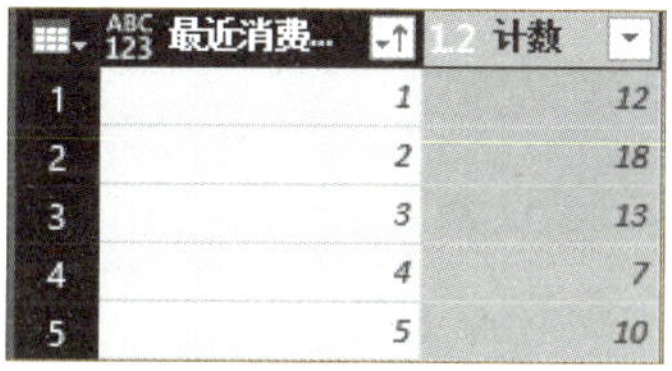

图 7-45

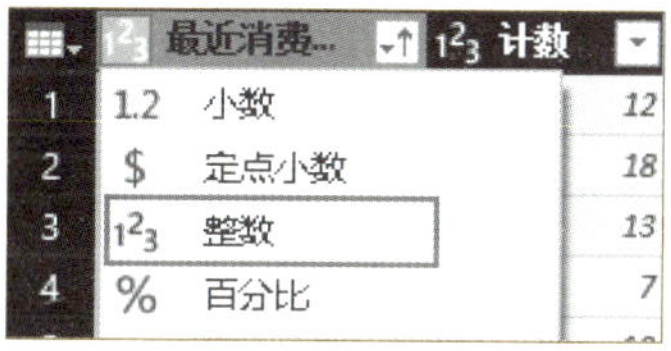

图 7-46

设置完毕后，在“主页”选项卡中单击“关闭并应用”按钮，如图 7-47 所示。

图 7-47

7.5.2 计算消费间隔的累计占比

回到报表视图，选中上面设置好的表，在“建模”选项卡中单击“新建列”按钮，如图 7-48 所示。

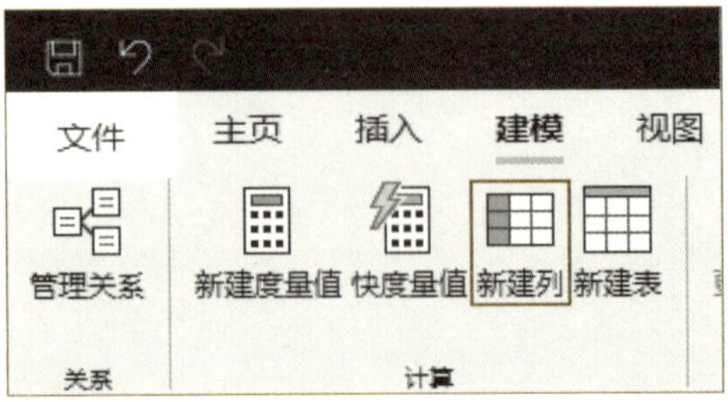

图 7-48

在打开的公式文本框中输入以下表达式：

累计占比 = SUMX(FILTER('生命周期',EARLIER('生命周期'[最近消费时间间隔])>='生命周期'[最近消费时间间隔]),'生命周期'[计数])/SUM('生命周期'[计数])

分别将“最近消费时间间隔”“计数”“累计占比”设置为“表格”对象，效果如图 7-49 所示。

最近消费时间间隔	计数	累计占比
1	12	0.14
2	18	0.36
3	13	0.52
4	7	0.60
5	10	0.72
6	3	0.76
7	4	0.81
8	2	0.83
9	2	0.86
10	4	0.90
11	1	0.92
12	1	0.93
总计	**83**	**12.24**

图 7-49

切换到数据视图，将“累计占比”设置为百分比格式，如图 7-50 所示。

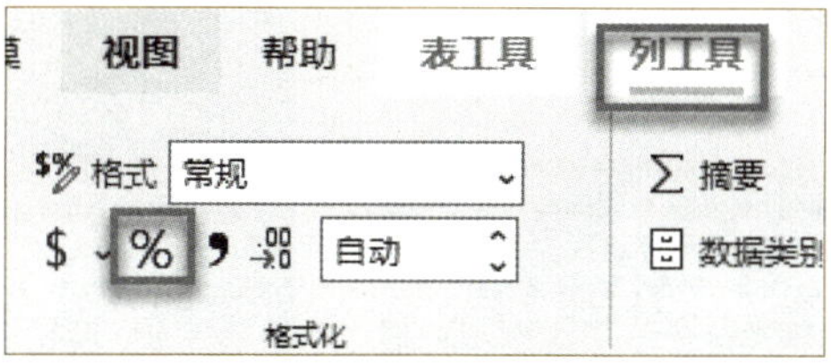

图 7-50

回到报表视图，观察结果，当时间间隔为 7 个月时，累计占比超过 80%，说明在这个数据集中，客户的生命周期为 7 个月，如图 7-51 所示。网店经营者应该在消费间隔 7 个月之前，对客户进行营销操作。

最近消费时间间隔	计数	累计占比
1	12	14.46%
2	18	36.14%
3	13	51.81%
4	7	60.24%
5	10	72.29%
6	3	75.90%
7	4	80.72%
8	2	83.13%
9	2	85.54%
10	4	90.36%
11	1	91.57%
12	1	92.77%
13	2	95.18%
14	1	96.39%
15	1	97.59%
20	2	100.00%
总计	**83**	**1224.10%**

图 7-51

将“表格”对象设置为“折线和簇状柱形图”对象，如图 7-52 所示。

将“折线和簇状柱形图”对象的“共享轴”设置为“最近消费时间间隔”，将“列值”设置为“计数”，将“行值”设置为“累计占比”，如图 7-53 所示。

图 7-52

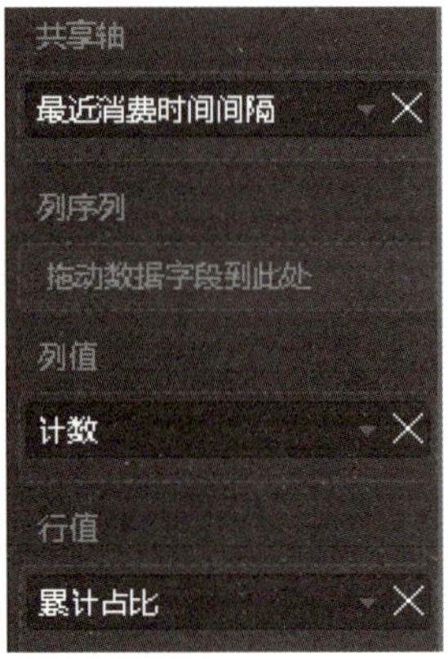

图 7-53

设置好的“折线和簇状柱形图”对象如图 7-54 所示。

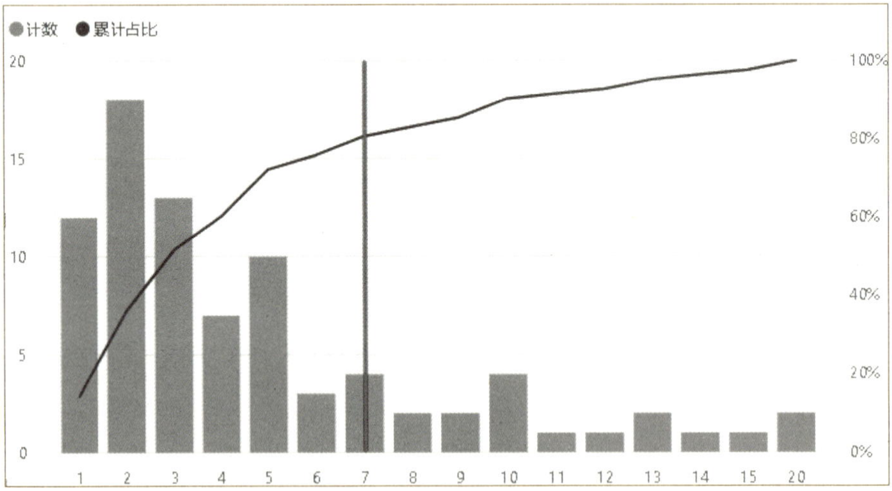

图 7-54

7.6 RFM 客户价值分析模型

RFM 客户价值分析模型是衡量客户价值和客户创利能力的重要工具和手段。在众多的客户关系管理（CRM）分析模式中，RFM 客户价值分析模型经常被提到。RFM 客户价值分析模型通过一个客户的近期购买行为、购买的总体频率及花费金额三项指标来描述该客户的价值状况。

RFM 模型的三个参数分别是 R（最近一次消费的时间间隔）、F（消费的频次）和 M（消费金额）。

R 即最近一次消费的时间间隔，指上一次购买时间距离当天的时间间隔。从理论上说，距离上一次消费时间较近的客户应该是比较优质的客户，对提供即时的商品或服务也最有可能有反应。营销人员若想业绩有所增长，只能争夺竞争对手的市场占有率，而要想密切地关注客户的购买行为，那么最近的一次消费就是营销人员首先要利用的。距离上一次消费的时间越短，客户越能接受营销信息，这也是消费时间间隔 0~6 个月的客户收到的营销信息多于消费时间间隔 31~36 个月的客户收到的营销信息的原因。

F 即消费的频次，指客户在限定的时间内购买商品的次数。经常购买商品的客户可以说是满意度很高的客户，如果客户增加了购买的次数，就意味着商家从竞争对手处争夺了市场占有率，从别人的手中赚取了销售额。

M 即消费金额，指客户在限定的时间内所消费的金额总和，遵循“帕雷托法则”（Pareto's Law）——公司 80% 的收入来自 20% 的客户。

RFM 客户价值分析模型动态地显示了一个客户的全部消费轮廓，为商家定制个性化的沟通和服务提供了依据。同时，通过对该客户长时间的观察，能够较为精确地判断该客户的长期价值，甚至终身价值。通过改善三项指标的状况，可以为更多的营销决策提供支持。

7.6.1 计算 R

R 的计算方法是计算当天与最近一次购买日期之间的间隔天数。

计算每一笔订单距离当天的时间间隔，可以选中“订单报表”，在“建模”选项卡中单击“新建列”按钮，如图 7-55 所示。

在打开的公式文本框中输入以下表达式：

时间间隔 = DATEDIFF('pbi 订单报表 '[订单付款时间],TODAY(),DAY)

计算最小的 R，选中“订单报表”，在“建模”选项卡中单击“新建度量值”按钮，如图 7-56 所示。

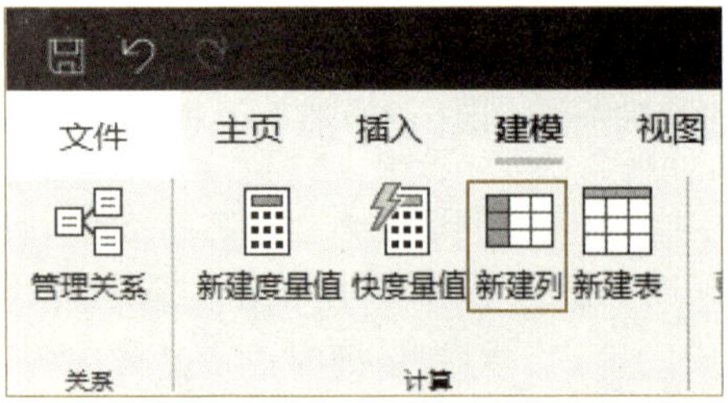

图 7-55

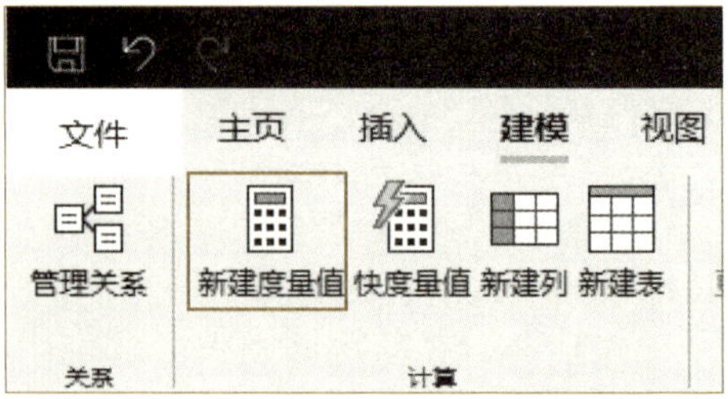

图 7-56

在打开的公式文本框中输入以下表达式：

R = MIN([时间间隔])

7.6.2 计算 F

F 的计算方法是对客户的订单数量进行统计。

对“订单编号”进行计数，可以选中“ pbi 订单报表”，在“建模”选项卡中单击“新建度量值”按钮。

在打开的公式文本框中输入以下表达式：

F = COUNTA([订单编号])

7.6.3 计算 M

M 的计算方法是将客户的消费金额进行汇总。

对“买家实际支付金额”进行求和，选中“ pbi 订单报表”，在“建模”选项卡中单击“新建度量值”按钮。

在打开的公式文本框中输入以下表达式：

M = SUM([买家实际支付金额])

7.6.4 分析 RFM 模型

3 个主要参数的度量值创建完毕后，根据“买家会员名”进行汇总，在“建模”选项卡中单击“新建表”按钮，如图 7-57 所示。

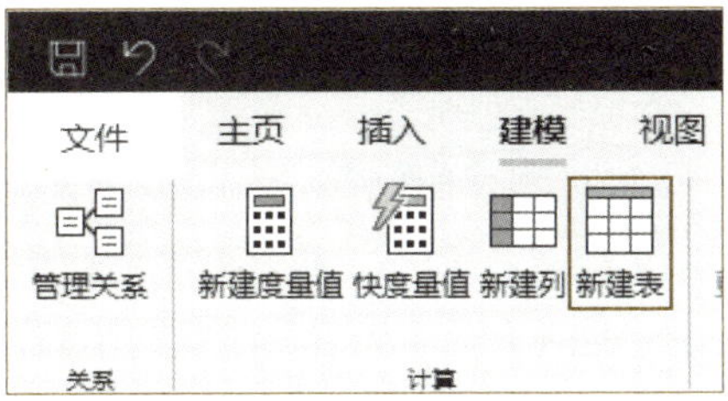

图 7-57

在打开的公式文本框中输入以下表达式：

RFM = SUMMARIZE('pbi 订单报表 ','pbi 订单报表 '[买家会员名],"R",[R],"F",[F],"M",[M])

得到名为“RFM”的新表，如图 7-58 所示。

买家会员名	R	F	M
秦73	515	1	159
我爱猪	515	1	159
繁华未	515	1	159
桃花眼	515	1	159
毛球的	515	1	159

图 7-58

根据 RFM 的定义，将数值大于均值的标为“+”，将数值小于均值的标为“–”，共有 8 种组合，如图 7-59 所示。

R	F	M	定义
+	+	+	重要价值客户
+	+	–	一般价值客户
–	+	+	重要保持客户
–	+	–	一般保持客户
+	–	+	重要发展客户
+	–	–	一般发展客户
–	–	+	重要挽留客户
–	–	–	一般挽留客户

图 7-59

针对不同标签的客户，制定不同的应对策略，具体如下。

- 重要价值客户（+++）：最近消费时间近，消费频次和消费金额都很高，属于企业的 VIP 客户，应该对他们重点关注，跟踪他们的消费行为，及时提供有效、高质量的服务。

- 重要保持客户（−++）：最近消费时间较远，但消费频次和消费金额都很高，他们是一段时间没来光顾店铺的忠诚客户，商家需要主动和他们保持联系。
- 重要发展客户（+−+）：最近消费时间较近、消费金额高，但频次不高，忠诚度不高，他们是很有潜力的客户，必须重点发展。
- 重要挽留客户（−−+）：最近消费时间较远、消费频次不高，但消费金额高，可能是将要流失或已经流失的客户，应当采取挽留措施。

另外的 4 种组合和上面的 4 种组合类似，以“一般”来定义，其重视程度低于以上 4 种组合的重视程度。

根据规则计算每个客户的定位，选中“RFM”表，在“建模”选项卡中单击“新建列”按钮，如图 7-60 所示。

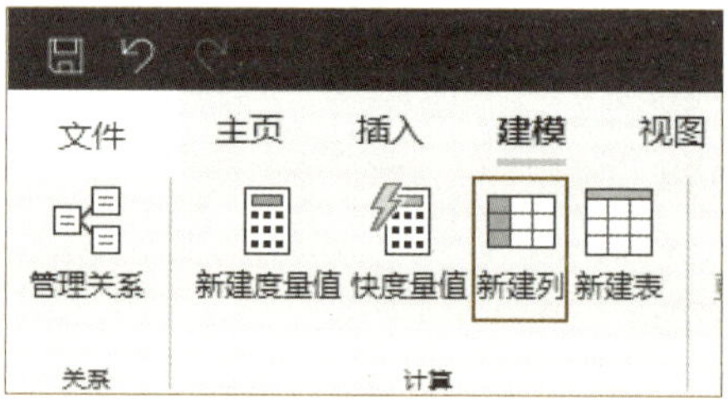

图 7-60

在打开的公式文本框中输入以下表达式：

客户价值 = IF('RFM'[R]<AVERAGE(RFM[R]) && 'RFM'[F]>AVERAGE(RFM[F]) && 'RFM'[M]>AVERAGE(RFM[M]),"重要价值客户",IF('RFM'[R]<AVERAGE(RFM[R]) && 'RFM'[F]>AVERAGE(RFM[F]) &&'RFM'[M]<AVERAGE(RFM[M]),"一般价值客户",IF('RFM'[R]> AVERAGE(RFM[R]) && 'RFM'[F]>AVERAGE(RFM[F]) &&'RFM'[M]>AVERAGE(RFM[M]), "重要保持客户",IF('RFM'[R]>AVERAGE(RFM[R]) && 'RFM'[F]>AVERAGE(RFM[F]) &&'RFM'[M]<AVERAGE(RFM[M]),"一般保持客户",IF('RFM'[R]<AVERAGE(RFM[R]) && 'RFM'[F]<AVERAGE(RFM[F]) &&'RFM'[M]>AVERAGE(RFM[M]),"重要发展客户",IF('RFM'[R]< AVERAGE(RFM[R]) && 'RFM'[F]<AVERAGE(RFM[F]) &&'RFM'[M]<AVERAGE(RFM[M]), "一般发展客户",IF('RFM'[R]>AVERAGE(RFM[R]) && 'RFM'[F]<AVERAGE(RFM[F])

&&'RFM'[M]>AVERAGE(RFM[M])," 重要挽留客户 "," 一般挽留客户 ")))))))

上式也可以写为：

客户价值 = IF('RFM'[R]<AVERAGE(RFM[R]),IF('RFM'[F]>AVERAGE('RFM'[F]),IF('RFM' [M] >AVERAGE(RFM[M])," 重要价值客户 "," 一般价值客户 "),IF('RFM'[M]>AVERAGE (RFM[M])," 重要发展客户 "," 一般发展客户 ")),IF('RFM'[F]>AVERAGE('RFM'[F]), IF('RFM'[M]> AVERAGE(RFM[M])," 重要保持客户 "," 一般保持客户 "),IF('RFM'[M]>AVERAGE(RFM[M])," 重要挽留客户 "," 一般挽留客户 ")))

多个 IF 语句嵌套后的结果如图 7-61 所示。

买家会员名	R	F	M	客户价值
秦73	515	1	159	一般价值客户
我爱猪	515	1	159	一般价值客户
繁华未	515	1	159	一般价值客户
桃花眼	515	1	159	一般价值客户
毛球的	515	1	159	一般价值客户

图 7-61

分别将“客户价值”和“买家会员名”设置为“表格”对象，然后将“买家会员名”设置为计数，结果如图 7-62 所示。

最终结果如图 7-63 所示。

图 7-62

客户价值	买家会员名 的计数
一般保持客户	68
一般发展客户	434
一般价值客户	547
重要保持客户	131
重要发展客户	137
重要价值客户	31
重要挽留客户	93
总计	**1441**

图 7-63

第8章

应用场景：货品分析

8.1 业务背景

货品分析是零售行业的重要分析模块，经营者通过货品分析可以调整销售策略，从而保证业绩平稳上涨。通过汇总商品的销售数据，可以分析品类和商品的销售情况。

8.2 品类销售分析

本例从交易数据中清洗出准确的品类销售数据，这里不考虑退款订单，如果有，用售后报表做匹配过滤即可。

数据存放在 MySQL 数据库中，数据加载和清洗过程可参考 6.2 节。

8.2.1 建立关系模型

通过观察数据字段，发现品类信息在“pbi 成本表”的“品类”字段中。要分析“pbi 订单报表”和“pbi 宝贝报表”,可以通过“订单编号”字段建立关系。“pbi 宝贝报表”和“pbi 成本表”可以通过“商家编码”字段建立关系。

单击“关系视图”按钮，如图 8-1 所示，打开关系视图。

图 8-1

在关系视图中,将“pbi 订单报表”的“订单编号”字段拖曳到“pbi 宝贝报表”的“订单编号”字段上，创建关系，如图 8-2 所示。

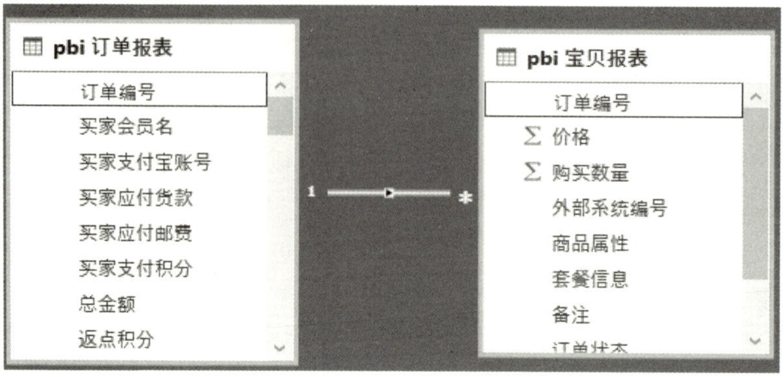

图 8-2

将“pbi 宝贝报表”的“商家编码”字段拖曳到“pbi 成本表”的“商家编码”字段上，创建关系，如图 8-3 所示。

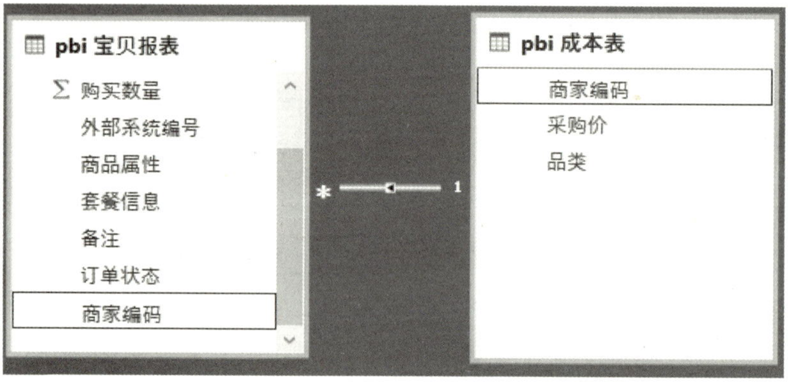

图 8-3

8.2.2 合并查询

创建好表之间的关系后，切换到数据视图，进入 Power Query 编辑器，编辑“pbi 宝贝报表”，筛选“订单状态”列，取消勾选“交易关闭”和“等待买家付款”复选框，如图 8-4 所示。

在 Power Query 编辑器的“开始”选项卡中单击“合并查询”下拉按钮，在弹出的下拉列表中选择“将查询合并为新查询”选项，如图 8-5 所示。

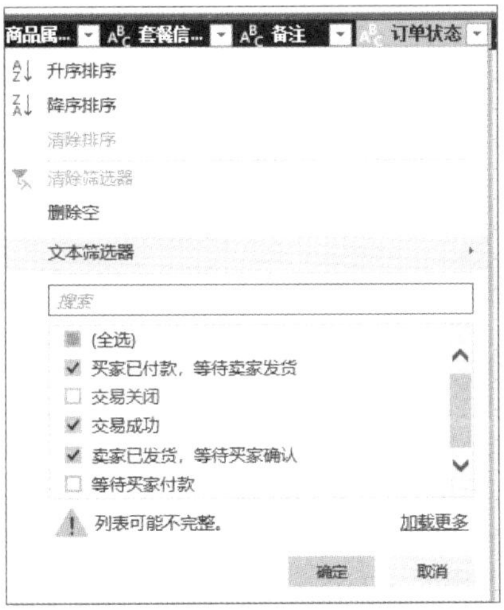

图 8-4

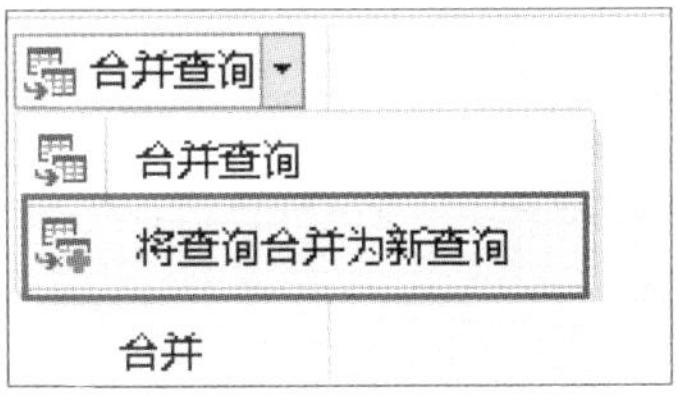

图 8-5

在打开的“合并”对话框中，分别单击“pbi 宝贝报表”和“pbi 成本表”中的“商家编码”列，将它们设置为匹配列，然后单击“确定”按钮，如图 8-6 所示。

图 8-6

默认创建的新查询名为“Merge1”,同时在查询的最后出现一列“Table”类型的数据，如图 8-7 所示。

单击“Table”类型这一列列名右侧的按钮，展开“Table”字段，取消勾选“使用原始列名作为前缀”复选框，如图 8-8 所示。

商家编码	pbi 成本表
4560264293380	Table
4560264293380	Table
9311770589994	Table
4560264293380	Table
4560264293380	Table

图 8-7

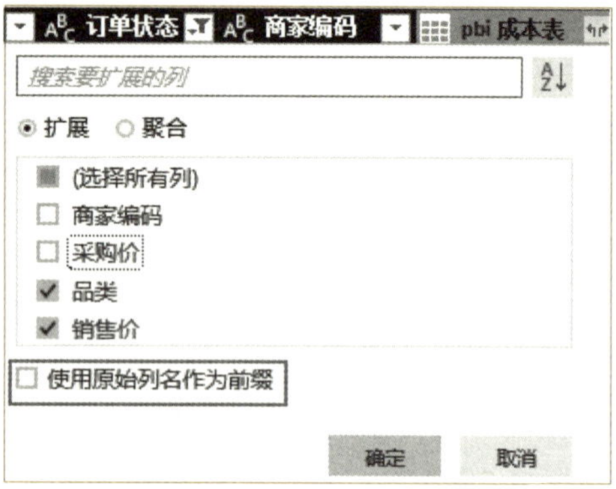

图 8-8

展开后，两张表的字段合并完毕，如图 8-9 所示。

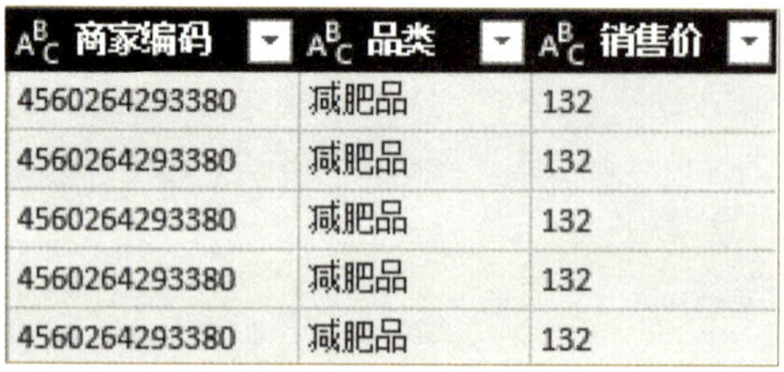

商家编码	品类	销售价
4560264293380	减肥品	132
4560264293380	减肥品	132
4560264293380	减肥品	132
4560264293380	减肥品	132
4560264293380	减肥品	132

图 8-9

8.2.3 统计品类销售情况

在“添加列”选项卡中单击“自定义列”按钮，如图 8-10 所示。

在弹出的对话框中设置“新列名”为“总价”,输入自定义列公式“=[购买数量]*[销售价]”，如图 8-11 所示。

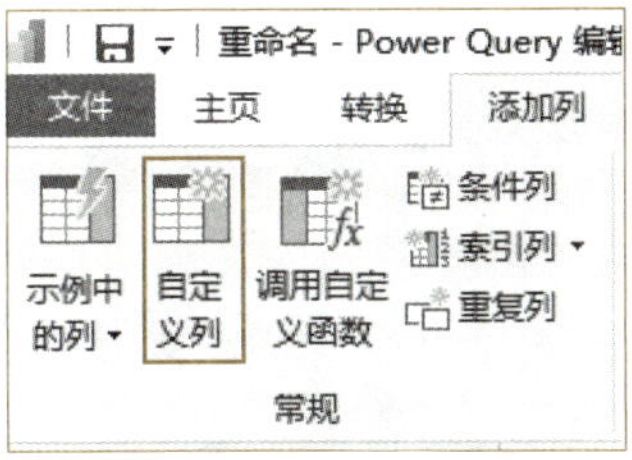

图 8-10

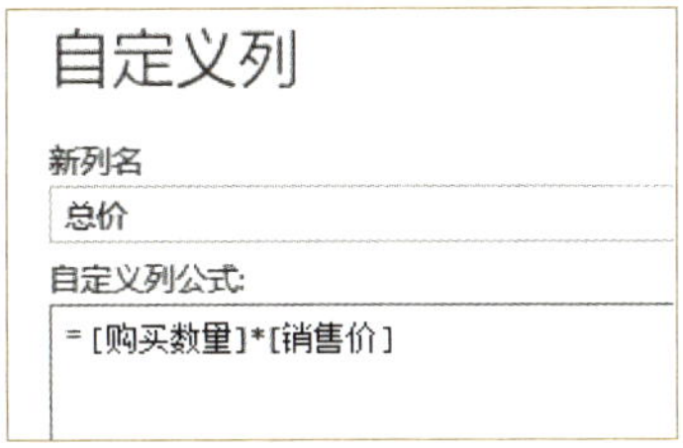

图 8-11

在“主页”选项卡中单击“关闭并应用”按钮，保存以上操作，如图 8-12 所示。

图 8-12

回到报表视图，将“品类”和“总价”设置为表格的值，如图 8-13 所示。

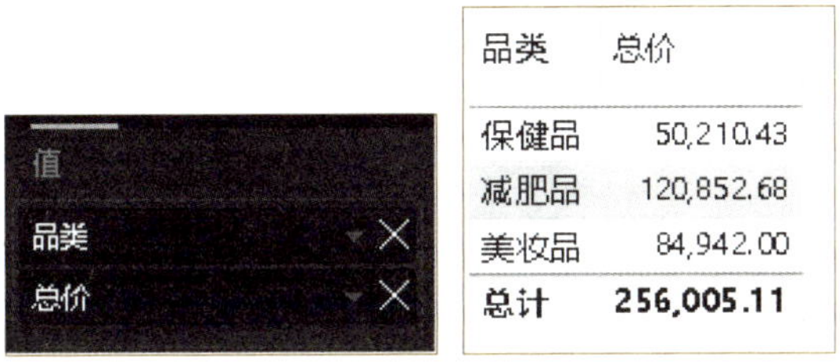

图 8-13

将“表格”对象转换为“环形图”对象，如图 8-14 所示。

设置“环形图”对象格式，将标签样式设置为“类别，总百分比”，如图 8-15 所示。

图 8-14

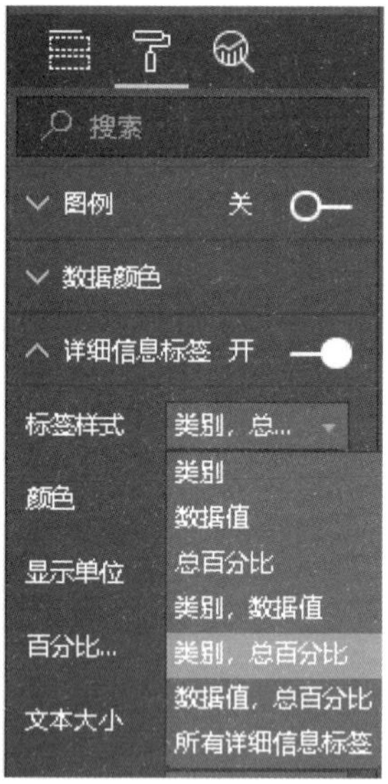

图 8-15

设置好的“环形图”对象如图 8-16 所示。

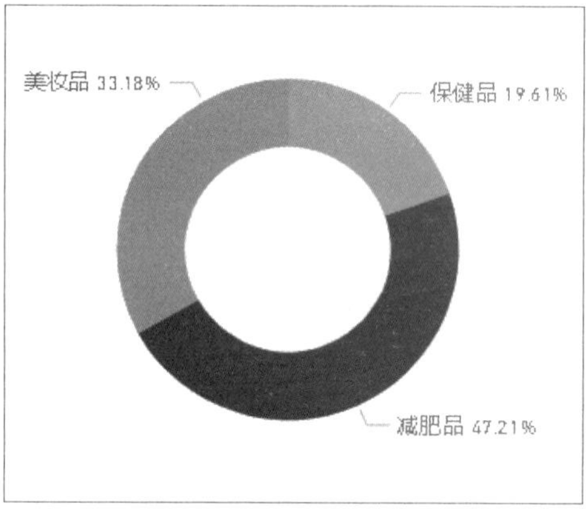

图 8-16

新建一个“表格”对象，将“pbi 订单报表”的“订单付款时间”字段设置在“品类”字段上方，如图 8-17 所示。表格效果如图 8-18 所示。

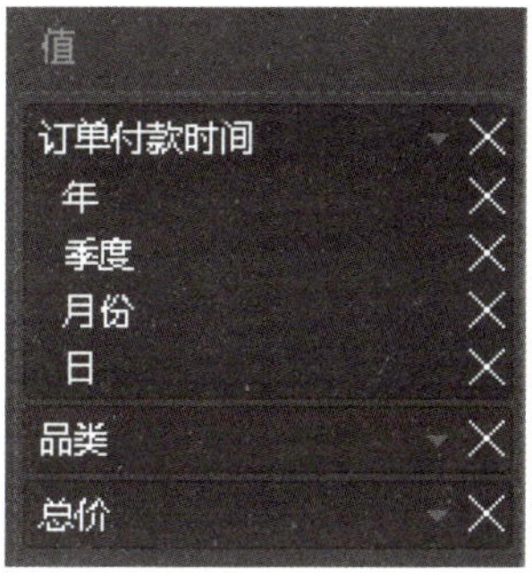

图 8-17

年	季度	月份	日	品类	总价
2016	季度 4	October	1	保健品	1,740.75
2016	季度 4	October	2	保健品	1,241.10
2016	季度 4	October	3	保健品	1,414.49
2016	季度 4	October	4	保健品	2,087.80
2016	季度 4	October	5	保健品	1,536.09
2016	季度 4	October	6	保健品	1,780.59
2016	季度 4	October	7	保健品	1,984.12
2016	季度 4	October	8	保健品	2,393.78
2016	季度 4	October	9	保健品	1,936.90
2016	季度 4	October	10	保健品	1,293.60
2016	季度 4	October	11	保健品	2,009.53
2016	季度 4	October	12	保健品	2,757.47
2016	季度 4	October	13	保健品	1,586.90
2016	季度 4	October	14	保健品	1,115.21
2016	季度 4	October	15	保健品	1,938.97
总计					**256,005.11**

图 8-18

将“表格”对象转换为“折线图”对象，可以发现在 20 日后“减肥品”销量呈上升趋势，而“保健品”和“美妆品”销量呈下滑趋势，如图 8-19 所示。

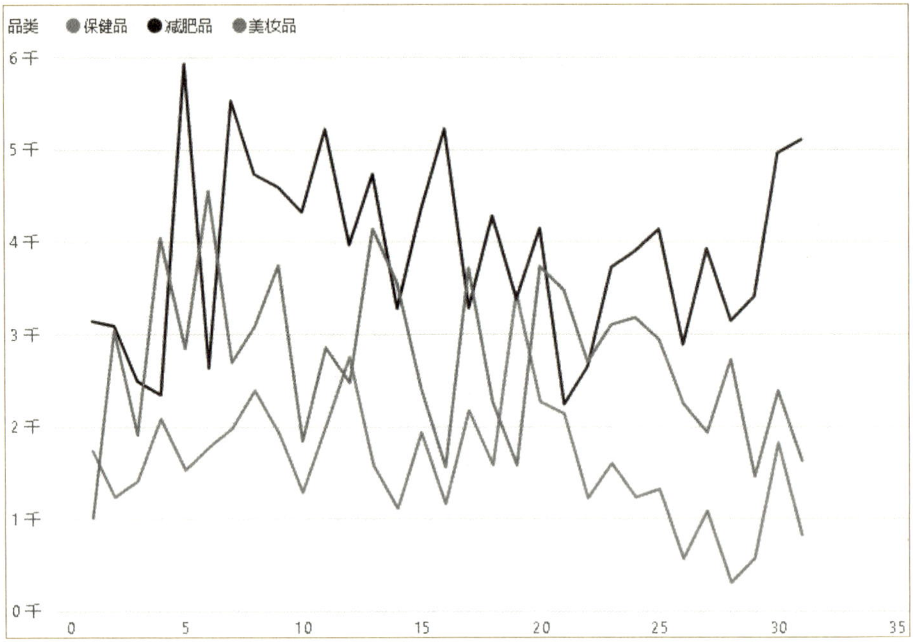

图 8-19

8.2.4 计算商品真实售价

前面通过固定的商品售价计算收入，而在实际的电商运营过程中，会有很多折扣、优惠券、积分兑换、满减满送等营销手段，因此需要计算每件商品的真实售价。

计算商品的真实售价，一般用每笔订单的实际付款金额乘订单中各个商品的应售价的比例。本小节先计算出优惠金额，再用优惠金额乘订单中各个商品的应售价的比例，最后用应售价减分摊的优惠金额来计算商品的真实售价。中间产生的优惠金额可应用于报表，让企业经营者了解零售端通过各种手段让利给客户的金额。

在 Power Query 编辑器左侧，右击 8.2.2 节合并新建的名为“Merge1”的查询，在弹出的快捷菜单中选择第二个“复制”选项，会出现名为“Merge1（2）”的新查询，如图 8-20 所示。

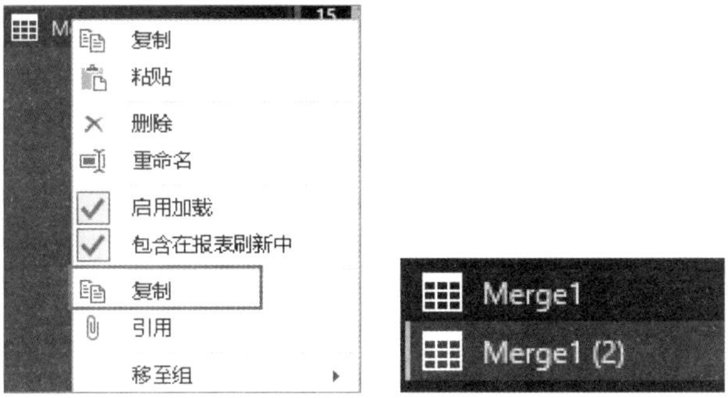

图 8-20

可将新查询的名称修改为“Merge2”。进入“Merge2”，在“开始”选项卡中单击“分组依据”按钮，在弹出的对话框中选择“高级”模式，将“分组依据”设置为“订单编号”，然后创建两个新列，如图 8-21 所示。

图 8-21

分组汇总后的结果如图 8-22 所示。

	订单编号	实际售价	理论售价
1	266170	132	159
2	254450	211.27	278
3	254406	132	159
4	254407	132	154
5	25421[illegible]	264	318

图 8-22

在“添加列”选项卡中单击“自定义列”按钮，在弹出的对话框中输入“新列名”为“优惠金额”，再输入自定义列公式，即订单的优惠金额，如图 8-23 所示。添加列后的效果如图 8-24 所示。

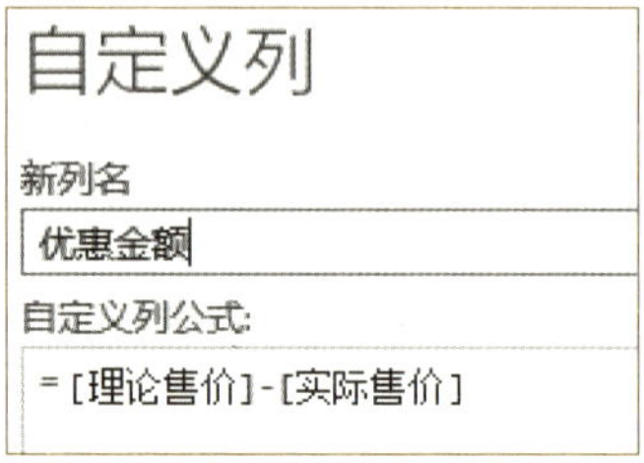

图 8-23

图 8-24

使用合并查询功能，分别将“Merge1”和“Merge2”的“订单编号”列设置为匹配列，如图 8-25 所示。

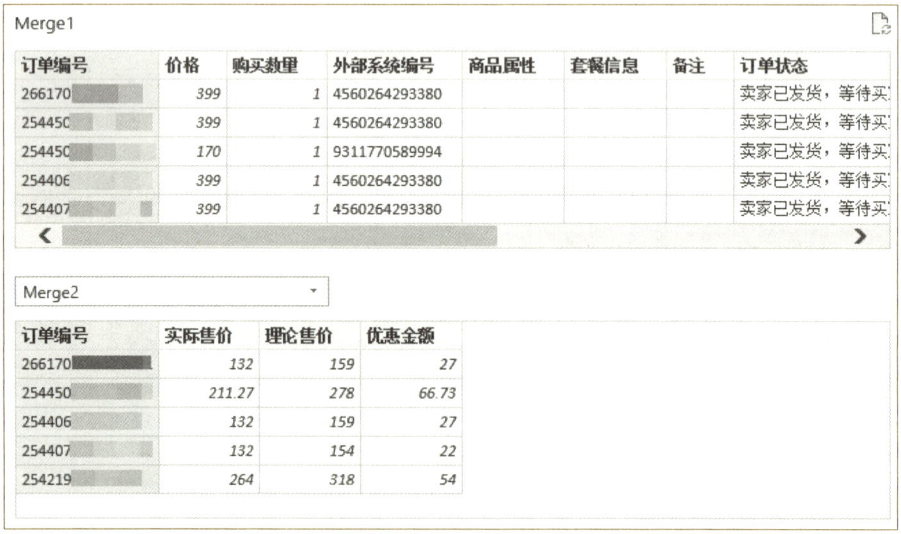

图 8-25

展开“Merge2”的“理论售价”列和“优惠金额”列，如图 8-26 所示。

在“添加列”选项卡中单击“自定义列”按钮，如图 8-27所示。

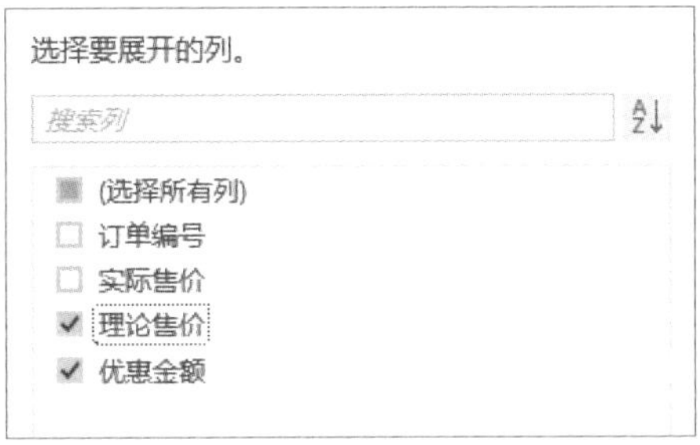

图 8-26

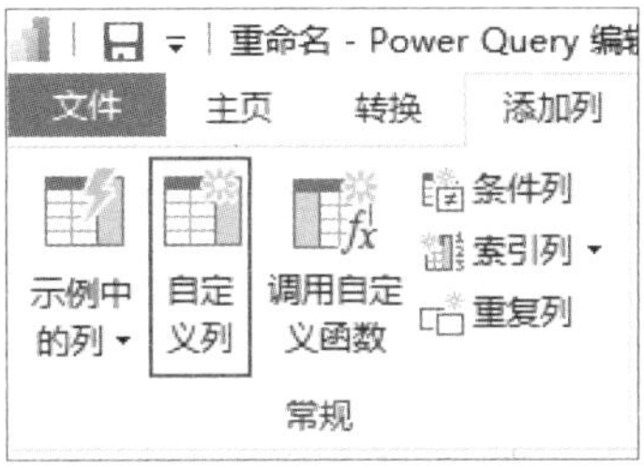

图 8-27

在弹出的对话框中创建名为“占订单比例”的新列，用于计算每笔订单中每件商品（SKU）的金额占比，用商品的“总价”除以订单的“理论售价”，即可计算出每笔订单中不同商品的金额比例，如图 8-28 所示。

将“占订单比例”列的数据格式设置为“百分比”，如图 8-29 所示。

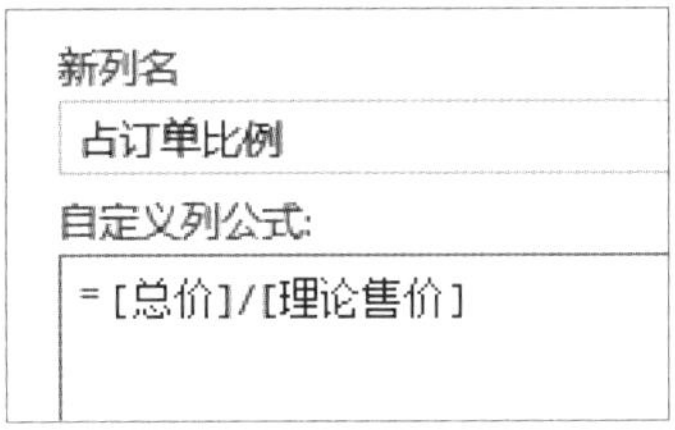

图 8-28

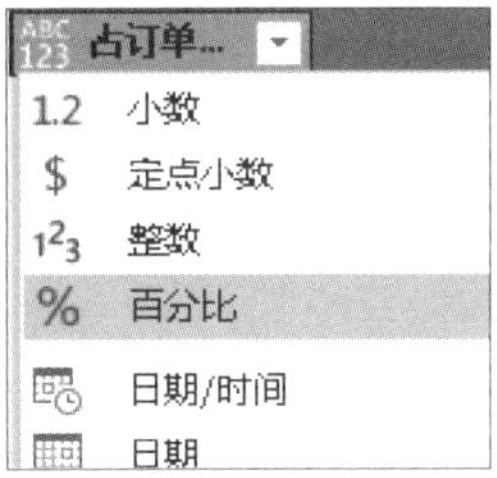

图 8-29

在“添加列”选项卡中单击“自定义列”按钮，在弹出的对话框中创建名为“实际付款金额”的新列，按照每件商品在订单中的金额占比分摊优惠折扣，计算订单中每件商品的实际付款金额，输入自定义列公式“=[总价]–[优惠金额]*[占订单比例]”，如图 8-30 所示。

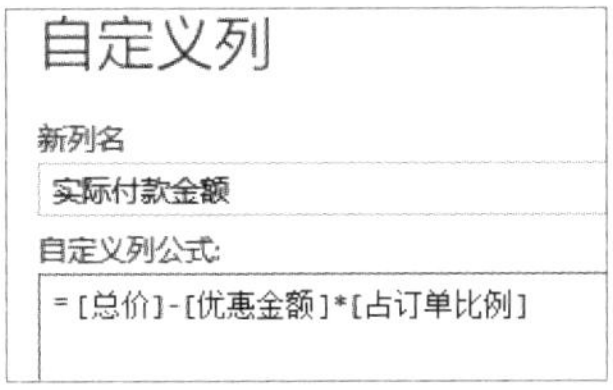

图 8-30

最终得到每笔订单中每件商品的实际付款金额，如图 8-31 所示。接下来使用“实际付款金额”列计算各个品类的销售占比和趋势。

商家编码	占订单比例	优惠金额	实际付款...
4560264293380	83.02%	27	105
4560264293380	47.48%	66.73	65.27
9311770589994	28.51%	66.73	12.54
4560264293380	83.02%	27	105
4560264293380	85.71%	22	110

图 8-31

要计算每件商品的实际销售额和销售均价，可以按以下步骤操作。

在“开始”选项卡中单击“分组依据”按钮，在弹出的对话框中选择“高级”模式，将“分组依据”设置为“商家编码”，再创建两个新列，如图 8-32 所示。

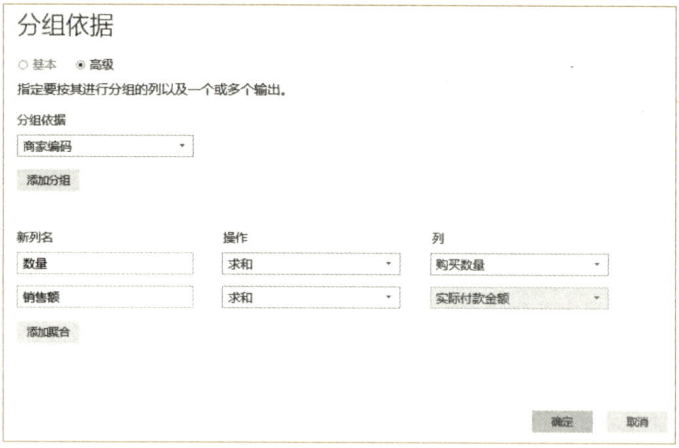

图 8-32

在“添加列”选项卡中单击“自定义列”按钮，在弹出的对话框中创建名为“平均售价”的新列，然后输入自定义列公式，如图 8-33 所示。

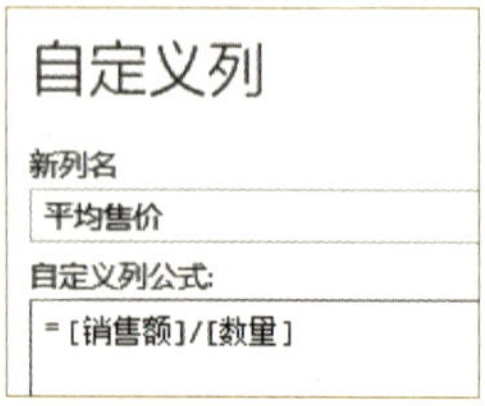

图 8-33

设置好的表格效果如图 8-34 所示。

	商家编码	1.2 数量	1.2 销售额	1.2 平均售价
1	4560264293380	758	83771.46	110.52
2	9311770589994	25	1346.37	53.85
3	4560264290334	14	1074.04	76.72
4	4908049142339	68	6849.99	100.74
5	4987049212617	23	3014.77	131.08

图 8-34

8.3 商品销售分析

本小节分析商品地域分布、商品销售趋势和商品的销售生命周期，用来调整商品的市场推广策略；介绍波士顿矩阵，用来研究商品的定位；讲解补货预测模型，用来进行库存管理。

8.3.1 商品地域分布

商品销售分析基于某些商品的销售数据进行分析，这些销售数据是在 ERP 订单中清洗过的。

基于 8.2 节的模型，只需选中“pbi 订单报表”的“省份”字段和“Merge1”查询的“实际付款金额”字段，即可查看商品的地域分布，如图 8-35 所示。

省份	实际付款金额
安徽省	6,988.96
北京	13,991.08
福建省	5,299.52
甘肃省	3,117.26
广东省	37,951.60
广西壮族自治区	5,575.27
贵州省	3,458.53
海南省	948.21
河北省	5,891.58
河南省	5,098.45
黑龙江省	4,706.50
湖北省	7,935.05
总计	**215,333.52**

图 8-35

新建一个“切片器”对象并将其选中，如图 8-36 所示。在“Merge1”查询中选择不同的“商家编码”，即可通过筛选商品查看对应商品的地域分布，如图 8-37 所示。

图8-36

图 8-37

再添加一个“pbi 成本表”的“品类”切片器，如图 8-38 所示。

为了让商品显示更加直观，可以加入商品图片对象，单击“可视化”窗格中的“…”按钮，在弹出的菜单中选择“获取更多视觉对象”选项，如图 8-39 所示。

图 8-38

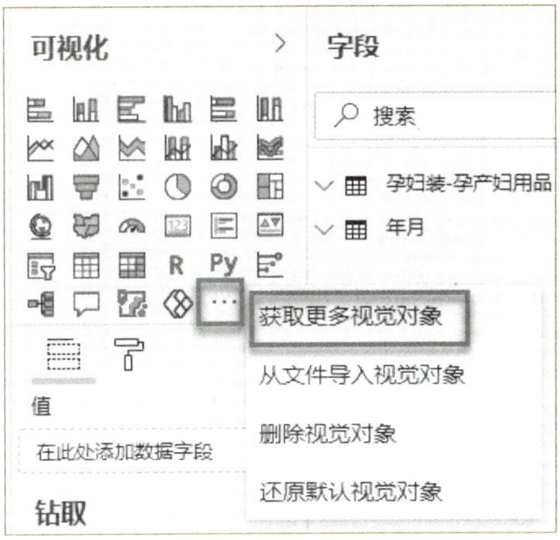

图 8-39

在弹出的对话框中搜索“image”，添加“Image by CloudScope”，如图 8-40 所示。

图 8-40

新建一个“image”对象，如图 8-41 所示。将“pbi 成本表”中的“商品图片”设置为“image”对象的值，结果如图 8-42 所示。

图 8-41

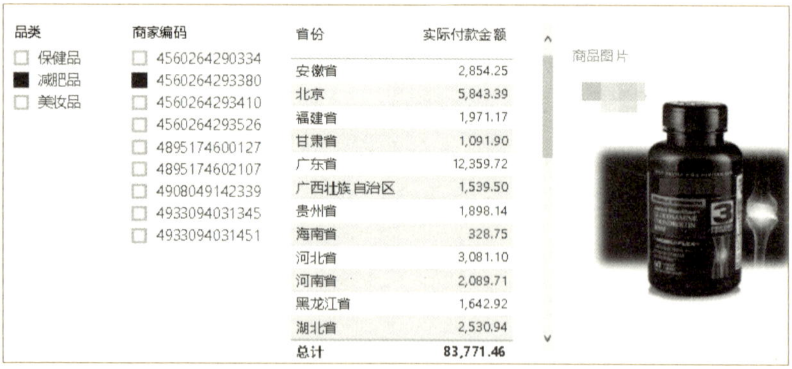

图 8-42

在第 7 章中进行客户分析时，如果有客户的照片资料，就可以通过“image”对象进行动态展示。

地域分布数据除用图 8-42 所示的列表展示外，还可以使用地图对象展示方式实现更直观的可视化分析。

软件中提供了多种地图对象，下面以常用的两种地图对象为例进行介绍。

第一种是自带的“地图”对象。在使用“地图”对象之前，需要在数据视图中将使用的“省份”字段设置成“州、省、直辖市或自治区”类型，如图 8-43 所示。

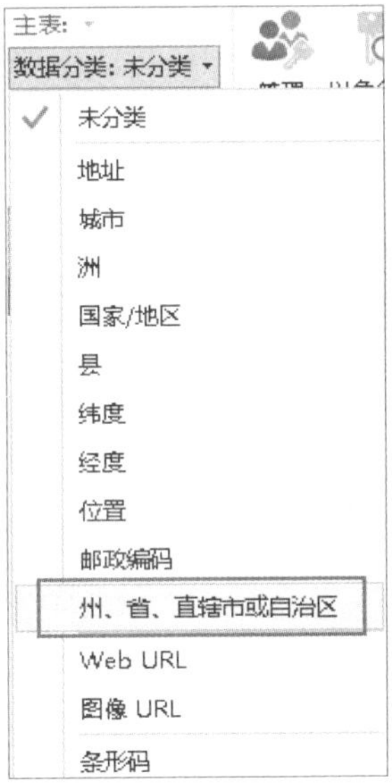

图 8-43

回到报表视图，新建一个“地图”对象，如图 8-44 所示。

图 8-44

将“地图”对象的位置设置为“pbi 订单报表”的“省份”列，将“大小”设置为“Merge1”查询的“实际付款金额”列，如图 8-45 所示。

第一种“地图”对象的优点是，可以随着数据筛选结果区域自动放大。

第二种是 Marketplace 中的“China Color Map”对象。在 Marketplace 中添加对象后即可使用。在“可视化”窗格中添加“colorMap”对象，将该对象的“位置”设置为“pbi 订单报表”的“省份”列，将“颜色”设置为“Merge1”查询的“实际付款金额”列，如图 8-46 所示。

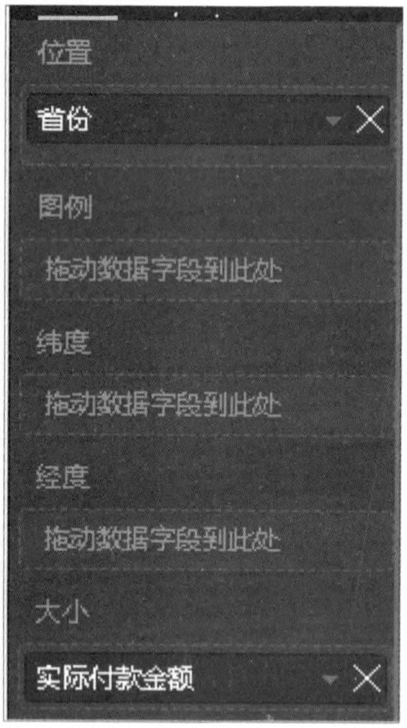

图 8-45

图 8-46

颜色级别可以在“colorMap”对象的设置中进行修改，如图 8-47 所示。

“colorMap”既支持全国地图，又支持各省的区域地图，只要修改地图类型即可，如图 8-48 所示。

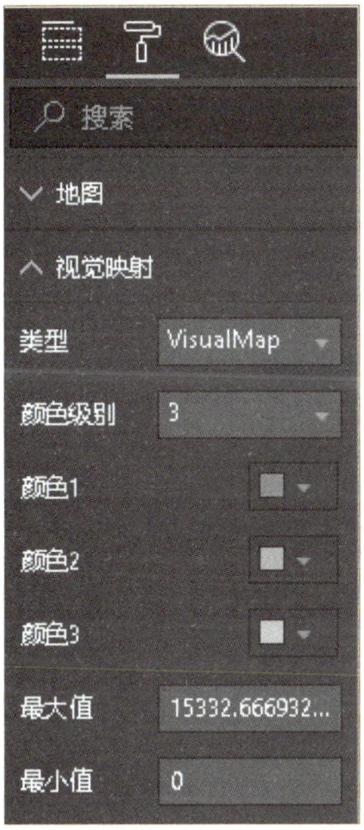

图 8-47

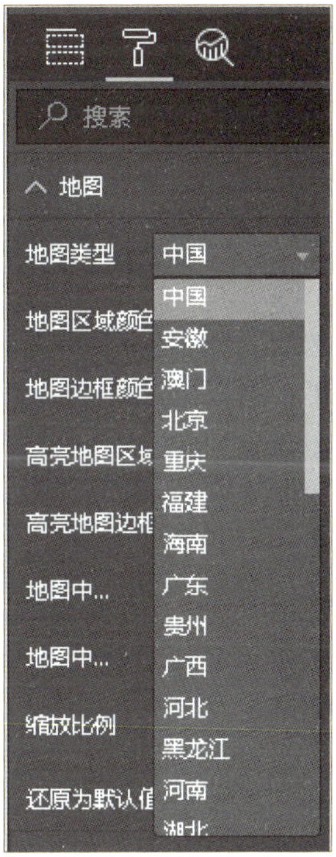

图 8-48

8.3.2 商品销售趋势

创建一个“折线图”对象，如图 8-49 所示。

图 8-49

将“折线图”对象的“轴”设置为“pbi 订单报表”的“订单付款时间”字段，将“图例”

设置为“省份”字段;将“值”设置为“Merge1”查询的“实际付款金额”字段,如图 8-50 所示。

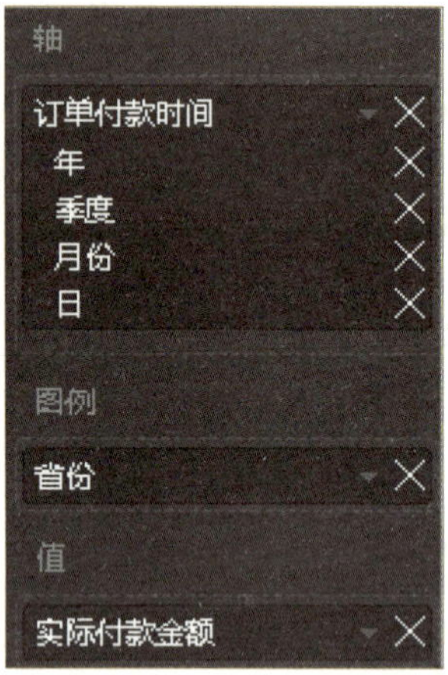

图 8-50

将日期细化到最后一层，结果如图 8-51 所示，发现图例过多，不便于观察。

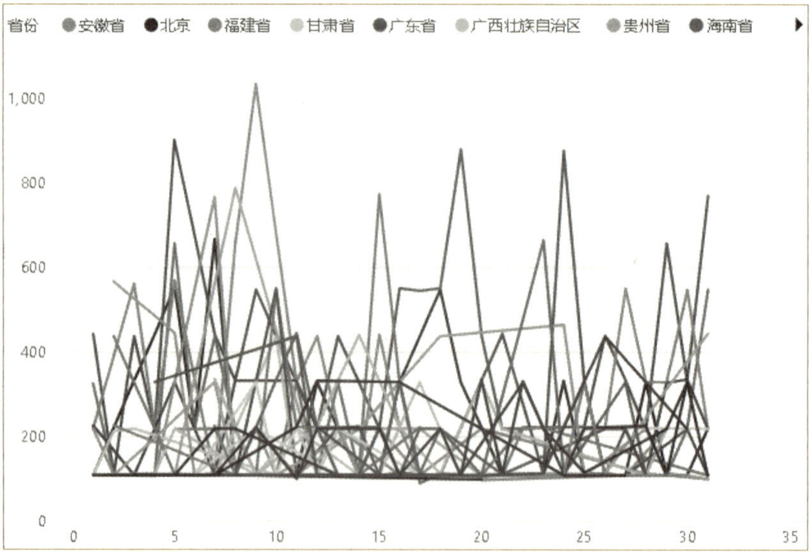

图 8-51

在右侧边栏的筛选器中,将“省份”的“筛选器类型”设置为“前 N 个”,将“显示项目”设置为“上”且将参数设置为“5”,将“按值”设置为“Merge1”查询的“实际付款金额”

字段，意思是筛选实际付款金额最大的 5 个省份。注意，设置完毕后要单击右下角的“应用筛选器”按钮，如图 8-52 所示。

将“折线图”对象的“X 轴”的“类型”设置为“类别”，如图 8-53 所示。

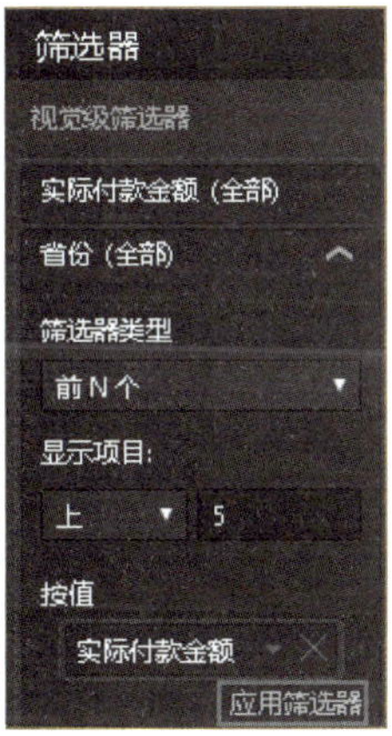

图 8-52

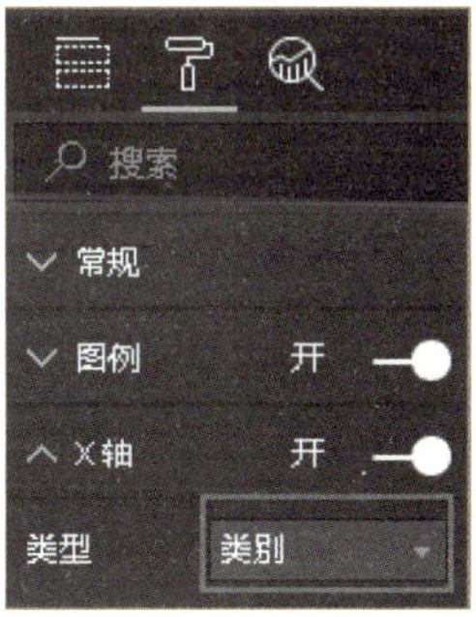

图 8-53

将日期粒度细化到天（DAY），结果如图 8-54 所示。分析重点省份的销售趋势，发现每个省份都出现了断点，说明该商品的销售情况不稳定。

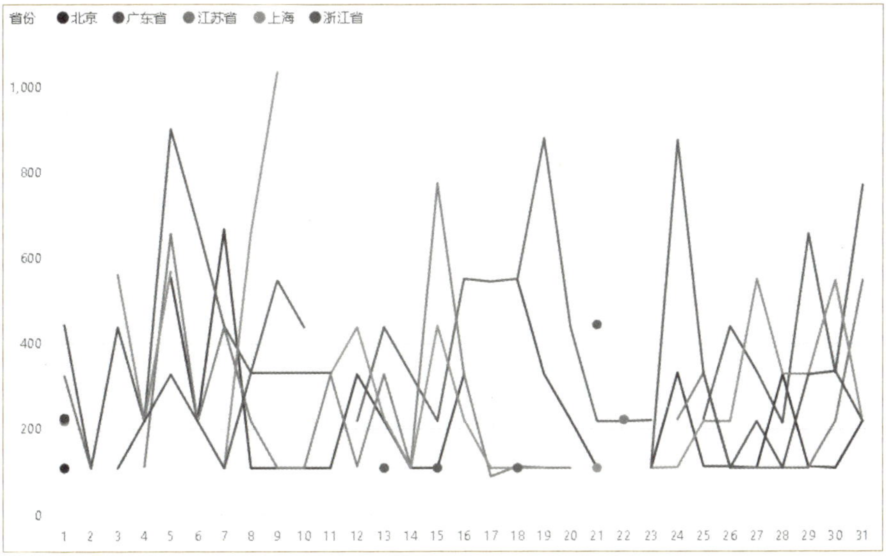

图 8-54

8.3.3 商品的销售生命周期

任何商品都有自己的销售生命周期，如果进行细分，可以分为导入期（入市期）、上升期、成熟期（高峰期）、衰退期、处理期（退市期）几个阶段。不同阶段的交点被称为拐点。商品运营者通过观察商品的销售变化曲线，特别是对拐点进行判断，可以在不同阶段采取不同的销售策略。

分析时可以分为短期分析（近期趋势分析、波动分析）和长期分析（生命周期分析）。图 8-55 是某品牌羽绒服商品长期的变化趋势，并将变化趋势分为不同的阶段。为了便于观察，将月份作为日期粒度，其中 2016 年 7—8 月为导入期，2016 年 9—10 月为上升期，2016 年 11—12 月为高峰期，2017 年 1 月为衰退期，2017 年 2—3 月为处理期。该变化趋势有两个拐点，分别是 2016 年 7 月和 2016 年 12 月。

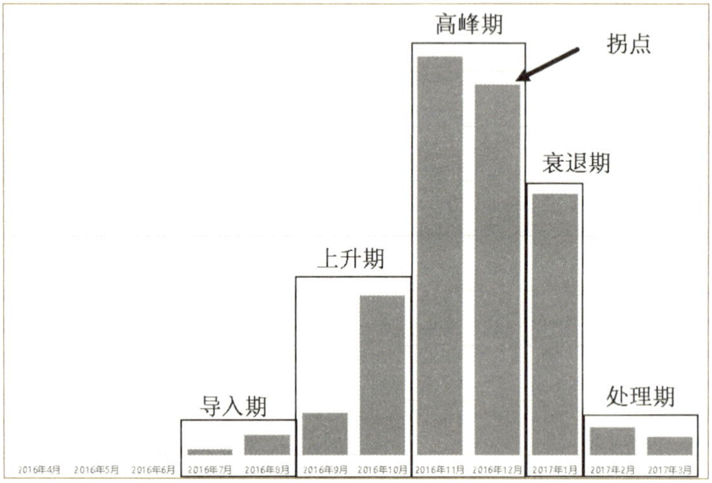

图 8-55

趋势的不同阶段有不同的特点，具体内容如下。

- 导入期：市场需求开始萌芽，此时市场需求量小，同时竞争也相对较小。此阶段应打好商品基础，积累基础销量或客户口碑，等待下一个阶段的到来。
- 上升期：市场需求急速增加，此时大量的同类商品进入市场，此阶段应做好充足的推广预算，提前抢占市场份额。
- 高峰期：市场需求旺盛，此时市场需求量大，同时爆款已经形成，“江山已定”，开始收割市场。

- 衰退期：市场需求开始减少，此时应谨慎处理库存。
- 处理期：市场需求下降至导入期水平，此时可将尾货都处理掉。

特别注意：拐点是一个非常重要的信号，是趋势发生变化的节点。一旦出现拐点必须谨慎，并持续关注拐点后的销售数据变化。为了提高反应速度，在观察时可以将周作为日期粒度。

8.3.4 波士顿矩阵

波士顿矩阵（BCG Matrix: Boston Consulting Group），又被称为市场增长率—相对市场份额矩阵、波士顿咨询集团法、四象限分析法、产品系列结构管理法等。它是由美国著名的管理学家、波士顿咨询公司创始人布鲁斯 · 亨德森于 1970 年首创的一种用来分析和规划企业产品组合的方法。如何将企业有限的资源有效地分配到合理的产品结构中，以保证企业的收益，是企业在激烈的竞争中能否取胜的关键。

波士顿矩阵的优点是简单便捷，但其优点也决定了它的缺点，因为简单便捷，所以使得这个模型的解释度下降。波士顿矩阵在市场营销中只能作为一种参考，绝不能用它来作为决策的唯一指导，可结合其他方法综合评估。

将波士顿矩阵应用于产品分析，只需核算企业各种产品的销售增长率和市场占有率。

销售增长率可以使用本企业的产品销售额或销售量增长率，时间可以是一年或三年，甚至更长时间。市场占有率可以使用相对市场占有率或绝对市场占有率。

基本计算公式：

本企业某种产品的绝对市场占有率 = 本企业该产品的销量 / 该产品的市场销售总量

本企业某种产品的相对市场占有率 = 本企业该产品的市场占有率 / 该产品市场占有份额最大者（特定的竞争对手）的市场占有率

绘制四象限图：以 10% 的销售增长率和 20% 的市场占有率为高低标准分界线，将坐标图分为 4 个象限，然后把企业的全部产品按销售增长率和市场占有率在坐标图上标出相应的位置，再按每种产品当年销售额的多少绘制面积不等的圆圈，顺序标上不同的数字代号以示区别。定位的结果即将产品分为 4 种类型。

对于电商企业而言，产品的市场销售总量可以抽样电商（淘宝网）搜索结果前 N（100）页的汇总数据。即使企业的市场规模非常小，也可使用波士顿矩阵，将市场占有率替换成产品销售额占企业内部销售额的比例即可。

本例采用的计算公式：

增长率 =（本月的销售额 - 上个月的销售额）/ 上个月的销售额

市场占有率 = 销售占比 = 产品的销售量 / 店铺的销售总量

进入 Power Query 编辑器，打开 8.2.2 节中合并的表“Merge1”，在右侧“应用的步骤”中返回步骤“展开的 'pbi 订单报表 '”，勾选“订单付款时间”复选框，如图 8-56 所示。

图 8-56

返回最后一个步骤，检查“订单付款时间”列的格式，确认为“日期”格式即可，如图 8-57

所示。

图 8-57

导入一张日期维度表（参考 6.3.1 节），然后进入关系视图，建立关系，如图 8-58 所示。

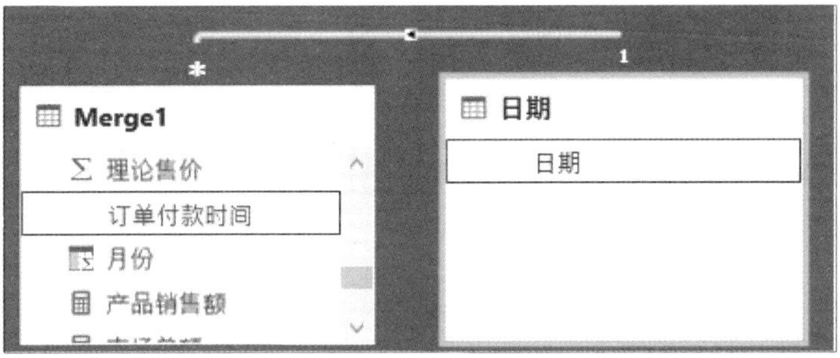

图 8-58

回到报表视图，新建以下度量值，实现增长率的计算。其中，历史销售额是上个月的销售总额。

产品销售额 = SUM(Merge1[实际付款金额])

历史销售额 = CALCULATE([产品销售额],DATEADD(' 日期 '[日期],−1,MONTH)

增长率 = DIVIDE([产品销售额]−[历史销售额],[历史销售额])

新建以下度量值，实现市场占有率的计算。其中，市场总额是全店或企业的销售额。

市场总额 = SUMX(ALL(Merge1),Merge1[实际付款金额])

市场占有率 = [产品销售额]/[市场总额]

ALL 函数说明

函数功能：返回表中所有的行，忽略上下文的筛选条件。

函数语法：ALL(< 表名或列名 >, [< 列名 >])。

注意，要在“建模”选项卡中将市场占有率和增长率设置为百分比格式（这一步非常重要），如图 8-59 所示。

商家编码	产品销售额	市场总额	市场占有率	增长率
4560264293380	103,905.45	268,198.63	38.74%	27.88%
4908049347321	51,967.41	268,198.63	19.38%	22.83%
ecms-tz-001038	19,430.33	268,198.63	7.24%	12.17%
ecms-tz-001040	11,127.97	268,198.63	4.15%	5.97%
4560264293410	9,196.72	268,198.63	3.43%	24.19%
4987049212518	9,166.96	268,198.63	3.42%	35.66%
4908049283476	8,987.68	268,198.63	3.35%	48.94%
4908049142339	8,589.71	268,198.63	3.20%	44.96%
ecms-tz-001044	6,588.33	268,198.63	2.46%	13.22%
ecms-tz-001043	5,581.44	268,198.63	2.08%	19.10%
总计	268,198.63	268,198.63	100.00%	24.12%

图 8-59

在 Marketplace 中添加“Quadrant Chart by MAQ Software”对象，在“可视化”窗格中单击“Quadrant Chart by MAQ Software”图标新建一个可视化对象，如图 8-60 所示。

图 8-60

将“X Axis”（*X* 轴）设置为“增长率”，将“*Y* Axis”（Y 轴）设置为“市场占有率”，“Radial Axis”（半径）不用设置，将“Legend Axis”（图例）设置为“商家编码”，如图 8-61 所示。

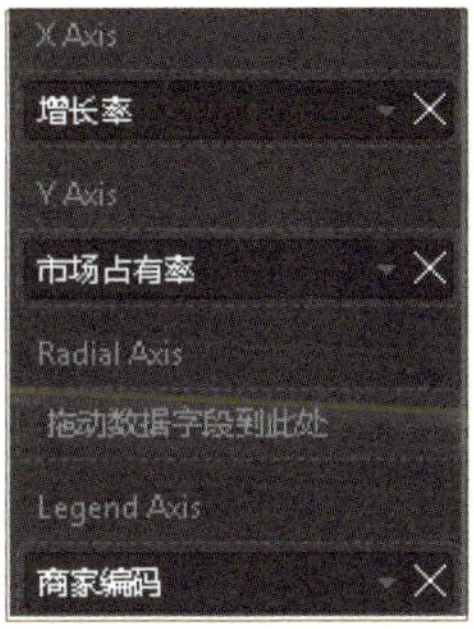

图 8-61

切换到可视化对象的格式设置窗口，按照图 8-62 进行设置，其中 (0.1,0.2) 是 *X* 轴和 *Y* 轴的交点。

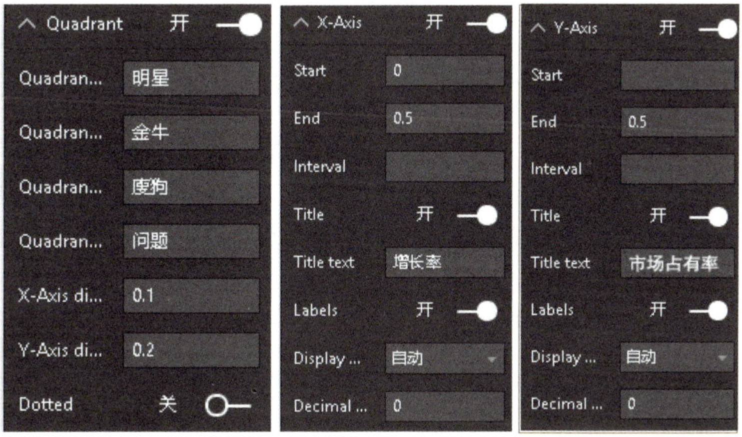

图 8-62

设置好的波士顿矩阵如图 8-63 所示。可以发现，该企业缺少“金牛”产品，只有一个“明星”产品在支撑，这种产品结构的市场风险非常大。

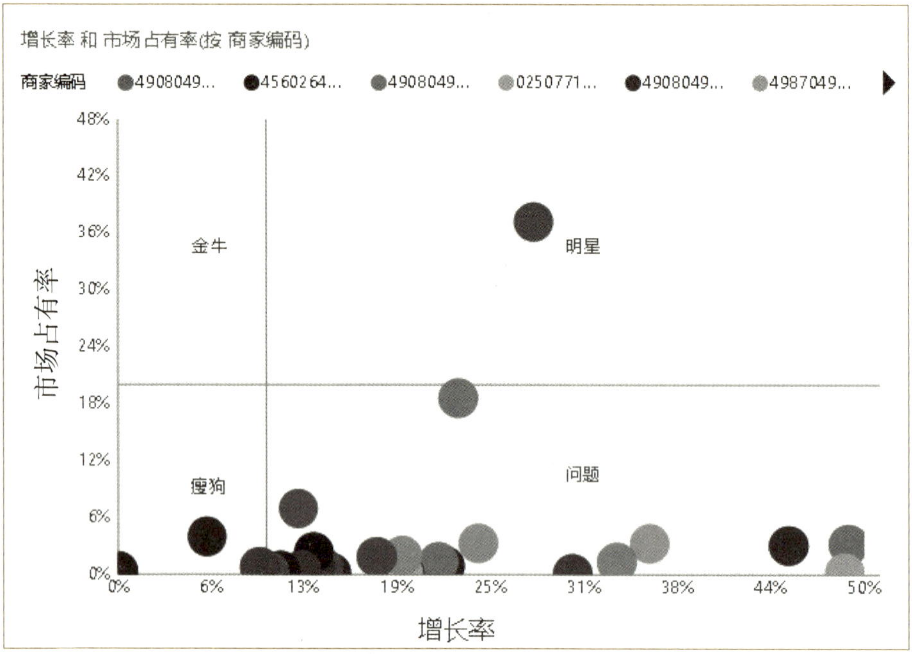

图 8-63

四个象限的说明如下。

（1）“明星”（Stars）产品：指处于高增长率、高市场占有率象限内的产品群，这类产品可能成为企业的现金流产品，需要加大投资以支持其迅速发展。对这类产品采用的发展战略是，积极扩大经济规模，增加市场机会，以长远利益为目标，提高其在市场中的占有率，巩固其在市场中的地位。“明星”产品的发展战略及管理组织最好采用事业部的形式，由对生产技术和销售两方面都很在行的管理者负责。

（2）“金牛”（Cash Cow）产品：又被称为厚利产品，指处于低增长率、高市场占有率象限内的产品群，并且已进入成熟期。此类产品的特点是销量大、产品利润率高、负债比率低，可以为企业回笼资金，并且此类产品增长率低，无须加大投资。因此，此类产品是企业回笼资金、支持其他产品，尤其是明星产品的后盾。对这类产品采用的发展战略是，把设备投资和其他投资尽量缩减；采用榨油式方法，争取在短时间内获取更多的利润，为其他产品提供资金。对于在这个象限内销售增长率仍有所增长的产品，应进一步进行市场细分，维持其现存销售增长率或延缓下降速度。“金牛”产品适合使用事业部的形式进行管理，其管理者最好是市场营销型人才。

（3）“问题”（Question Marks）产品：指处于高增长率、低市场占有率象限内的产品群。高增长率说明此类产品市场机会大、前景好，而低市场占有率说明此类产品在市场营销方面存在问题。此类产品的特点是利润率较低、所需资金不足、负债比率高。例如，在商品销售生命周期中处于导入期、因种种原因未能开拓市场局面的新产品即属此类产品。对于“问题”产品，应采取选择性投资战略。对“问题”产品的改进与扶持方案一般均列入企业的长期计划中。对“问题”产品的管理最好采用智囊团或项目组织的形式，挑选有规划能力、敢于冒风险、有才干的管理者负责。

（4）“瘦狗”（Dogs）产品：也被称为衰退类产品，指处在低增长率、低市场占有率象限内的产品群。其特点是利润率低、处于保本或亏损状态、负债比率高，无法为企业带来收益。对于这类产品，应采用撤退战略：首先，减少数量，逐渐撤退，对那些销售增长率和市场占有率极低的产品应立即淘汰；其次，将剩余资源向其他产品转移；最后，整顿产品系列，最好将“瘦狗”产品归到其他事业部，进行统一管理。

说明：事业部制度就是针对不同的产品线设置不同的部门。

综上所述，可以得出以下结论。

- 对“明星”产品要加大投资规模，让其快速发展。
- “金牛”产品是主要的盈利产品，要想办法让其创造更多的利润。
- “问题”产品的发展前景较好，但可能未得到市场认可或企业在策略上没有重视这个产品，要调整策略，加大投资规模。
- “瘦狗”产品一般是失败的爆款，也被称为“打酱油”产品。

8.3.5 补货预测模型

补货预测模型是零售业中常用的模型，根据预测方法主要分为两类：一类是业务建模，基于业务逻辑，使用四则运算估算一定周期的销量；另一类是算法建模，基于时序、回归等算法预测销量。本小节介绍业务建模的方法，基于日销的补货预测模型。

数据集使用MySQL数据库中的“pbi订单报表”“pbi宝贝报表”“pbi库存表”，在Power BI Desktop中读入这3张表。

库存表的主要字段如下。

- 商家编码：每个SKU对应的唯一编码，由商家自行定义。
- 库存：现有的库存数量。

- 补货周期：从提出补货到入库所需的天数。

进入关系视图，将“pbi 订单报表”的“订单编号”字段连接到“pbi 宝贝报表”的“订单编号”字段，将“pbi 宝贝报表”的“商家编码”字段连接到“pbi 库存表”的“商家编码”字段，如图 8-64 所示。

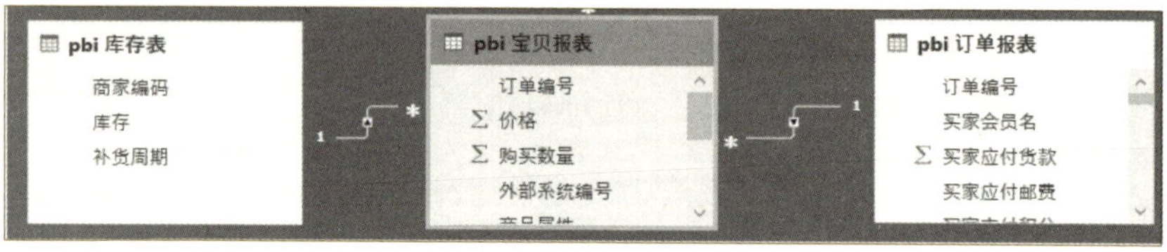

图 8-64

进入数据视图，选中“pbi 宝贝报表”，在“建模”选项卡中单击“新建度量值”按钮，如图 8-65 所示，在弹出的对话框中对商品的购买数量进行汇总。

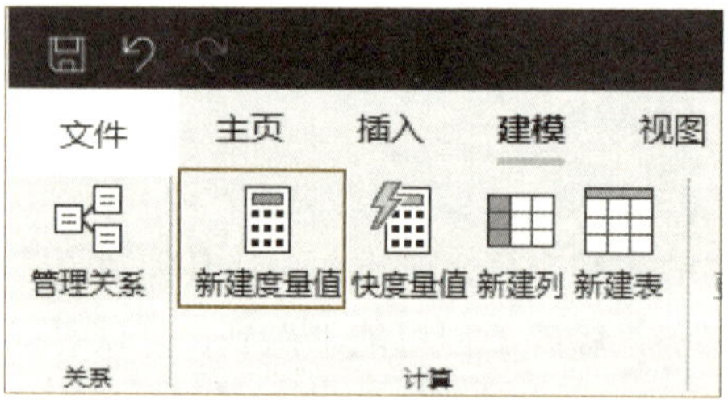

图 8-65

在公式文本框中输入以下表达式：

商品销量 = SUM('pbi 宝贝报表 '[购买数量])

进入数据视图，选中“pbi 库存表”，在“建模”选项卡中单击“新建列”按钮，如图 8-66 所示，在弹出的对话框中新建用于计算每个“商家编码”在补货期间产生的销量的列。

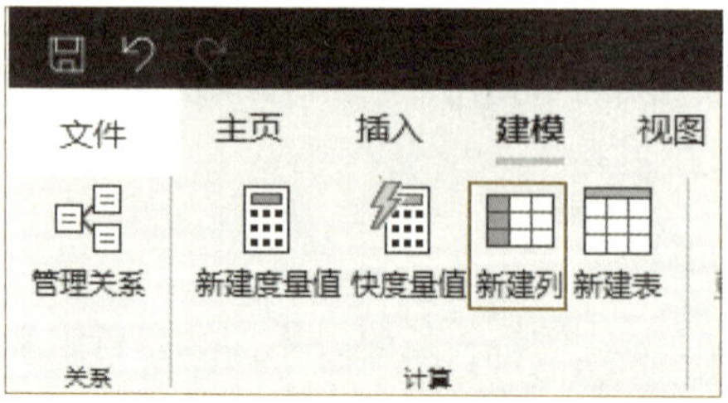

图 8-66

在公式文本框中输入以下表达式：

近 N 天销量 = SUMX(FILTER('pbi 宝贝报表 ','pbi 宝贝报表 '[商家编码]='pbi 库存表 '[商家编码]&&DATEDIFF(RELATED('pbi 订单报表 '[订单付款时间]),today(),day)<='pbi 库存表 '[补货周期]),[商品销量])

计算结果如图 8-67 所示。

商家编码	库存	补货周期	近N天销量
4908049347321	208	20	235
4560264293380	180	9	223
4908049142339	66	28	71
4908049283476	241	7	62
4908049267049	438	43	59

图 8-67

RELATED 函数说明

函数功能：返回与当前表相关的列的值，应用在表间已经创建的关系，从关系表中查找相关数据。

函数语法：RELATED (列名)。

继续创建新列，计算现有库存还可以销售多少个补货周期，不足一个周期就向下取整。创建新列，然后在公式文本框中输入以下表达式：

多少天后需要补货 = IF(CEILING(DIVIDE([库存],[近 N 天销量]),1)−1<0,0,CEILING(DIVIDE([库存],[近 N 天销量]),1)−1)*[补货周期]

计算结果如图 8-68 所示。

商家编码	库存	补货周期	近N天销量	多少天后需要补货
4908049347321	208	20	235	0
4560264293380	180	9	223	0
4908049142339	66	28	71	0
4908049283476	241	7	62	21
4908049267049	438	43	59	301

图 8-68

CEILING 函数说明

函数功能：将数字向上入到最接近的整数或基数的最接近倍数。

函数语法：CEILING（数值，基数）。

使用说明：表达式中的 CEILING(DIVIDE([库存],[近 N 天销量]),1)，是将除法运算后的数值，按整数 1 为基数舍弃小数点，并向上取整。

IF 函数说明

函数功能：检查是否满足作为第一个参数提供的条件。如果该条件为 TRUE，则返回一个值；如果该条件为 FALSE，则返回另一个值。

函数语法：IF(条件，条件为真时返回的值，条件为假时返回的值)。

使用说明：表达式 IF(CEILING(DIVIDE([库存],[近 N 天销量]),1)−1<0,0,CEILING(DIVIDE([库存],[近 N 天销量]),1)−1)*[补货周期]，用于判断是否不需要补货，条件为真返回 0，条件为假返回需要补货的周期。

继续创建新列，计算备一周期货量。在弹出的“新建列”对话框的公式文本框中输入以下表达式：

备一周期货量 = IF([近 N 天销量]−[库存]>0,IF([多少天后需要补货]=0,[近 N 天销量]−[库存]+[近 N 天销量],0),0)

计算结果如图 8-69 所示。

商家编码	库存	补货周期	近N天销量	多少天后需要补货	备一周期货量
4908049347321	208	20	235	0	262
4560264293380	180	9	223	0	266
4908049142339	66	28	71	0	76
4908049283476	241	7	62	21	0
4908049267049	438	43	59	301	0

图 8-69

进入视图模式，将“pbi 库存表”的“商家编码”和“备一周期货量”分别设置为“表格”对象的值，并筛选“备一周期货量”大于 0 的行，如图 8-70 所示。

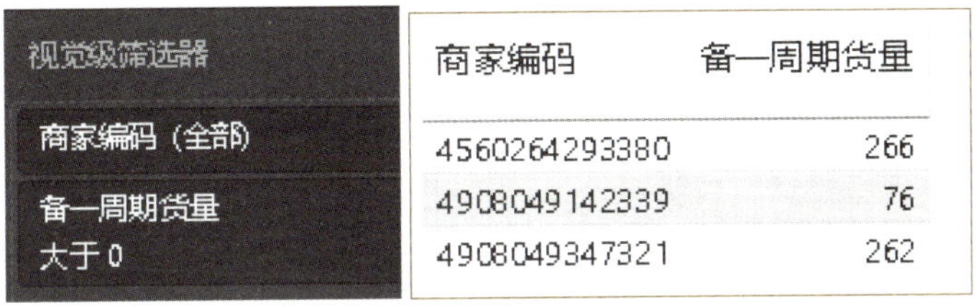

图 8-70

第9章

应用场景：流量分析

9.1 业务背景

流量是电商企业的命脉，分析并优化流量是电商运营人员的基本技能之一。

流量渠道是消费者进店的方式，不同的店铺、不同的商品投放到相同的渠道，表现可能并不一样。对流量渠道进行分析，可以帮助运营人员采取更有效的渠道运作策略，从而提高商品的销量。

本章以店铺流量渠道为例，读者可自行在电商平台后台下载商品的流量来源并加以分析。

从数据库中拉取名为“pbi 店铺流量来源”的表，该表的数据从“生意参谋”下载，导入 Power Query 编辑器后，默认“访客数”等列都是文本格式的，需要全选并单击“转换”→“检测数据类型”命令，将数值型列转换成对应的数值格式列，如图 9-1 所示。

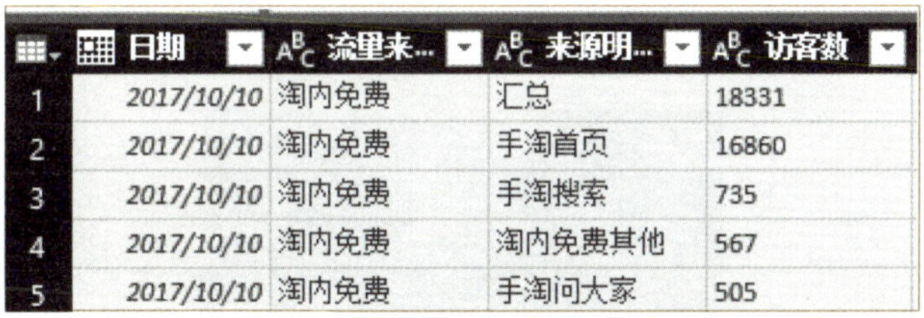

	日期	流里来...	来源明...	访客数
1	2017/10/10	淘内免费	汇总	18331
2	2017/10/10	淘内免费	手淘首页	16860
3	2017/10/10	淘内免费	手淘搜索	735
4	2017/10/10	淘内免费	淘内免费其他	567
5	2017/10/10	淘内免费	手淘问大家	505

图 9-1

在“来源明细”列中，除各个明细外，还包括“汇总”，如果不把“汇总”过滤掉，总数据就会翻倍。所以，在分析数据前要将“来源明细”列中的“汇总”过滤掉，如图 9-2 所示。

图 9-2

“pbi 店铺流量来源”表的主要字段说明如下。

- 日期：对应数据的统计日期。
- 流量来源：一级流量来源。
- 来源明细：二级流量来源。
- 访客数：对应时间和来源的访客数量。

9.2 流量渠道分析

9.2.1 流量渠道分析报表

一张流量渠道的报表可以直观地展示渠道的表现。

用 Power BI Desktop 自带的“卡片图”对象创建一个卡片，如图 9-3 所示。

图 9-3

将“pbi 店铺流量来源”表中的“访客数”列设置为“卡片图”对象的值，如图 9-4 所示。

图 9-4

分别创建两个“表格”对象，一个“表格”对象展示“pbi 店铺流量来源”表的“流量来源”和“访客数”，另一个“表格”对象展示“pbi 店铺流量来源”表的“来源明细”和“访客数”，如图 9-5 所示。

流量来源	访客数
淘内免费	541962
自主访问	68278
付费流量	21569
淘外网站	6
其它来源	1
淘外APP	0
总计	**631816**

来源明细	访客数
手淘首页	405448
购物车	43492
手淘搜索	38593
淘内免费其他	34336
我的淘宝	24742
直通车	18764
手淘-生活研究所	15924
手淘问大家	14276
总计	**631816**

图 9-5

创建一个“簇状柱形图”对象，如图 9-6 所示。

将“簇状柱形图”对象的“轴”设置为“pbi 店铺流量来源”表的“日期”字段，将“值”设置为“pbi 店铺流量来源”表的“访客数”字段，如图 9-7 所示。

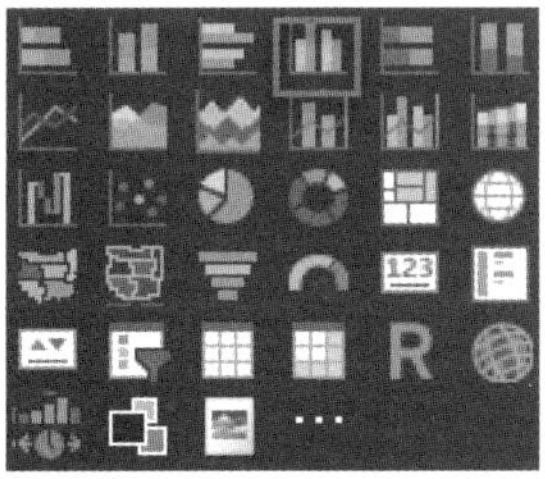

图 9-6

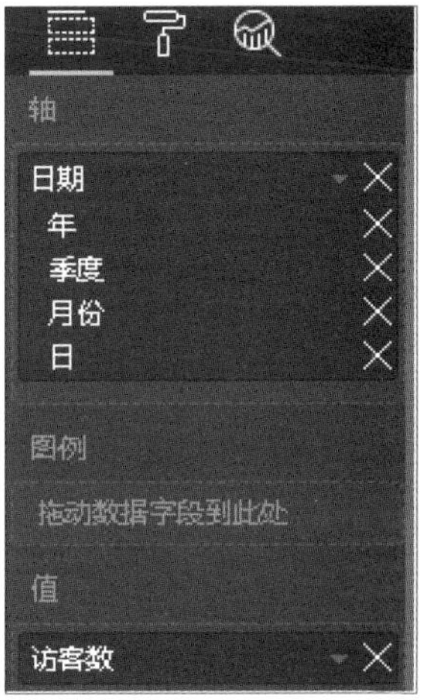

图 9-7

将“簇状柱形图”对象的“X 轴”的类型设置为“类别”，如图 9-8 所示。

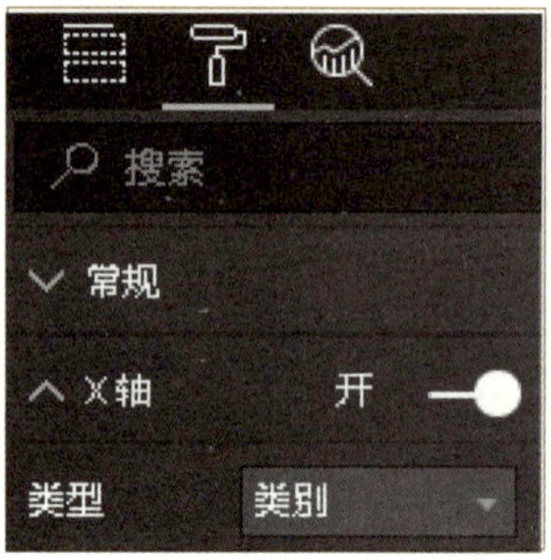

图 9-8

设置好的“簇状柱形图”对象如图 9-9 所示。

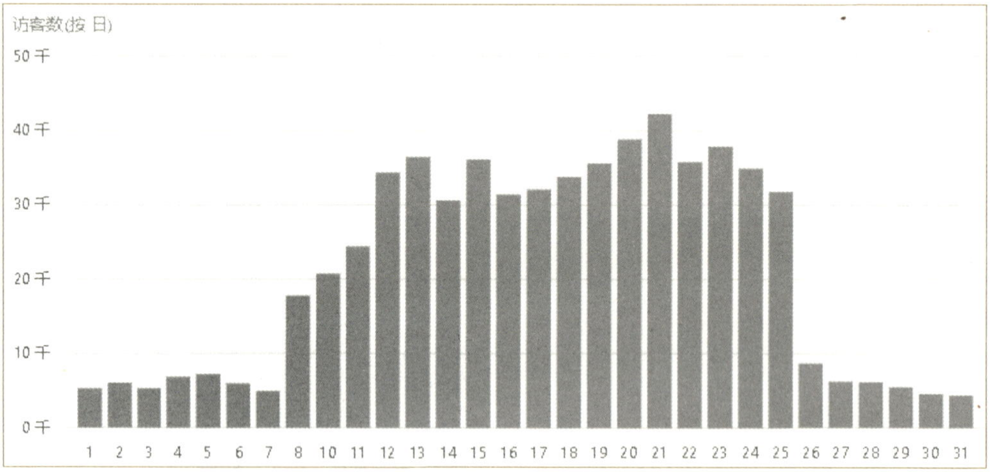

图 9-9

要想增强可视化效果，可以将“表格”对象设置为“环形图”对象，设置效果如图 9-10 所示。

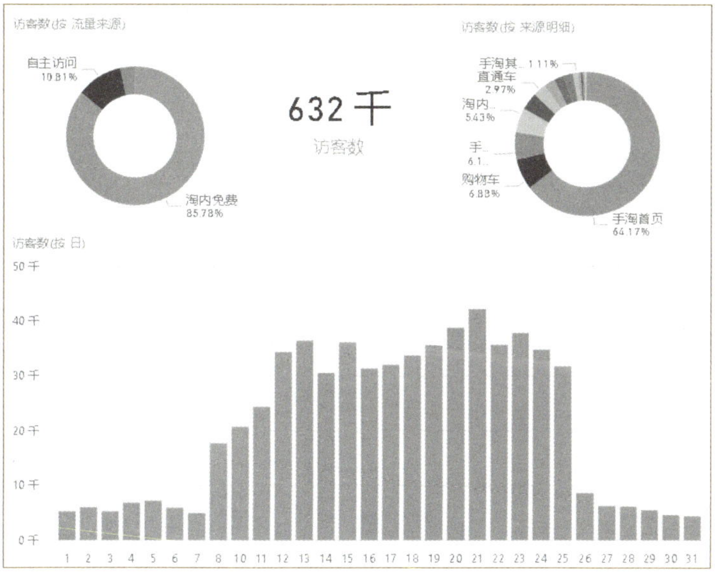

图 9-10

9.2.2 切换报表主题

要想进一步增强视觉效果，可以通过切换主题实现，在“视图”选项卡中单击“视图”下拉按钮，打开“视图”下拉列表，如图 9-11 所示。

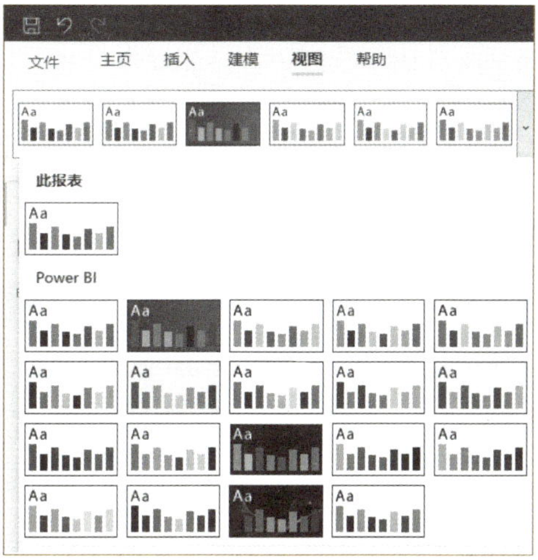

图 9-11

选择“主题文件”[1]，导入后的效果如图 9-12 所示。

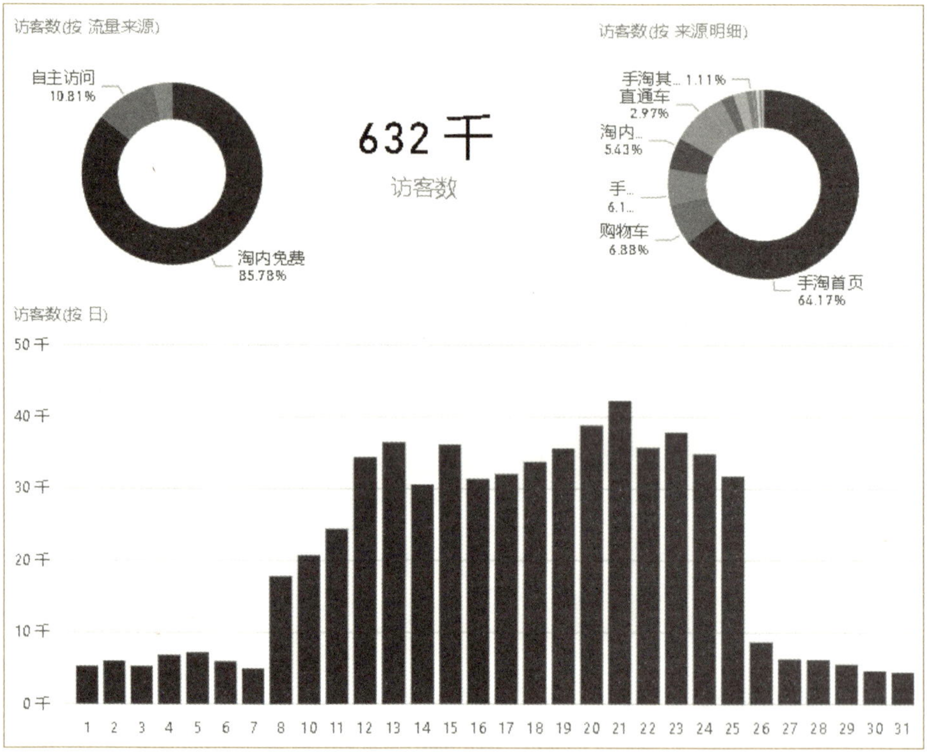

图 9-12

通过图 9-12 可以发现，该月从 8 日开始数据呈爆发性增长。对于分析者而言，分析的任务就是找到数据增长或数据下滑的原因。

9.2.3 快速分析数据变化的原因

Power BI Desktop 提供了快速分析数据的功能，可以快速分析数据变化的原因。

在图 9-12 中 8 日对应的柱状条上右击，在弹出的快捷菜单中选择“分析”→“解释此增长”选项，如图 9-13 所示。

1 “主题文件”可在配套资料中获取。

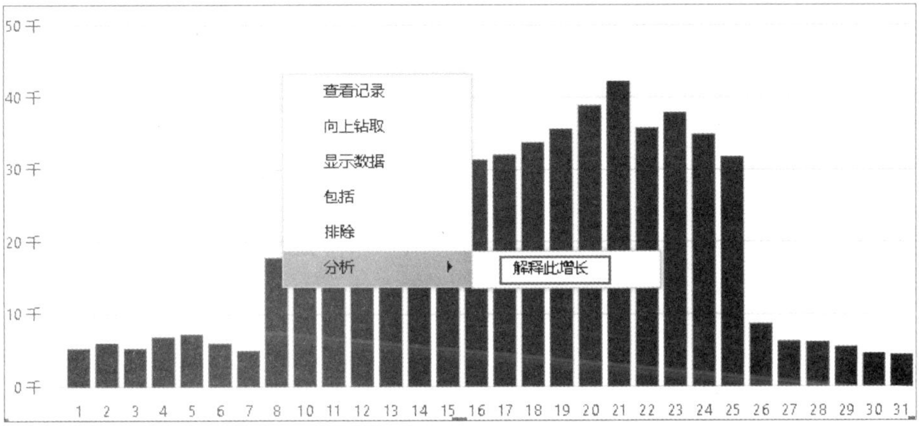

图 9-13

弹出分析对话框，说明文字显示："手淘首页"影响了数据的增长，相关性高的依次是"手淘首页""手淘搜索""直通车"。单击右上角的加号图标，可以将"瀑布图"对象添加到页面中，如图 9-14 所示。

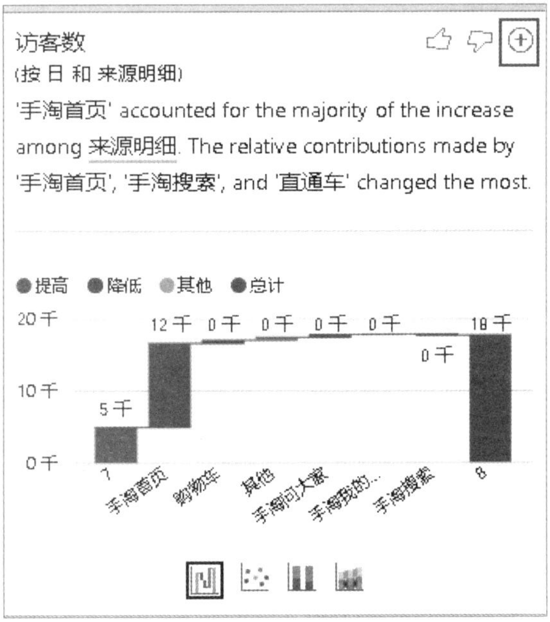

图 9-14

如图 9-15 所示，7 日的访客数据是 4900 人，8 日的访客数据从高到低依次是"手淘首页"

访客数增长 11,800 人、“购物车”访客数增长 400 人……最终 8 日总访客数是 17,800 人，通过“瀑布图”对象可以直观地了解数据变化的原因。

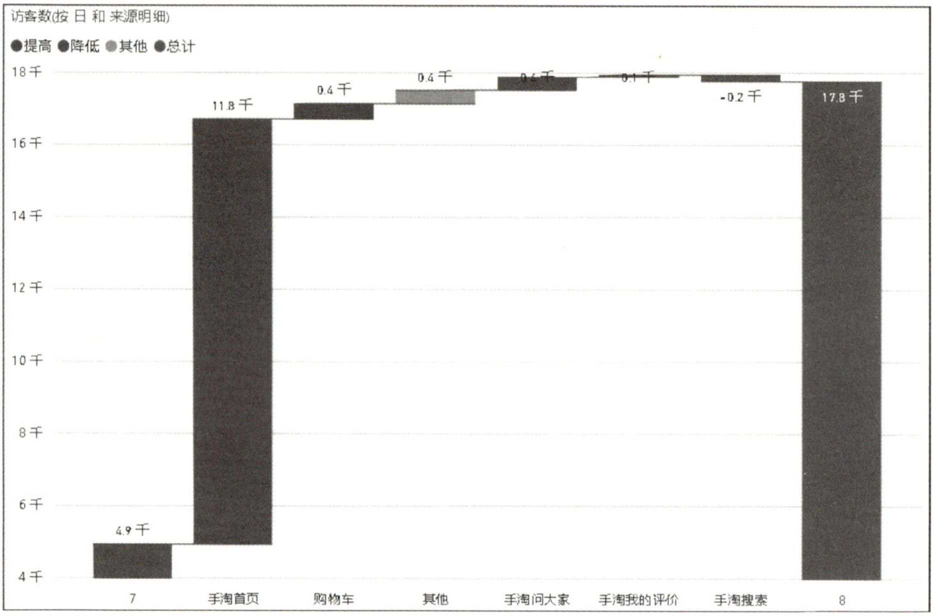

图 9-15

9.3 关键词有效度分析

关键词是搜索引擎的产物，用户使用关键词在网页上检索商品，商品被用户检索到的前提是，商品标题中包含用户的检索词（关键词），而每个商品的标题都有字符限制。通过分析关键词数据，可以优化页面中设置的关键词和商品的标题。

9.3.1 数据准备

从 MySQL 数据库中提取“关键词报表”，数据采集于“生意参谋”。

关键词报表的字段说明如下。

- 日期：数据统计的日期。

- 关键词：用户搜索某商品的关键词。
- 访客数：搜索某个关键词后进入页面访问商品的访客数量。
- 支付金额：搜索某个关键词后进入页面访问并支付的金额。

创建一张词根表，如图 9-16 所示。词根表的作用是将关键词中的词根提取出来进行分析，如关键词“连衣裙韩版夏”可分解为“连衣裙”“韩版”“夏”。

词根
口红
正品
不掉色
人鱼姬
学生

图 9-16

在“主页”选项卡中单击“转换数据”按钮，如图 9-17 所示，进入 Power Query 编辑器。

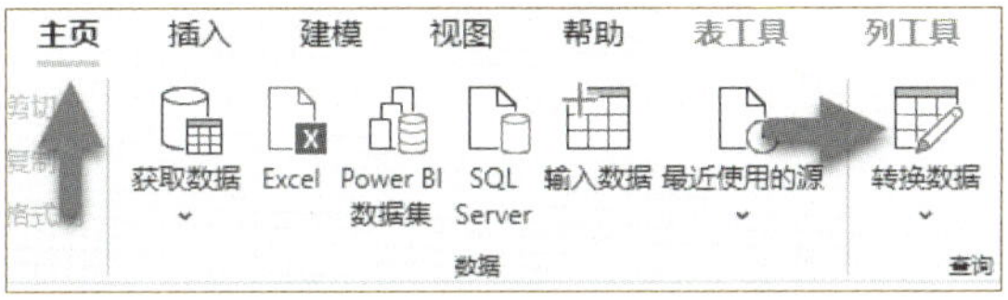

图 9-17

在 Power Query 编辑器中将“pbi 关键词报表”和“pbi 词根表”合并。

在“pbi 词根表”的“添加列”选项卡中单击“自定义列”按钮，如图 9-18 所示。

图 9-18

弹出“自定义列”对话框，输入新列名，然后在“自定义列公式”文本框中输入“=#"pbi 关键词报表"”，其中符号“#”是转义符，表示引号中的内容不是文本，而是引用了“pbi 关键词报表”，如图 9-19 所示。

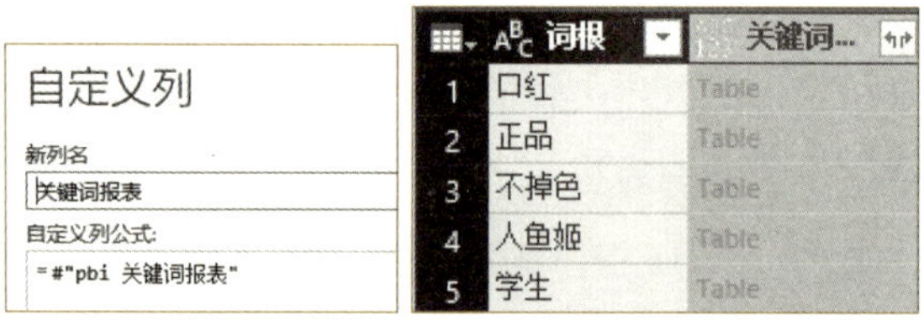

图 9-19

将“关键词报表”展开，选择“日期”“关键词”“访客数”“支付金额”，如图 9-20 所示。

展开表格后，按“Ctrl+A”快捷键选中表，在“转换”选项卡中单击“检测数据类型”按钮，如图 9-21 所示。

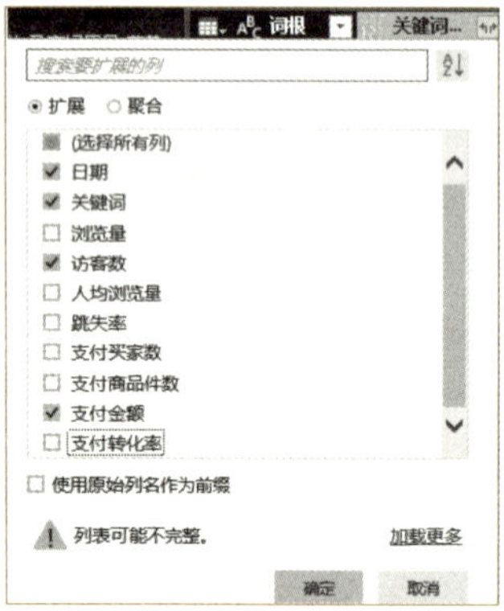

图 9-20

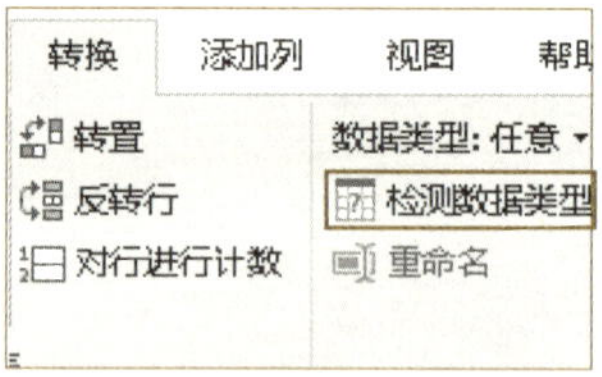

图 9-21

9.3.2 词根有效度分析

在“添加列”选项卡中单击“自定义列”按钮，创建一个自定义列，用于判断关键词中是否包含词根，如图 9-22 所示。

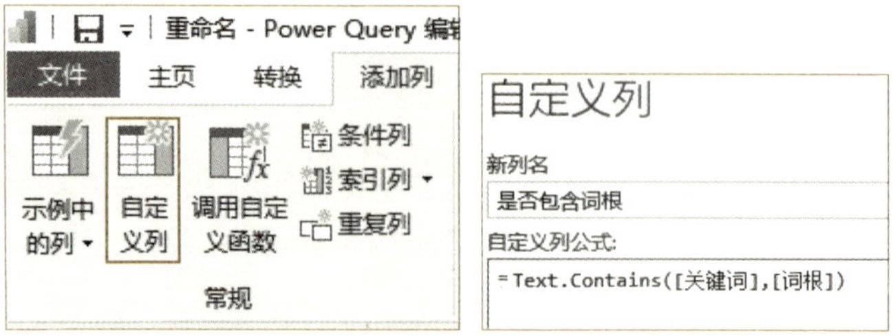

图 9-22

Text.Contains 函数说明

函数功能：判断文本 1 中是否包含文本 2，包含返回 TRUE，不包含返回 FALSE。

函数语法：Text.Contains(文本 1, 文本 2)。

过滤“是否包含词根”中的“FALSE”，如图 9-23 所示。

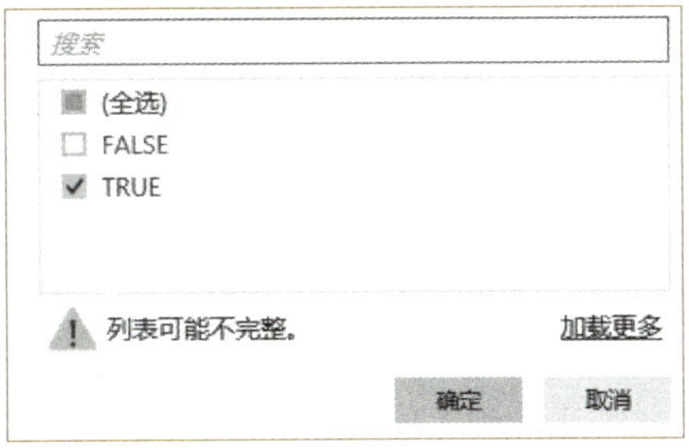

图 9-23

设置好后，在“主页”选项卡中单击“关闭并应用”按钮，将以上操作保存，如图 9-24 所示。

切换到报表视图，将“pbi 词根表”中的“词根”“访客数”“支付金额”三列设置为“表格”对象的值，如图 9-25 所示。在“表格”对象上根据词根“贡献”的效益进行排序，由于“天然”这个词根没有带来效益，所以可以将其替换为其他词根。

图 9-24

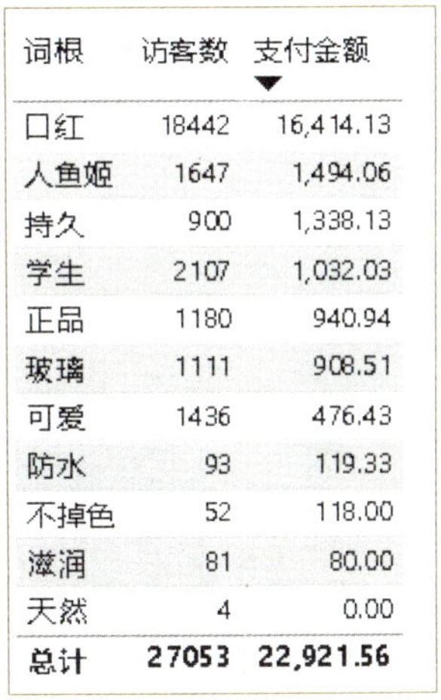

词根	访客数	支付金额
口红	18442	16,414.13
人鱼姬	1647	1,494.06
持久	900	1,338.13
学生	2107	1,032.03
正品	1180	940.94
玻璃	1111	908.51
可爱	1436	476.43
防水	93	119.33
不掉色	52	118.00
滋润	81	80.00
天然	4	0.00
总计	**27053**	**22,921.56**

图 9-25

添加一个“折线和簇状柱形图”对象，将“pbi 词根表”的“日期”字段作为“折线和簇状柱形图”对象的共享轴，将“列值”设置为“支付金额”，将“行值”设置为“访客数”，如图 9-26 所示。

图 9-26

将“折线和簇状柱形图”对象的“X 轴”类型设置为“类别”，设置完成后的效果如图 9-27 所示。

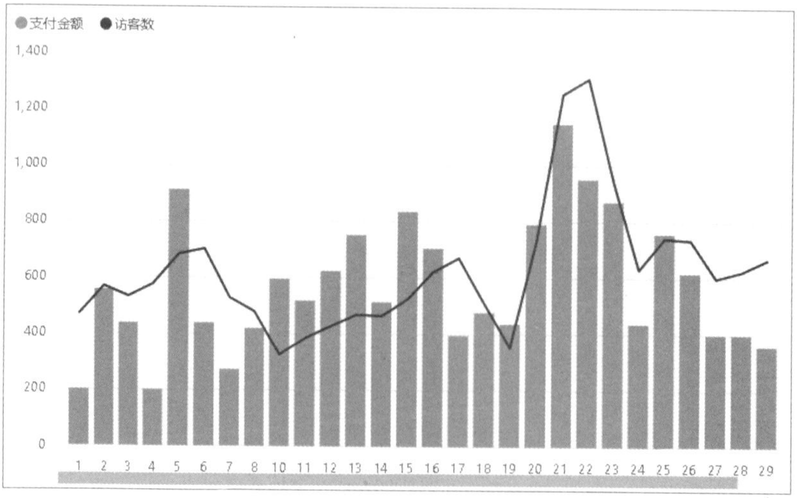

图 9-27

选中“表格”对象，在“格式”选项卡中单击“编辑交互”按钮，如图 9-28 所示。

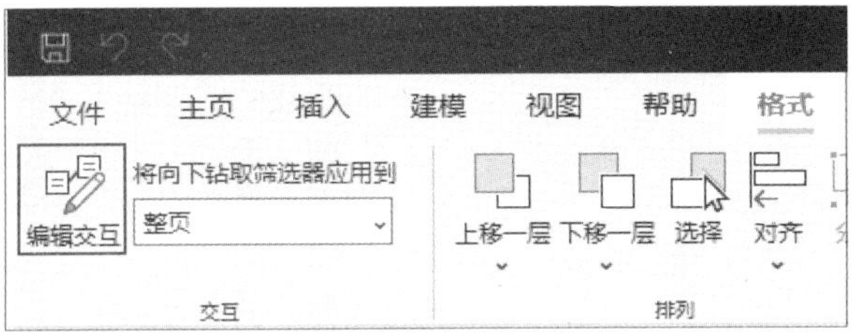

图 9-28

这时“折线和簇状柱形图”对象的右上角会出现一个新的图标，如图 9-29 所示，单击该图标可以设置筛选效果。

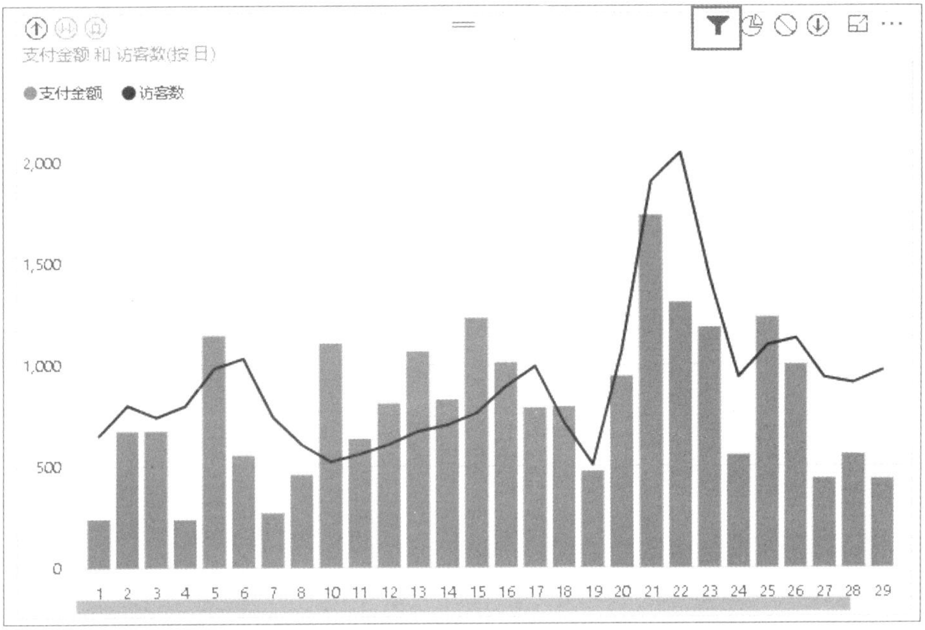

图 9-29

设置筛选后的效果如图 9-30 所示。

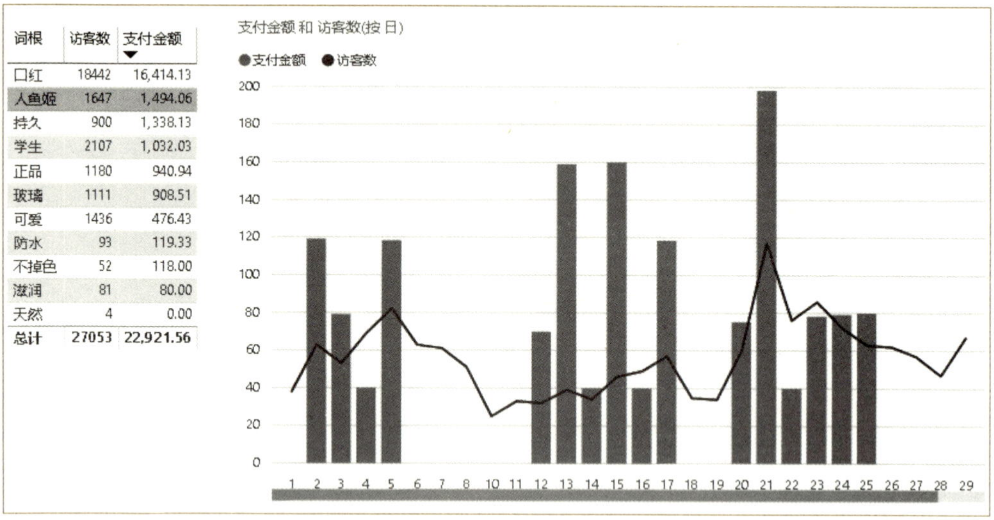

词根	访客数	支付金额
口红	18442	16,414.13
人鱼姬	1647	1,494.06
持久	900	1,338.13
学生	2107	1,032.03
正品	1180	940.94
玻璃	1111	908.51
可爱	1436	476.43
防水	93	119.33
不掉色	52	118.00
滋润	81	80.00
天然	4	0.00
总计	27053	22,921.56

图 9-30

9.3.3 词根裂变分析

电商平台的搜索是一套复杂的权重规则体系，当关键词的权重提升时，会衍生出更多的长尾词根，而通过分析词根的变化，可以更有效地优化商品的搜索排名。如图 9-31 所示，A 词根延伸出 B 词根和 C 词根，而 C 词根又延伸出 D 词根和 E 词根。

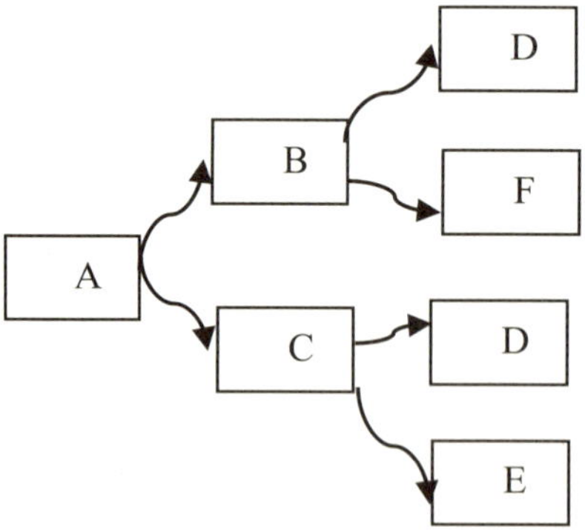

图 9-31

导入一张词根表并进入 Power Query 编辑器，与 9.3.2 节不同的是多了“产品词”一列，如图 9-32 所示。“产品词”这一列的意义是涵盖所有的关键词，因为某些商品具有多个产品词，比如口红和唇膏、风衣和外套，在一个标题里都属于产品词。

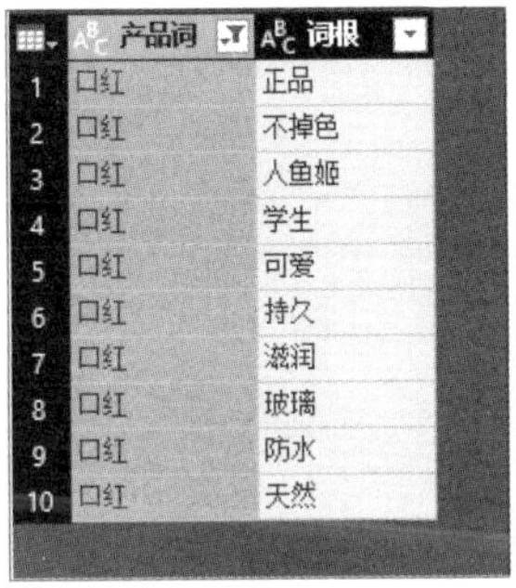

	产品词	词根
1	口红	正品
2	口红	不掉色
3	口红	人鱼姬
4	口红	学生
5	口红	可爱
6	口红	持久
7	口红	滋润
8	口红	玻璃
9	口红	防水
10	口红	天然

图 9-32

在“添加列”选项卡中单击“自定义列”按钮，在弹出的对话框的“自定义列公式”文本框中导入 9.3.1 节的“pbi 关键词报表”，如图 9-33 所示。

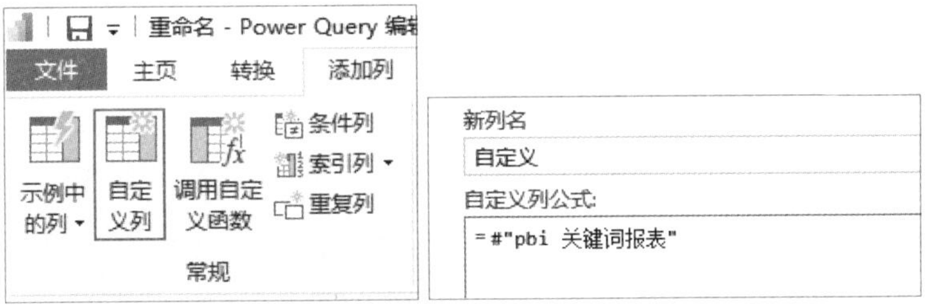

图 9-33

将导入的表格展开，只勾选“日期”和“关键词”复选框，不展开其他字段，如图 9-34 所示。

图 9-34

展开后的数据如图 9-35 所示。

	产品词	词根	日期	关键词
1	口红	正品	2017/10/10	hodl live口红
2	口红	正品	2017/10/10	hold live
3	口红	正品	2017/10/10	hold live口红
4	口红	正品	2017/10/10	hold live口红正品
5	口红	正品	2017/10/10	hold live梦幻星辰口...

图 9-35

在“添加列”选项卡中单击“自定义列”按钮，分别添加两个自定义列，用来判断关键词中是否包含产品词和词根，如图 9-36 所示。

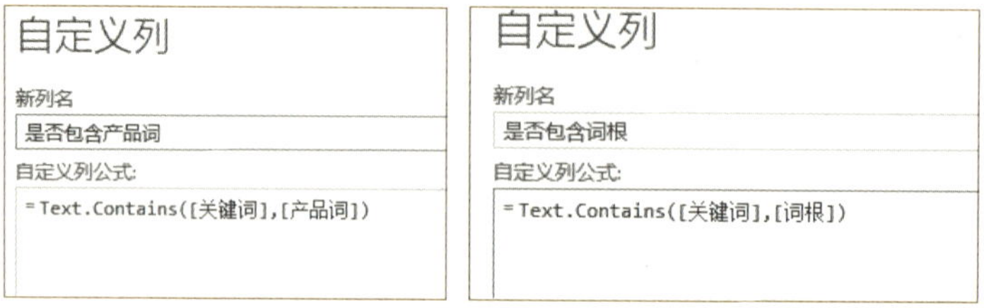

图 9-36

此时，数据效果如图 9-37 所示。

	产品词	词根	日期	关键词	是否包含...	是否包含...
1	口红	正品	2017/10/10	hodl live口红	TRUE	FALSE
2	口红	正品	2017/10/10	hold live口红	TRUE	FALSE
3	口红	正品	2017/10/10	hold live口红正品	TRUE	TRUE
4	口红	正品	2017/10/10	hold live梦幻星辰口红	TRUE	FALSE
5	口红	正品	2017/10/10	holdlive口红	TRUE	FALSE

图 9-37

分别对“是否包含产品词”和“是否包含词根”两列进行筛选，保留结果是“TRUE”的数据，即取消勾选“FALSE”复选框，如图 9-38 所示。

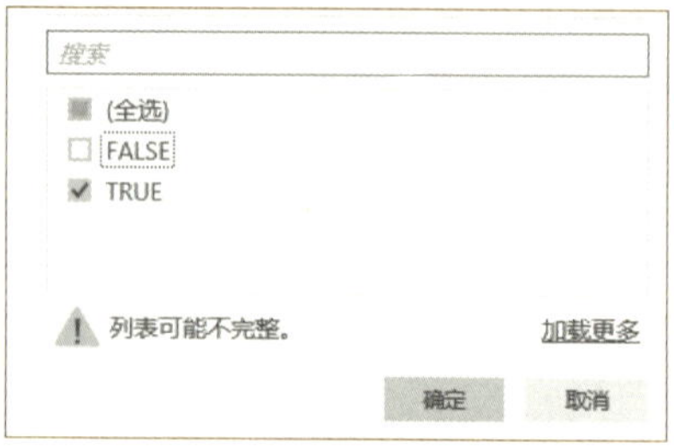

图 9-38

操作完成后，剩下的数据就是包含产品词和词根的数据了。此时，对关键词进行替换，分别把关键词中的产品词和词根替换为空，也就是删除关键词中的产品词和词根，因为前面已经有两列包含它们了，如图 9-39 所示。

图 9-39

此时，数据效果如图 9-40 所示。

	产品词	词根	日期	关键词	是否包含...	是否包含...	二级词根	三级词根
1	口红	正品	2017/10/10	hold live口红正品	TRUE	TRUE	hold live正品	hold live
2	口红	正品	2017/10/10	不脱色口红 正品防水 保...	TRUE	TRUE	不脱色 正品防水 保湿 ...	不脱色 防水 保湿 持久
3	口红	正品	2017/10/10	口红 正品	TRUE	TRUE	正品	
4	口红	正品	2017/10/10	口红正品	TRUE	TRUE	正品	
5	口红	正品	2017/10/10	品牌口红正品 专柜	TRUE	TRUE	品牌正品 专柜	品牌 专柜

图 9-40

我们发现“三级词根”列包含空值，取消勾选空值复选框，如图 9-41 所示。

将“三级词根”的词根进行拆分，通过观察发现大多数包含空格，根据空格将剩余的词根继续拆分，如图 9-42 所示。

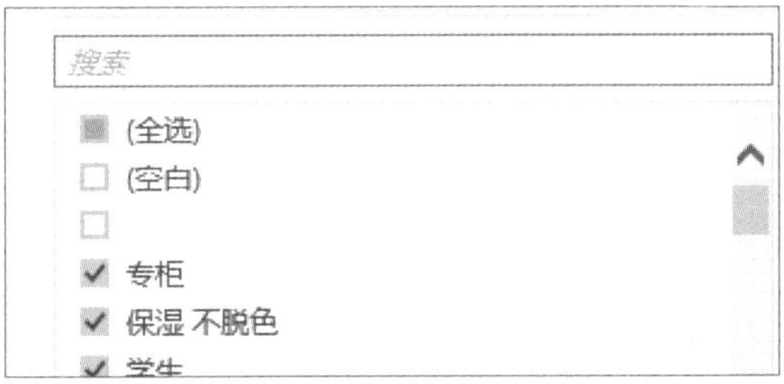

图 9-41

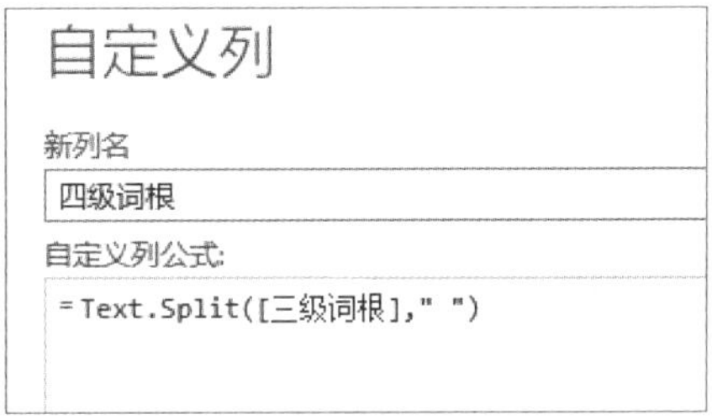

图 9-42

Text.Split() 函数返回的是列表，展开列表后的数据效果如图 9-43 所示。

	产品词	词根	日期	关键词	是否包含...	是否包含...	二级词根	三级词根	四级词...
1	口红	正品	2017/10/10	hold live口红正品	TRUE	TRUE	hold live正品	hold live	hold
2	口红	正品	2017/10/10	hold live口红正品	TRUE	TRUE	hold live正品	hold live	live
3	口红	正品	2017/10/10	不脱色口红 正品防水 保...	TRUE	TRUE	不脱色 正品防水 保湿 ...	不脱色 防水 保湿 持久	不脱色
4	口红	正品	2017/10/10	不脱色口红 正品防水 保...	TRUE	TRUE	不脱色 正品防水 保湿 ...	不脱色 防水 保湿 持久	防水
5	口红	正品	2017/10/10	不脱色口红 正品防水 保...	TRUE	TRUE	不脱色 正品防水 保湿 ...	不脱色 防水 保湿 持久	保湿

图 9-43

到了这一步，已经有了三层词根，分别是“产品词”“词根”“四级词根”，可以继续重复前面的步骤，替换已知词根，然后拆分出更多的词根，如图 9-44 所示。

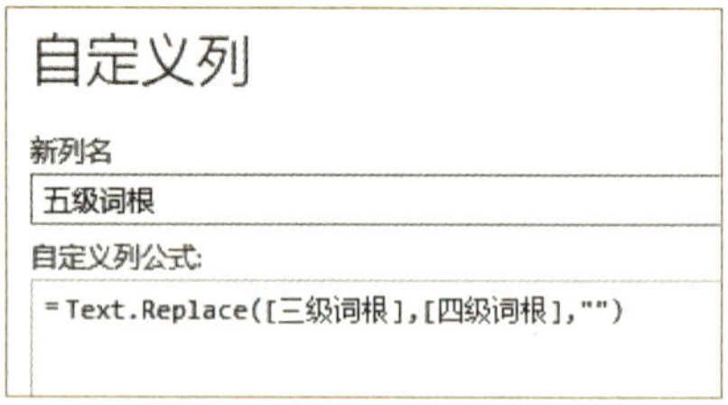

图 9-44

如此反复操作，可以将词根都拆分出来，效果如图 9-45 所示。

	日期	关键词	产品词	词根	三级词根	四级词...	五级词根	六级词...
1	2017/10/10	hold live口红正品	口红	正品	hold live	hold	live	live
2	2017/10/10	hold live口红正品	口红	正品	hold live	live	hold	hold
3	2017/10/10	不脱色口红 正品防水 保...	口红	正品	不脱色 防水 保湿 持久	不脱色	防水 保湿 持久	防水
4	2017/10/10	不脱色口红 正品防水 保...	口红	正品	不脱色 防水 保湿 持久	不脱色	防水 保湿 持久	保湿
5	2017/10/10	不脱色口红 正品防水 保...	口红	正品	不脱色 防水 保湿 持久	不脱色	防水 保湿 持久	持久

图 9-45

参考 6.3.1 节，添加一张“关键词维度表”，进入关系视图，将“关键词维度表”连接到“词根裂变”和“pbi 词根表”，建立双向关系，如图 9-46 所示。

回到报表视图，在 Marketplace 中添加“Journey Chart by MAQ Software”对象后，在“可视化”窗格中添加“Journey Chart by MAQ Software”对象，如图 9-47 所示。

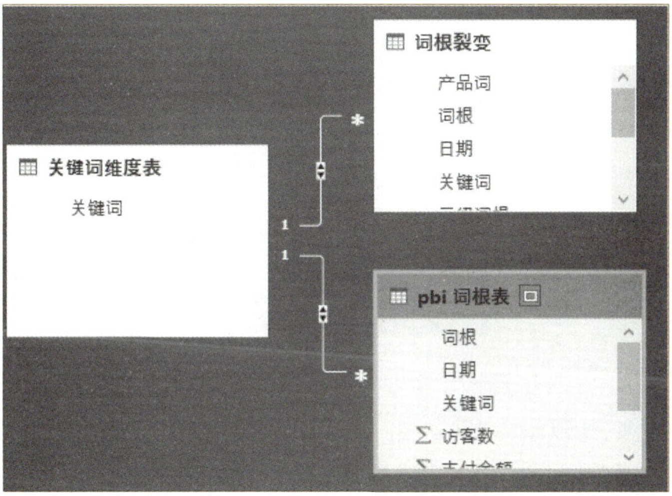

图 9-46

图 9-47

将“Journey Chart by MAQ Software”对象的 Category Data 设置为“词根裂变”的“词根”“四级词根”“六级词根”，将 Measure Data 设置为“pbi 关键词报表”的“访客数”，如图 9-48 所示。之所以不用“产品词”，是因为本例只用了一个“口红”主词，如果有多个主词，就将“产品词”放在最上面。

图 9-48

由于关键词太多，所以添加“日期”字段作为筛选器，查看其中一天可视化对象的效果。如图 9-49 所示，其中圆点的面积代表访客数的多少。通过目测不难发现，“持久”这个词的访客数最多，下一层访客数最多的词是“保湿”和“不脱色”。

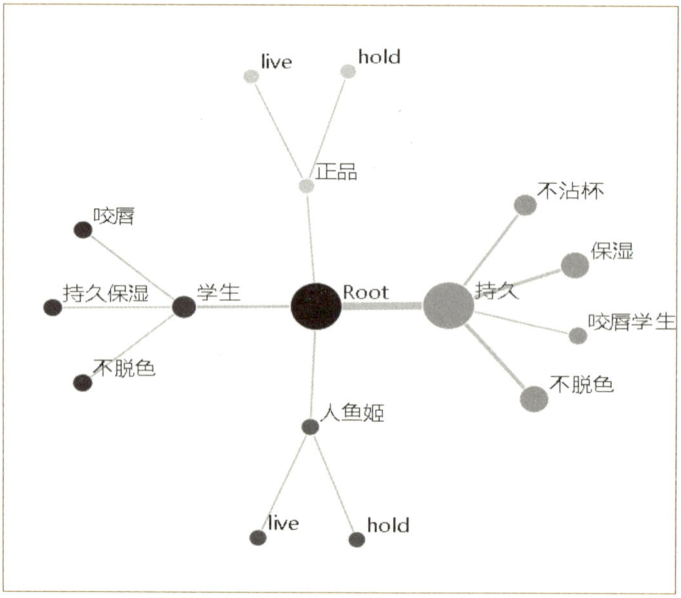

图 9-49

通过每天的观察，可以直观地看到关键词权重的变化和词根增加的过程，也可以通过“表格”对象将影响上层词根的词根删除。如图 9-50 所示，在“口红”“持久”“保湿”关键词后面，“学生”“咬唇”等词在拖后腿。如果“口红”“持久”“保湿”是重要的关键词，那么可以考虑将拖后腿的词从标题中去掉。

产品词	词根	四级词根	六级词根	支付金额	访客数
口红	持久	保湿	不脱色	2,521.06	1557
口红	持久	不脱色	保湿	2,521.06	1557
口红	持久	保湿	不沾杯	1,261.82	585
口红	持久	不脱色	不沾杯	1,261.82	592
口红	持久	不沾杯	保湿	1,261.82	585
口红	持久	不沾杯	不脱色	1,261.82	592
口红	持久	保湿	咬唇学生	477.60	381
口红	持久	不脱色	咬唇学生	477.60	381
口红	持久	咬唇学生	保湿	477.60	381
口红	持久	咬唇学生	不脱色	477.60	381
口红	学生	不脱色	持久保湿	477.60	407
总计				22,921.56	27053

产品词	词根	四级词根	六级词根	支付金额	访客数
口红	持久	保湿	防水复古红	0.00	3
口红	持久	保湿	韩国	0.00	3
口红	持久	保湿	学生	0.00	8
口红	持久	保湿	学生款	0.00	6
口红	持久	保湿	咬唇	0.00	6
口红	持久	保湿	姨妈色	0.00	2
口红	持久	保湿	姨妈色不脱色	0.00	10
口红	持久	保湿	正品	0.00	8
口红	持久	保湿	正品防水	0.00	8
口红	持久	保湿	滋润	0.00	7
口红	持久	玻璃	不脱色	0.00	5
总计				2,641.06	1762

图 9-50

第10章

应用场景：舆情分析

10.1 业务背景

电子商务的核心是产品、营销和服务，做好这三个维度就可以立足于电商领域。而消费者的舆情是优化这三个维度的核心数据支撑。消费者如何评价企业的产品和服务，将直接影响企业对产品和服务进行升级。舆情数据以可从电商评价、客服聊天记录、社交平台等渠道采集。

10.2 舆情关键词提取

舆情数据都是文本型数据，杂乱无章，难以分析，要先对文本中的关键词进行提取和统计，然后才能够分析。

本节数据采集于淘宝网的商品评价，通过 MySQL 数据库载入数据，在 Power BI Desktop 中名为“pbi 评价”，如图 10-1 所示。

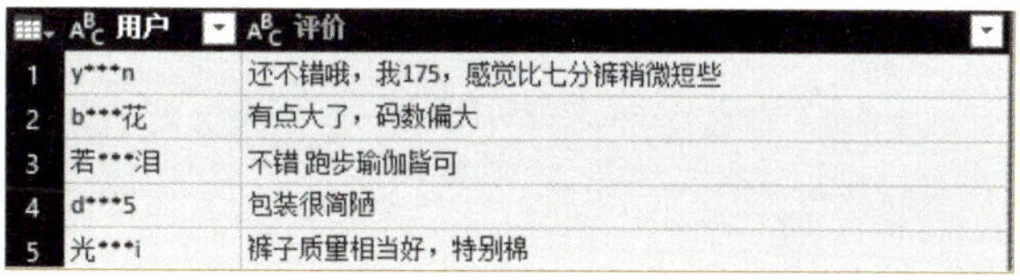

	用户	评价
1	y***n	还不错哦，我175，感觉比七分裤稍微短些
2	b***花	有点大了，码数偏大
3	若***泪	不错 跑步瑜伽皆可
4	d***5	包装很简陋
5	光***i	裤子质量相当好，特别棉

图10-1

10.2.1 关键词提取

Power BI Desktop 本身并没有关键词提取功能，可以通过互联网接口的方式进行拓展。

进入 Power Query 编辑器，在“添加列”选项卡中单击“自定义列”按钮，如图 10-2 所示。通过访问 API 接口提取评价文本的关键词。

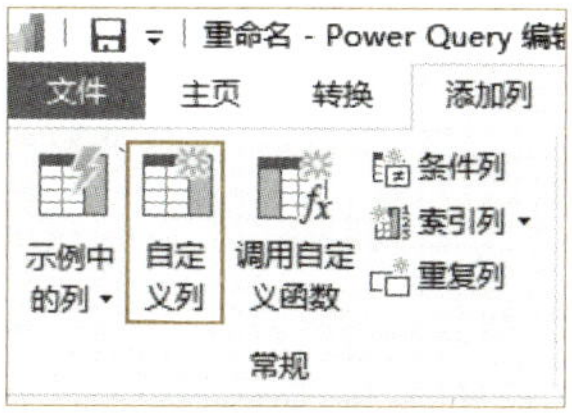

图 10-2

在弹出的“自定义列”对话框中输入新列名和自定义列公式，如图 10-3 所示。自定义列公式如下：

Json.Document(Web.Contents("http://106.13.102.102/analyse?kind=tf&top=3&key="&[评价]))

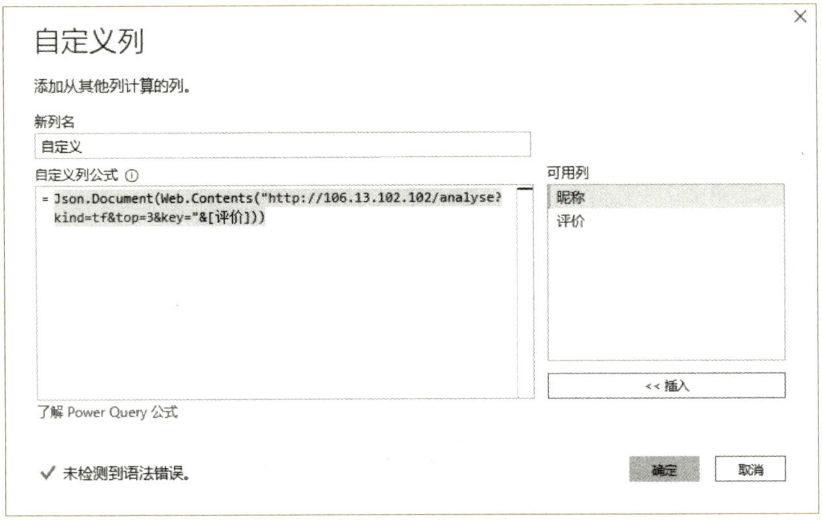

图 10-3

完成后单击“确定”按钮。

单击“自定义”列右侧的双箭头图标，在弹出的面板中单击“确定”按钮，如图 10-4 所示。

单击“item”列左侧的下拉按钮，在弹出的下拉列表中选择“扩展到新行”选项，如图 10-5 所示。

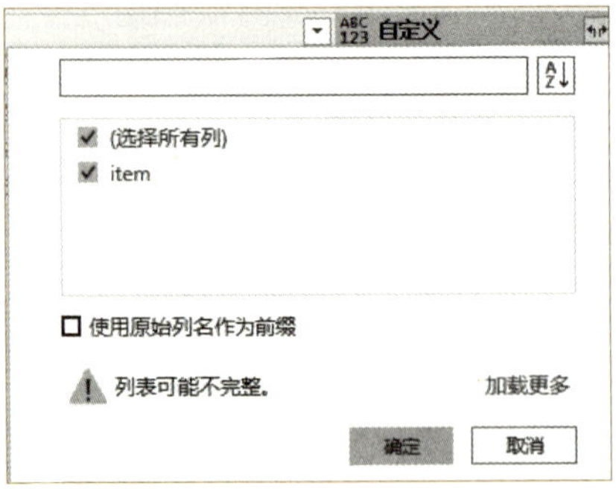

图 10-4

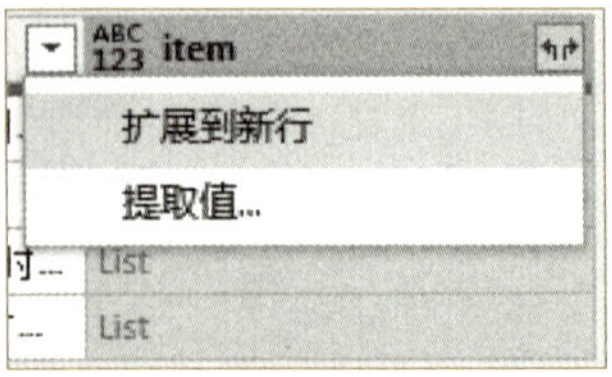

图 10-5

结果如图 10-6 所示。

昵称	评价	item
像***稠	朋友推荐的，非常实用，材质也好，纯棉，收到洗了一下马上用...	孕晚期
像***稠	朋友推荐的，非常实用，材质也好，纯棉，收到洗了一下马上用...	纯棉
像***稠	朋友推荐的，非常实用，材质也好，纯棉，收到洗了一下马上用...	好觉
岳***1	收到东西质量不错，孕期有了这个可以安心入睡了	孕期
岳***1	收到东西质量不错，孕期有了这个可以安心入睡了	入睡
岳***1	收到东西质量不错，孕期有了这个可以安心入睡了	安心
徒***步	我用着不太习惯，不知道u字形对称枕头会不会好点儿~睡下的时...	枕头
徒***步	我用着不太习惯，不知道u字形对称枕头会不会好点儿~睡下的时...	老实
徒***步	我用着不太习惯，不知道u字形对称枕头会不会好点儿~睡下的时...	肚子
x***5	已经用上了，布料是纯棉的，洗过了，躺着很舒服，现在虽然才...	舒服
x***5	已经用上了，布料是纯棉的，洗过了，躺着很舒服，现在虽然才...	纯棉
x***5	已经用上了，布料是纯棉的，洗过了，躺着很舒服，现在虽然才...	腰酸背痛

图 10-6

10.2.2 词云图及网络图

进入 Power Query 编辑器，在“添加列”选项卡中单击“自定义列”按钮，如图 10-7 所示。通过访问 API 接口提取评价文本的关键词。

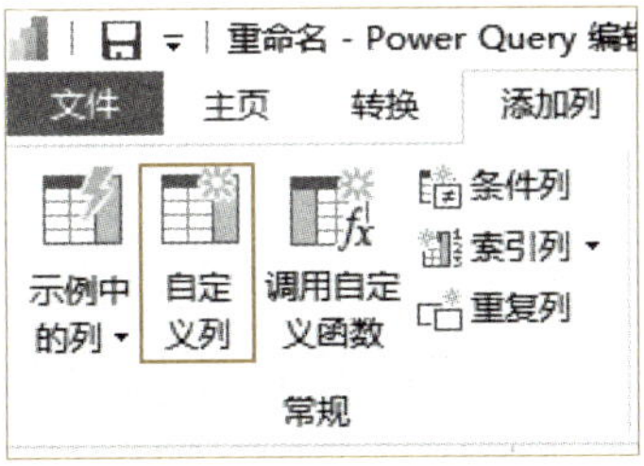

图 10-7

在弹出的“自定义列”对话框中输入新列名和自定义列公式，如图 10-8 所示。自定义列公式如下：

```
Json.Document(Web.Contents("http://106.13.102.102/cut?key="&[ 评价 ]))
```

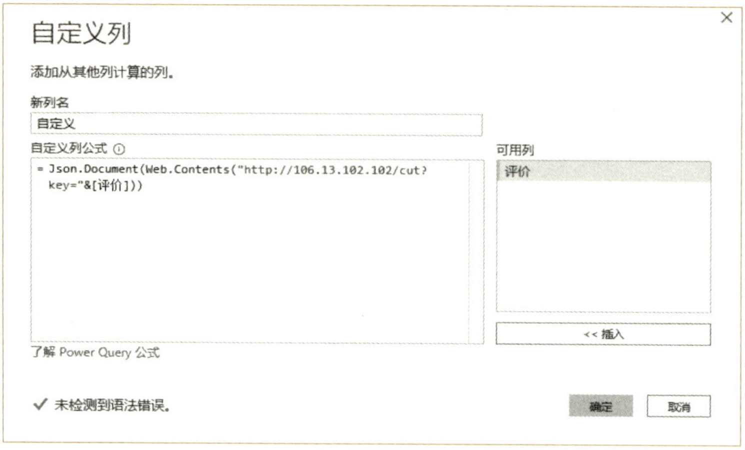

图 10-8

完成后单击“确定”按钮。

单击“自定义”列左侧的下拉按钮，在弹出的下拉列表中选择“扩展到新行”选项，如图 10-9 所示。

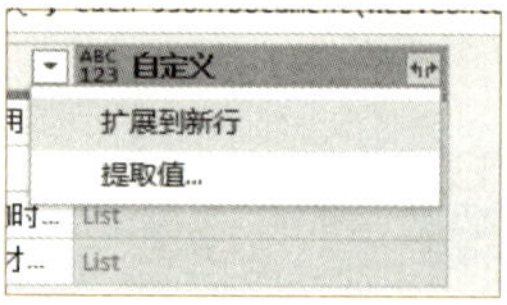

图 10-9

单击“自定义”列右侧的双箭头图标，在弹出的面板中勾选“word”复选框，如图 10-10 所示，然后单击“确定”按钮。

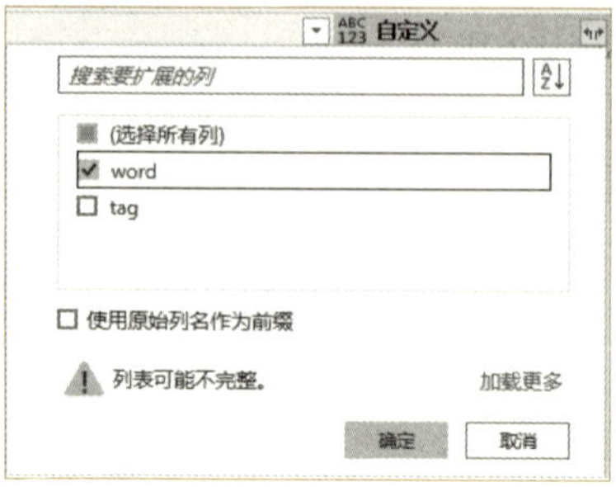

图 10-10

单击“word”列左侧的下拉按钮，在弹出的下拉列表中选择“扩展到新行”选项，如图 10-11 所示。

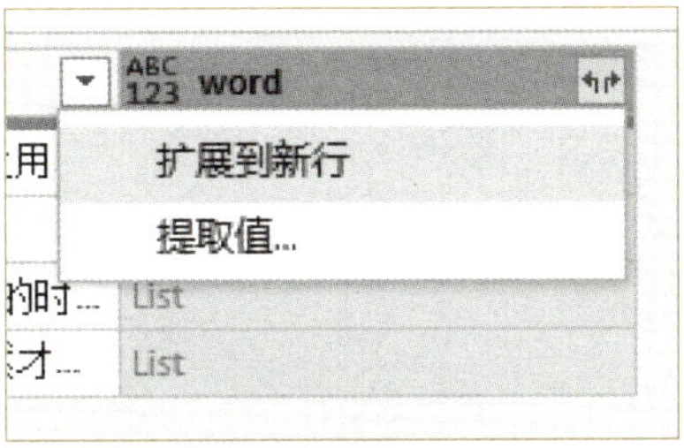

图 10-11

取消勾选符号和空白行复选框，如图 10-12 所示。

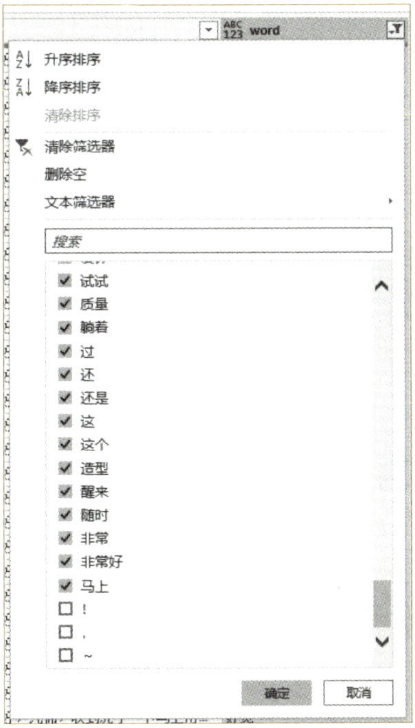

图 10-12

在“主页”选项卡中单击“关闭并应用”按钮，如图 10-13 所示。

图 10-13

切换到报表视图，在“可视化”窗格中单击“…”按钮，在弹出的菜单中选择“获取更多视觉对象”选项，如图 10-14 所示。

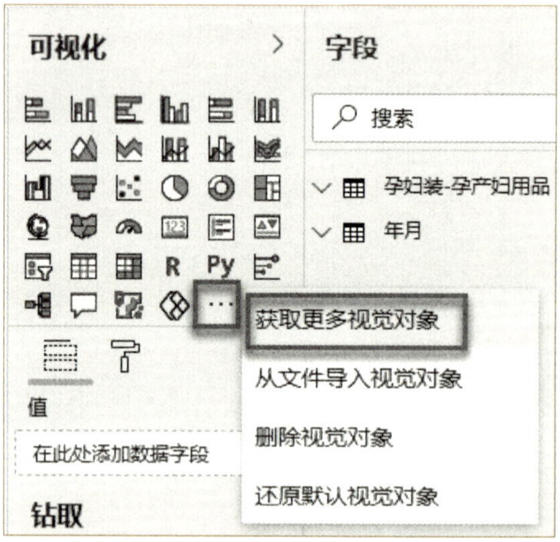

图 10-14

在打开的窗口中找到“Word Cloud”（词云图），单击“添加”按钮，如图 10-15 所示。读者可以直接搜索对象名称进行添加。

图 10-15

返回报表视图，创建一个“Word Cloud”对象，将“word”字段分别拖曳到“类别”和“值”下拉列表框中，如图 10-16 所示。

图 10-16

单击“值”下拉按钮，在弹出的下拉列表中选择“计数”选项，如图 10-17 所示。

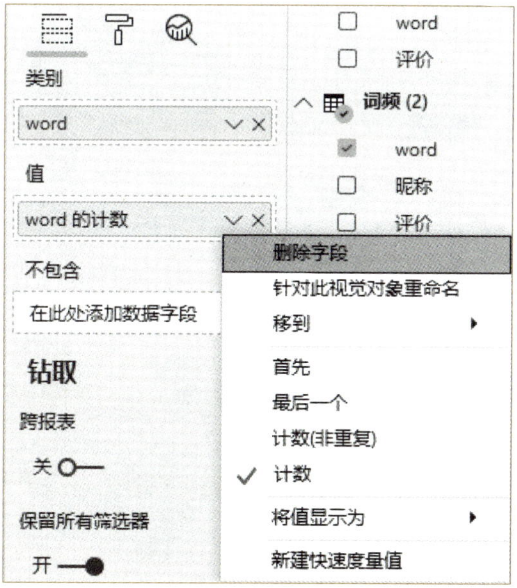

图 10-17

设置好的词云图如图 10-18 所示。此时的关键词摆放方向不统一，给人的视觉感受不好。

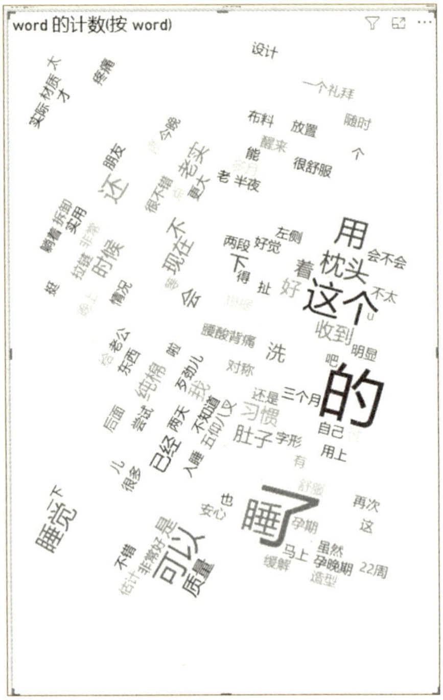

图 10-18

设置“Word Cloud”对象，将“旋转文本”的开关调整为“关”的状态，如图 10-19 所示。

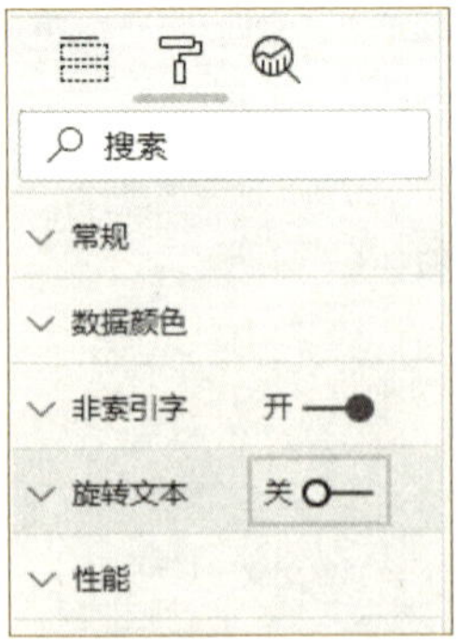

图 10-19

调整后的词云图如图 10-20 所示。

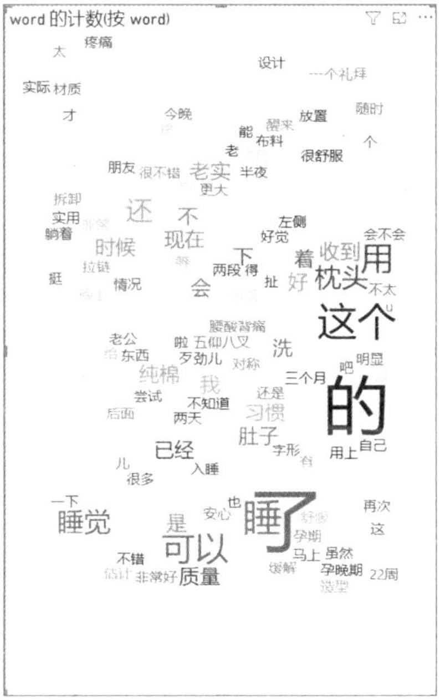

图 10-20

回到 Marketplace 中，添加“Network Navigator Chart”（社交网络图）对象，如图 10-21 所示。

图 10-21

创建一个“Network Navigator Chart”对象，将“Source Node”设置为“word”，将“Target Node”设置为“昵称”,将“Edge Weight”和“Edge Color Weight”均设置为“word”，如图 10-22 所示。

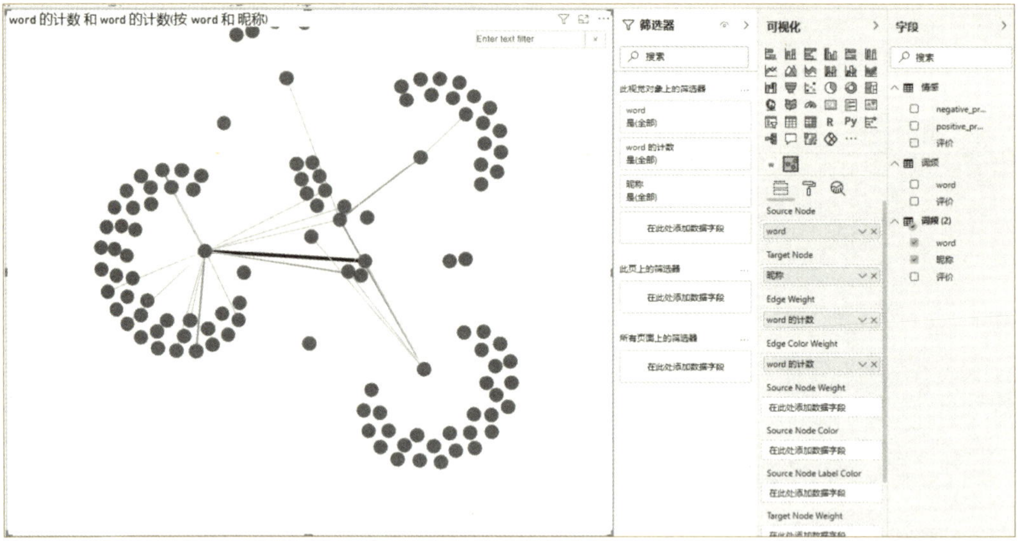

图 10-22

分别单击“Edge Weight”和“Edge Color Weight”下拉按钮，在弹出的下拉列表中选择“计数”选项，如图 10-23 所示。

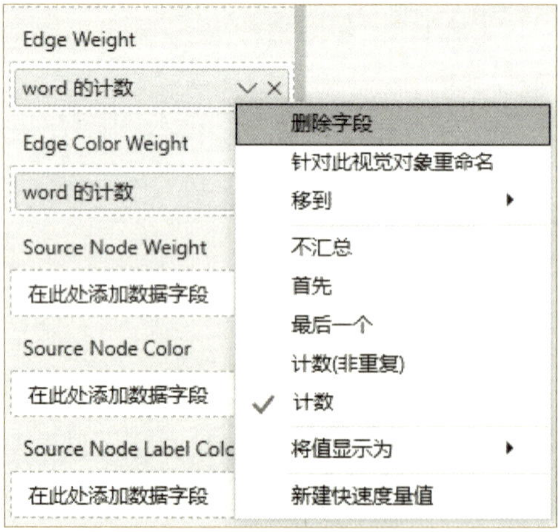

图 10-23

设置完成的社交图每个中心节点都是用户，用户周边是关键词，用户之间通过核心关键词进行连接，如图 10-24 所示。

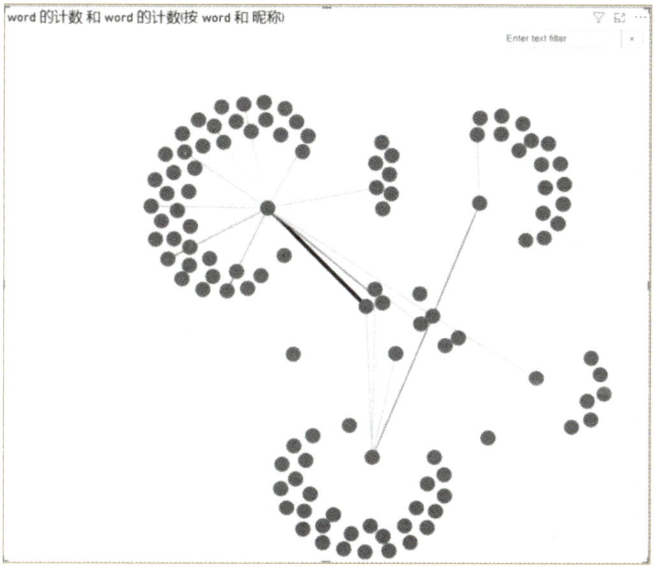

图 10-24

同时使用网络图和词云图观察效果更佳，如图 10-25 所示。

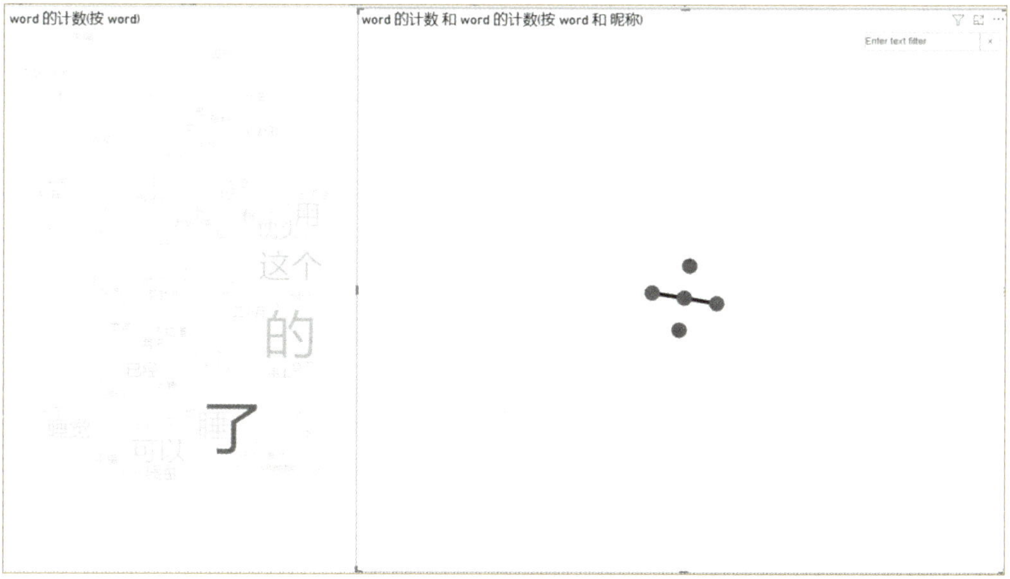

图 10-25

10.3 情感分析

10.3.1 计算舆情情感得分

情感分析的目的是了解用户的态度，计算文本的正面得分和负面得分。

本节依旧使用10.2节的数据集，但需要复制一个新的副本，因为10.2节的操作已经修改了数据集。

进入Power Query编辑器，在“添加列”选项卡中单击“自定义列”按钮，如图10-26所示。通过访问API接口提取评价文本的关键词。

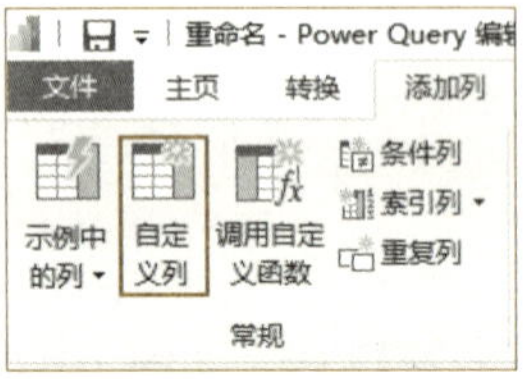

图 10-26

弹出“自定义列”对话框，在“自定义列公式”文本框中输入新列名和自定义列公式“=Json.Document(Web.Contents ("http://106.13.102.102/query?key="&[评价]))”，如图10-27所示。

图 10-27

单击“确定”按钮后 API 以 List（列表）形式返回数据，如图 10-28 所示。

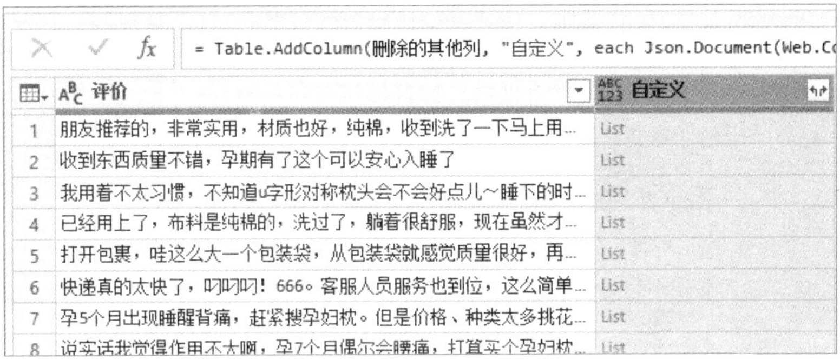

图 10-28

单击“自定义”列右侧的双箭头图标，在打开的菜单中选择“扩展到新行”选项，如图 10-29 所示。

在打开的面板中勾选“positive_probs”和“negative_probs”复选框，如图 10-30 所示。

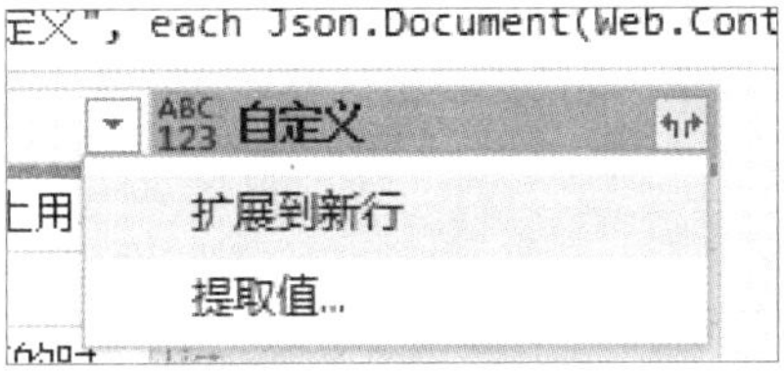

图 10-29

图 10-30

单击“确定”按钮，结果如图 10-31 所示。

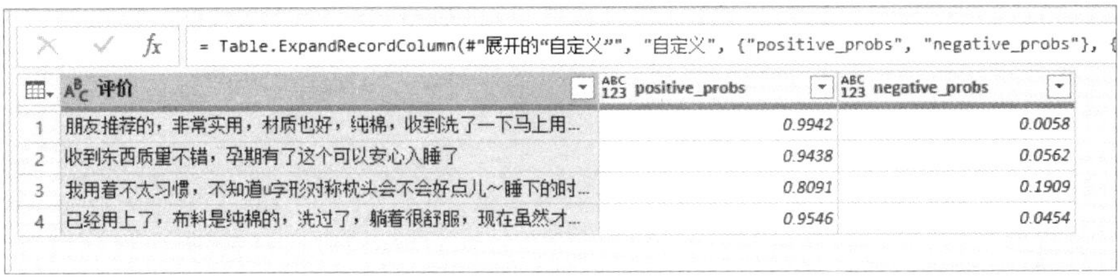

图 10-31

在“主页”选项卡中单击“关闭并应用”按钮，如图 10-32 所示。

进入 Power Query 编辑器，在“添加列”选项卡中单击“自定义列”按钮，再添加一个自定义列，新列名为“最大值”，该列用于文后的可视化设置，如图 10-33 所示。

图 10-32

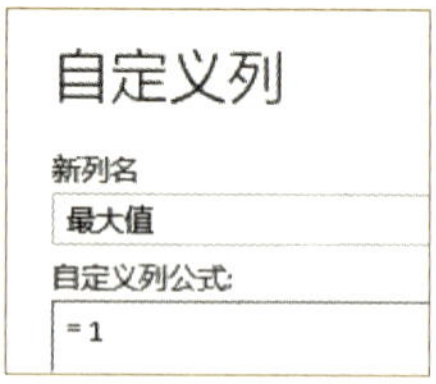

图 10-33

设置完成后，在“主页”选项卡中单击“关闭并应用”按钮。

10.3.2 分析情感得分

返回报表视图，创建一个“仪表”对象，将“值”设置为“positive_probs”，将“最大值”设置为“最大值”，如图 10-34 所示。

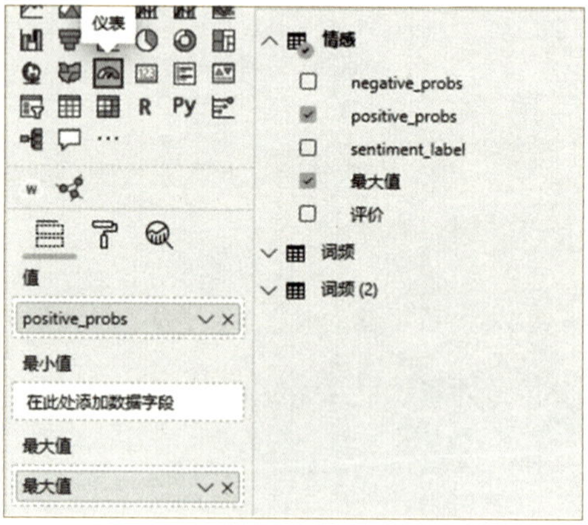

图 10-34

分别单击“值”和“最大值”下拉按钮，在弹出的下拉列表中选择“平均值”选项，如图 10-35 所示。

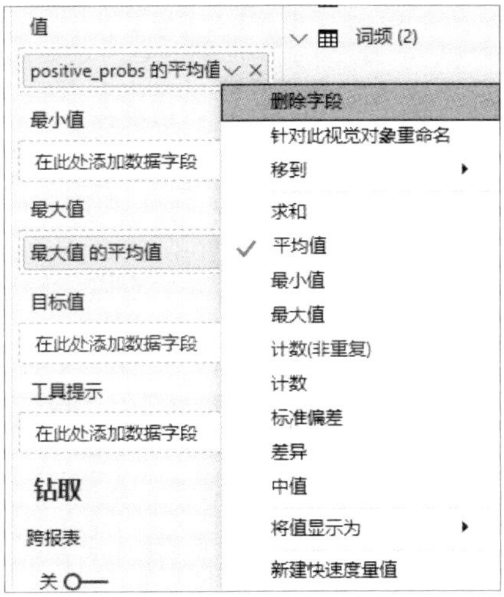

图 10-35

此时平均正面得分为 0.93，分数较高，说明用户对产品比较满意，如图 10-36 所示。

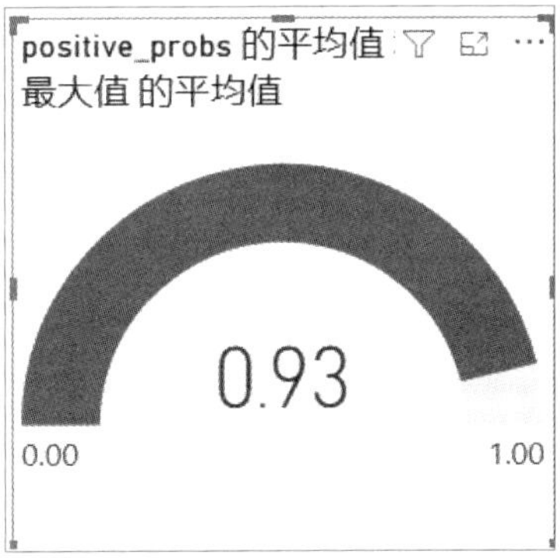

图 10-36

添加一个“表格”对象，根据“负面得分”进行排序，如图 10-37 所示。通过负面评价的内容，可以了解产品存在哪些问题。

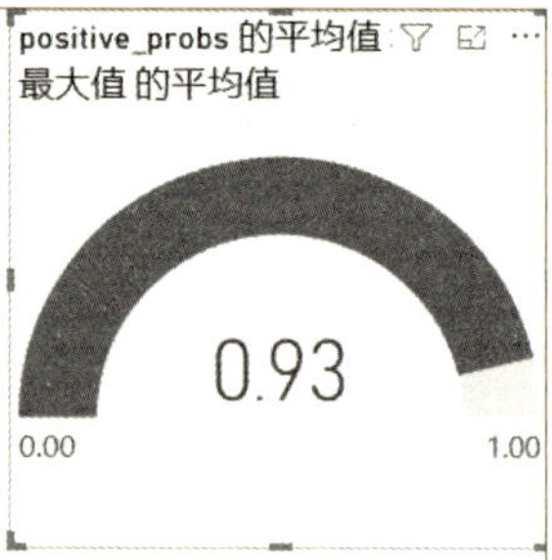

评价	positive_probs	negative_probs
我用着不太习惯，不知道u字形对称枕头会不会好点儿~睡下的时候还可以，半夜还是会以五仰八叉的造型醒来，肚子还扯的老疼，估计是我睡觉太不老实了，这个枕头这两天给睡觉老实的老公用了，他还睡得挺得劲儿的，现在22周，等后面肚子更大的时候再次尝试下这个枕头吧，！！ 质量很不错！	0.81	0.19
收到东西质量不错，孕期有了这个可以安心入睡了	0.94	0.06
已经用上了，布料是纯棉的，洗过了，躺着很舒服，现在虽然才三个月多月已经腰酸背痛了，不习惯左侧睡，用着这个晚上睡觉会舒服很多，今晚试试	0.95	0.05
朋友推荐的，非常实用，材质也好，纯棉，收到洗了一下马上用了，用了一个礼拜，孕晚期腰部疼痛明显缓解，能睡个好觉啦，拉链可以拆卸这个设计非常好，可以随时根据自己的实际情况放置两段	0.99	0.01

图 10-37

面对海量的数据，难以分析用户的负面评价，这时可以参考 9.2 节，针对负面得分高的评价提取关键词，通过观察网络图和词云图，快速、直观地找出产品的问题。

第11章

发布数据

11.1 将数据发布到 Web

Power BI 支持将数据发布到 Web，只要有网络和 PC，即可通过 Web 端访问用户的数据和报表，无须安装任何客户端，甚至无须携带电脑，只要借用用户的 PC 和投影设备即可展示。

在 Power BI Desktop 中设计好报表后，在“主页”选项卡中单击“发布”按钮即可将报表发布到 Web，但前提是必须登录自己的微软账号，如图 11-1 所示。

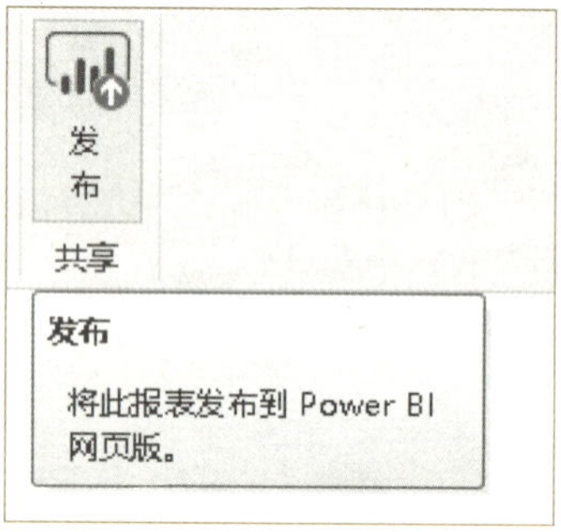

图 11-1

发布成功后，使用浏览器访问 Power BI 官网并登录微软账号。

登录成功后可以看到“我的工作区”，如图 11-2 所示，单击对应的对象名称即可进行查看。

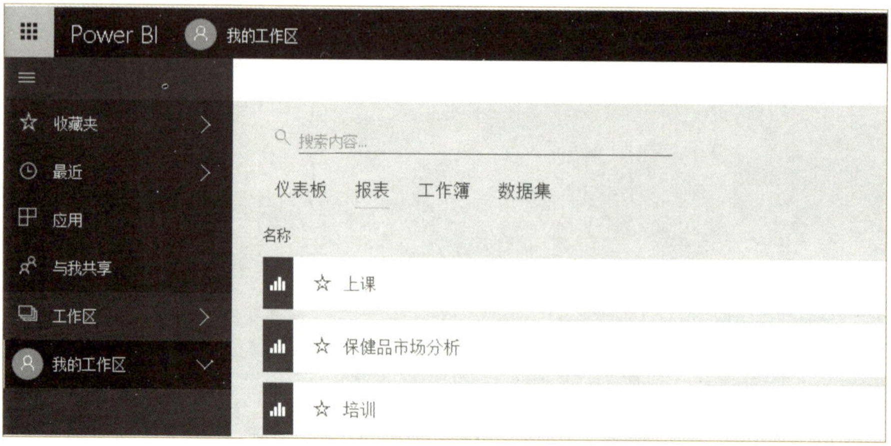

图 11-2

报表展示如图 11-3 所示。

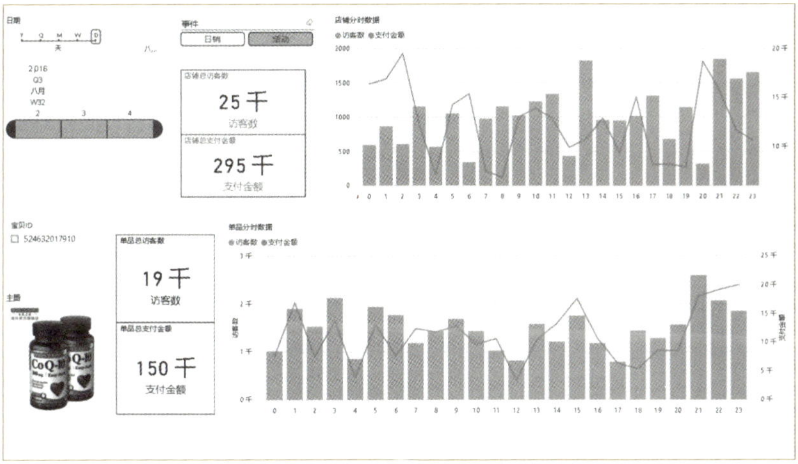

图 11-3

单击“编辑报表”按钮，即可在 Web 上设计、修改报表，如图 11-4 所示。

图 11-4

11.2 将数据发布到移动端

切换到报表视图，在“视图”选项卡中单击“移动布局”按钮，如图 11-5 所示，进入手机布局页面。

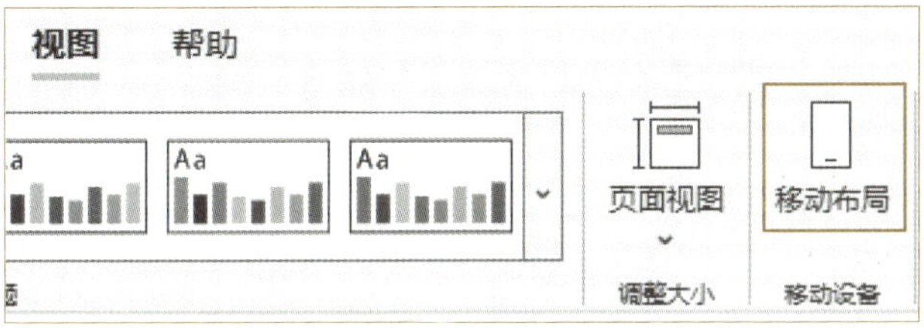

图 11-5

在手机布局页面中，左侧是手机布局编辑区，右侧是可视化对象，如图 11-6 所示。

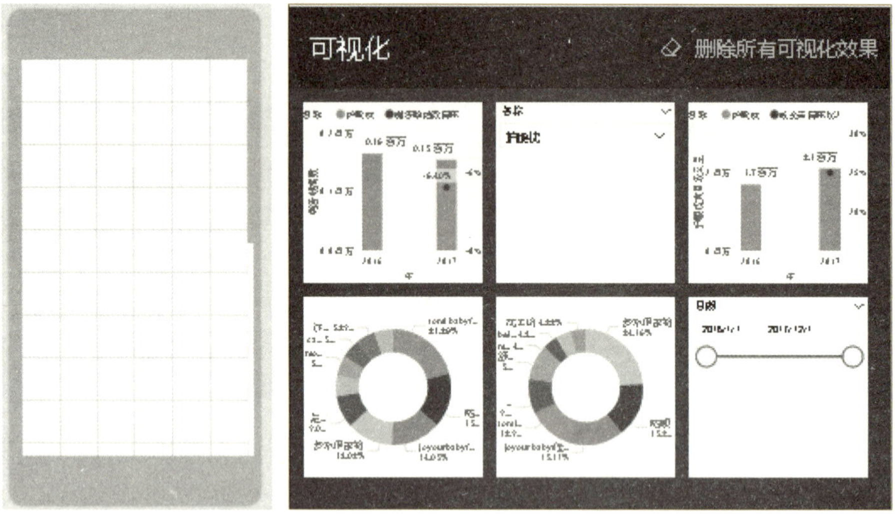

图 11-6

将可视化对象设置在手机布局编辑区，如图 11-7 所示。

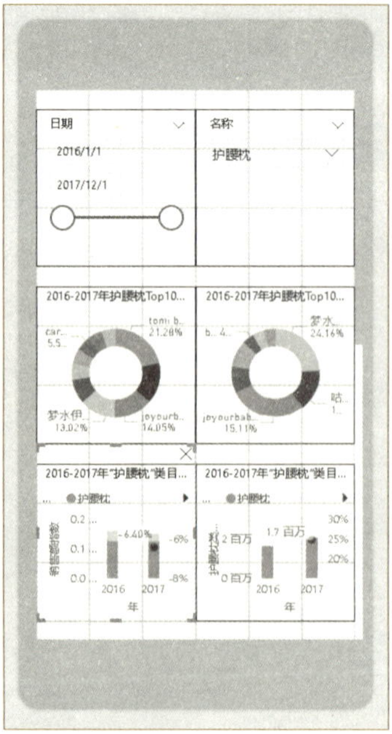

图 11-7

在“视图”选项卡中再次单击“移动布局”按钮，回到桌面的报表视图，将报表发布到 Web 即可。

用手机下载并安装 Power BI App，然后登录微软账号。

在“我的工作区”中可以看到已发布的报表，单击对应的报表即可进入报表查看，如图 11-8 所示。

报表展示如图 11-9 所示，可以在 App 中直接进行交互。

图 11-8

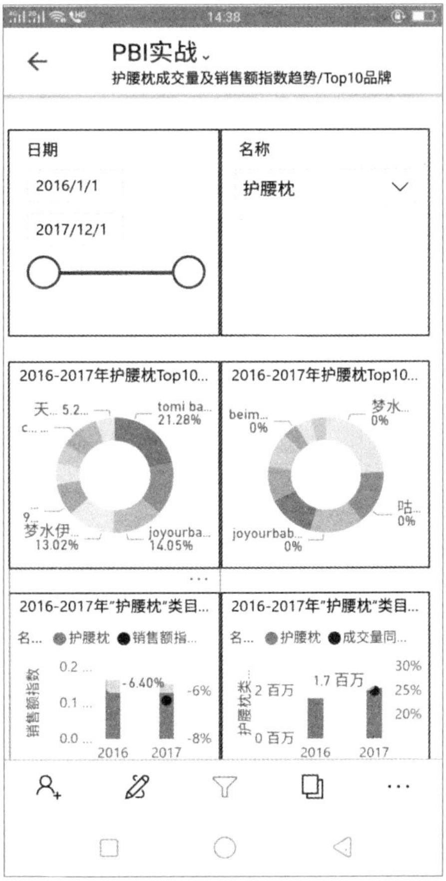

图 11-9

另外，也可以在 App 中进行批注，如图 11-10 所示。

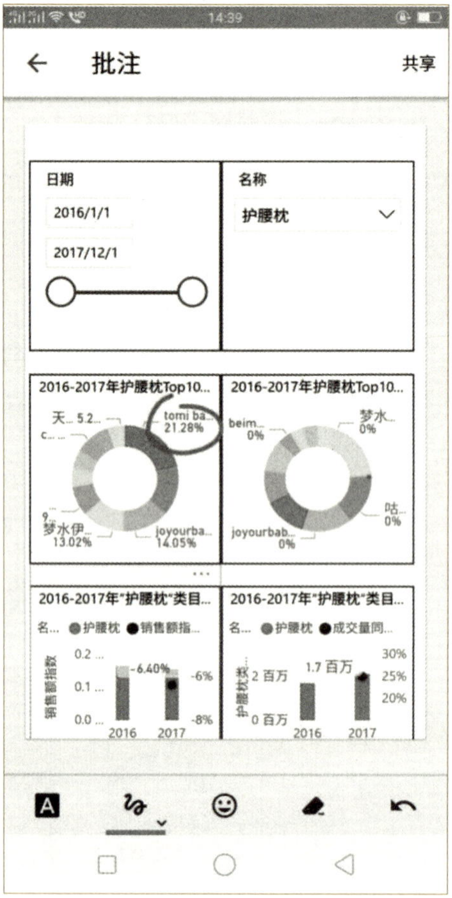

图 11-10

如果要分享给其他人，则需要获取 Power BI 的授权许可。